丁武

唐朝乐队主唱丁武：艺术家的另类回归

摄影 _ 王哈

谭咏麟

“不需要按原计划出牌”的“校长”

摄影 _ 环球音乐

张楚

归来的摇滚『老炮儿』

摄影 _ 高原

胡德夫

华语民歌摇篮的铸就者胡德夫：
岁月中该怎样唱歌

摄影 _ 久原

谢天笑

摇滚是一件合身的衣服

摄影 _PH7 摄影团队

彭佳慧

『铁肺歌后』彭佳慧：『我想念我自己』

摄影＿黄中平

丁薇

"非主流"丁薇：好玩的造梦者

摄影＿李奇

胡彦斌

导师 + 牛班校长——创业者胡彦斌
迎来人生高光时刻

秦四风

中国最好的乐手秦四风：『人类不会飞行』

摄影｜高原

Daniel Ho

Daniel Ho 的六座格莱美之路：
成功是用时间浇注的

摄影_韩圣芝

吴彤

59 届格莱美最佳世界专辑
大奖得主吴彤

摄影 _ 吴彤工作室

Mr.Miss

金曲奖最佳演唱组合——流行爵士男女二人组 Mr.Miss

后：刘恋；前：杜凯

摄影_Mix Young 杨卉卉

龚琳娜

神曲歌后龚琳娜："那一刻我伤心极了"

叶蓓

制作人叶蓓：走过『纯真年代』的女神

摄影＿王小宁

陈鸿宇

陈鸿宇和社群音乐品牌“众乐纪”：
新民谣诗人的商业未来

摄影 _ 程迦

李志

李志的下半场：签约后依旧独立

摄影_陈宇富

赵雷

赵雷和城市民谣：“我要做一个跟着太阳走的人”

摄影 _ 七仔

谢春花

「95后」谢春花：
「想做什么就坚持做什么」

鹿先森乐队

兼职的鹿先森乐队：生活不易，当下即华年

左 - 右: 董斌（董老师）、杨松霖（杨博士）、田芳茗（PP）、郭倍倍（倍倍）、董荔冰（冰冰）、李斯

摄影 _ 王骁明

麻油叶 &
马頔 & 宋冬野

麻油叶 & 马頔 & 宋冬野：我们为什么歌颂城市？
麻油叶六周年北展音乐会现场

左－右：张尧、刘东明、马頔、宋冬野、尧十三

摄影 _ 張小 _x

小娟 & 山谷里的居民乐队

小娟 & 山谷里的居民乐队："宜居的地方是你的内心"

左 - 右：黎强、小娟、荒井壮一郎、刘晓光

摄影 _LEILEIMA

重塑雕像的权利

如何抵达观众

左－右：刘敏、华东、黄锦

摄影＿杨川川

后海大鲨鱼

左－右：小武、王静涵、付菡、曹璞

摄影＿王未

臧鸿飞

滚圈纪委臧鸿飞：『我不能只当一个乐手』

摄影_吕海强工作室

盘尼西林

摇滚乐队盘尼西林：治愈更多人

左－右：刘家、赵钊、张哲轩

摄影 _ 大袋子

毛不易

「新人」毛不易：
「像我这样的人」

摄影_贾蕾 Lainka

徐梦圆

古风电音新星徐梦圆：
敏感的 92 年生人

摄影_阿迪

徐梦圆

曾铁可

“选秀歌手”曾铁可华丽突围

摄影 _Manbo Key

郭顶

金曲奖得主郭顶：『与实用主义对抗』

摄影＿享耳音乐

万妮达

嘻哈歌手万妮达："HIP HOP 有规则"

摄影 _ 吴瑞文

金承志

彩虹合唱团金承志：『他有一种荒诞感』

摄影｜郭珺

Bridge

扛起 GOSH 大旗的 Bridge：“看我能独当一面吗？”

摄影 _LilC 刘程

小鹿角APP 音乐财经_联合出品

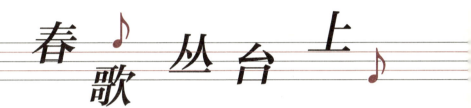

董露茜_主编

春歌丛台上

对话33位音乐人

人民东方出版传媒
東方出版社

序言

INTRODUCTION

沈黎晖
序一：音乐森林的多样性 1

金承志
序二：酷爱说故事的人 4

秦四风
序三：世界上最美丽的植物 7

董露茜
自序 10

经典

CLASSIC

唐朝乐队主唱丁武：
艺术家的另类回归 003

张楚：
摇滚『老炮儿』归来 013

『校长』谭咏麟：
『不需要按原计划出牌』 026

胡德夫：
岁月中该怎样唱歌 036

谢天笑：
『摇滚是一件合身的衣服』 046

「铁肺歌后」彭佳慧：「我想念我自己」 062

「非主流」丁薇：好玩的造梦者 073

Daniel Ho 的六座格莱美之路：成功是用时间浇筑的 092

第 59 届格莱美最佳世界专辑大奖得主吴彤：「我的音乐世界没有限制」 100

融合

FUSION

中国最好的乐手秦四风：「人类不会飞行」 113

流行爵士男女二人组 Mr. Miss：用解忧爵士来造梦 120

「神曲歌后」龚琳娜：「那一刻我委屈极了」 131

彩虹室内合唱团金承志：荒诞之余，他是一名艺术家 147

民谣

FOLK

165 制作人叶蓓：走过『纯真年代』的女神

172 陈鸿宇和社群音乐品牌『众乐纪』：新民谣诗人的商业未来

186 李志的下半场：签约后的独立

203 赵雷和城市民谣：『我要做一个跟着太阳走的人』

215 『95后』谢春花：『想做什么就坚持做什么』

229 兼职的鹿先森乐队：生活不易，当下即华年

245 麻油叶&马頔&宋冬野：我们为什么歌颂城市？

253 小娟&山谷里的居民乐队：『宜居的地方是你的内心』

摇滚

ROCK&ROLL

265 最有才华的摇滚乐队——重塑雕像的权利：如何抵达观众？
282 独立乐队后海大鲨鱼：『心要野』
290 『滚圈纪委』臧鸿飞：『我不能只当一个乐手』
300 摇滚乐队盘尼西林：治愈更多人

流行

FOLK

综艺导师+牛班校长——创业者胡彦斌迎来人生高光时刻 307

「新人」毛不易：「像我这样的人」 333

古风电音「新星」徐梦圆：1992年生人的敏感 347

「选秀歌手」曾轶可的华丽突围：「我的心永远是自由的朋克的」 356

金曲奖得主郭顶：「与实用主义对抗」 371

嘻哈歌手万妮达：「Hip-hop有规则」 385

扛起GOSH大旗的Bridge：「看我能独当一面吗？」 393

从「小绵羊」到制作人，张艺兴更「狠了」 401

序一：
音乐森林的多样性

文 | 沈黎晖

我上周去了一趟西双版纳，和 WWF（世界自然基金会）一起寻找草莓森林，我们今年的主题是“循环世界”。

提起西双版纳，就能想到原始森林，但其实西双版纳现在的环境还挺严峻的。我在那儿待了三天，WWF 给我们推荐了两片森林，橡胶林和香蕉林。因为西双版纳要逐渐地减少“双蕉”，替换一些新的多样化树种，还有一个目标是把大象和人的空间隔离开来，把人往外迁，给大象的生存留出空间。

橡胶和香蕉整体对于环境还是有破坏力，物种单一，原始森林换成了经济作物，森林里就不会长其他植物了。我走在胶林里，感觉也没什么动物，虫子都少，鸟吃虫，没有虫子，就没有鸟。如果一直这样下去，外面看着是绿的，但里面是死水一潭。

自然界的多样性非常重要，把自然界循环生态的基础做好，森林就会慢慢恢复。音乐行业也一样，音乐应该是多种多样的。

这是一个多样性的世界，我们应该尊重这个原本多样化的世界。其实这一点在音乐产业未来几年会非常明显，而且已经在发生很大的变化。

以前大家认为音乐类型之间、多样性之间是矛盾的、冲突的，有一批人会很偏激地认为，流行、摇滚、朋克、金属，它们之间完全是冲突的，互相看不上，这一点特别狭隘。事实上，古典音乐、爵士乐跟所谓流行音乐、摇滚音乐、电子音乐都融合得非常好。

所以现在有一个趋势，音乐类型之间在互相渗透、彼此融合，变成了一个生态的概念，甚至繁衍出新的物种。

我以前说我在记录时代的声音，其实那会儿就是找一个自己做不好这个事情的理由，大不了我还是一个藏家。2018 年年底，高管们坐在一起开了个总结会，2017 年一年，摩登全球发了 50 多张唱片，虽然我们做这些唱片的目的不一样，角度也不一样，但真的在印证“声音博物馆”的概念。

我们是吃喝玩乐的创造者和生产者，其实这个过程还挺枯燥无聊的，但会有极大的满足感。

现在整个行业变得更具竞争性了，这一点还是挺正向的，否则，大家就过得太舒服了。生活就是在打游戏，做公司也是这样。我们现在变得更加注重创新、推陈出新、加强效率管理，不断地去挑战自己，倒逼自己，让每一个人都拥有强大执行力。

我们现在日子过得还不错，还想得比较从容，可以决定自己的步伐快一点儿还是慢一点儿，所以正是要在日子好的时候，去沉淀、思考。现在是一个团队的时代，我们对未来有充分的耐心。

时间过得越来越快，我自己也想停下来做点有意思的事情，但又很难停下来，公司现在就是我生命里最有意思的事情，很长时间里来看也不会有所改变。

我认识露茜应该是在 2013 年的一次聚会上，她坐我对面，当时她在做一个音乐行业的专题，悲观的声音很多，但我特别乐观。

《音乐财经》的出现，在这个行业里产生了很多正向的影响力。以前音乐人对商业是有相当大的偏见的。《音乐财经》让大家更客观地去看待商业这一现实问题了，这是一个过程，不是一件事情或者一年就能做到的，而是在吸收大量的信息、案例以及报告之后传递给行业的，是一种“润物细无声”的贡献，我觉得这还挺重要的。

其实每个音乐人必须面对的现实问题就是“商业”，因为毕竟不是自娱自乐，还是希望影响大多数人。音乐要不要卖？卖多少钱？怎么卖？用什么方式面对大家？如果自己不是一个操控全盘的人，就得有“口”对接上这些事，要会选择合作伙伴，否则的话，音乐本身可能也会一团糟。

音乐行业还在往前发展，“商业”是所有人都无法回避的一面，玩音乐不一定是为了钱，但它就在那儿。当然，音乐人把钱看得太重也不行，反而会失去自己，所以创作和初心还是要高于金钱、名利，最终才会变得更加“成功”。

对《音乐财经》来讲，它看见了更深的东西，起到预见性和启发性的作用。“音乐”与“财经”，“音乐”这边有各种各样的版权公司、工作室、厂牌、经纪公司和关于音乐审美的评论，“财经”才是《音乐财经》最特别的地方。以商业的视角去记录和观察音乐人的状态，应该说这本书填补了市场的一个空白。

在过去的五年里，摩登经历了飞速发展的阶段，实现了很多以前完全不敢想的商业目标。在未来的五年，时间还会继续向前走，五年后的音乐行业是什么样子？我还是非常乐观。

对于摩登来讲，最重要的是，我们已经归零，一切才刚刚开始，未来拥有各种各样的可能性。

序二：
酷爱说故事的人

文｜金承志

早上在戏台买了焦元溥老兄的《乐来乐想》，一边看一边哈哈大笑，觉得30岁的他怎么可以这么犀利。可你一方面觉得这个小鬼怎么这么臭屁，什么都知道，一方面又被他宽广的胸怀和知识储备所震撼。

是啊，30岁多好啊，他刚刚要脱掉少年的戾气，准备披上成熟的外衣，这种新旧交替的瞬间是一个人最适合大开大合的时候。

我的30岁在焦虑中度过，我想起自己从18岁学习指挥，到28岁以一种“莫名其妙”的方式被人所认知，既欣慰于“十年寒窗无人问”的最终结局，也困惑在“一曲成名天下知”的荒诞感里。

“神曲缔造者”“荒诞的喜感”“矛盾的人”等等，是大家在当时给我的标签。

所以我的30岁写不出什么所谓的“神曲”，在一家家咖啡馆里炮制着《白马村游记》套曲，不太会客。

我要做什么，写什么，演什么？我要如何抓住自己的特质同时又要倾听观众的想法？我是不是该写一些大家喜欢的？我是不是不该写一些自己讨厌的？说来好笑，这些问题真的会将我抓住，一次次拷问，像一个不准的钟摆，叮叮当当在脑海里撞着。

但随着《白马村游记》的上演，慢慢地我对自己有了更多的认识，这种认识虽然是片面的，但是它很好地调和了我乱七八糟的思绪。

我是一个酷爱说故事的人，在发现音乐能够替自己表达与辩解之前，我已经用嘴巴噼里啪啦说过许多许多故事了。我说故事的时候喜欢手舞足蹈，喜欢跳来跳去，模仿故事里的人，调侃自己也博取听者的笑容。

所以每一种故事都是我想说的故事，而每一个故事不必雷同，也不需要出自一种价值，也不用共同拥有一个终极结局。

“说故事的人”，是我给自己今年的生日礼物，我不必尽善尽美，我不必面面俱到，我不是偶像，我可以充满缺点，我可以文思如泉涌，我也要接受江郎才尽，我不苛求别人能理解内心世界，也欢迎大家对热闹的场景充满兴趣。

所以我又开始了大量的写作，有的是凌乱的文本，有的是生活日记，有的是虚构的怪谈，有的是音乐史的教案，也在酝酿下一个博君一笑的话题。

几个月前《音乐财经》的编辑找到我，与我聊了聊我的故事，我今天已经想不起来每一个问题了，但是谈话的核心氛围是一种少年感与成熟感的糅合，当时我们坐在淮海路的一家餐厅的四楼，阳光没什么礼貌地喷射在落地窗上，贼有生命力。

在谈话的最后我甚至忘记了这是一场采访，只记得编辑老师很爱笑，仿佛一个老朋友，对我说的故事一一回应。

说故事的人在事后是不会记得自己说了什么的，与开头提到的元溥老兄不同，我写完的作品甚至都会忘记，在我讲述或写作的那一瞬，我的故事已经开始与结束了。

但好在我们有一些朋友酷爱记录，比如焦老师，比如《音乐财经》，这种记录说故事的人的故事有意义吗？可能今天看来会跌落到互联网成千上万的资讯中，但若将时间拉长一点，再拉长一点，你会发现它们的价值。

我引述一段焦元溥老兄的话来作为这段唠叨的结束：

“世界上，从来就只有一个故事。”

什么？只有一个故事？没错。分析过各种流派，拆解完诸多技法，在文学理论著作的结尾，作者往往会告诉你：其实，世界上，从来就只有一个故事。

当然，这不是说世上真的只有一个故事，而是指我们所知的一切故事，都是“神话”主题的变形。这里的“神话”，也非“夸父追日”或“嫦娥奔月”等特定传说，而是抽象地代称“故事以及它所蕴含的力量”。也是畅销作家的神话学大师坎伯（Joseph Campbell，1904—1987），在广泛搜集并分析世上各民族的传说与其种种转化之后，就提出“单一神话”的概念。世界在变，你我在变，却是万变不离其宗；这一秒虽是前一秒的变奏，主题依然是主题。

“那一个故事”根植在人类的潜意识里，成为你我共通的记忆。它帮助我们解释世界，也让我们用以看待自己。

因此，既然创作是在“说故事”，多多少少也就触及“那一个故事”。愈是精彩的创作，也就愈能形成故事长河中的里程碑，进而改变我们对故事的认识。

我今年31岁，刚刚丢下30岁的壳准备穿上新衣，这是我三年来的故事，我也准备说更多的故事。

2019年3月7日，于台北

序三：世界上最美丽的植物

文 | 秦四风

世界上最美丽的植物是茄子，总会有人这样想。

到底是出于什么原因，其实并不那么重要。

就像每个人都是不同的，甚至包括他的失败。

但有趣的是，恰好有一些人的成功，正是从一开始，就输在了起跑线上。

相同，或不同，这是一个角度的问题，她们都有着极致的美。

这几乎也就是音乐的全部奥义了。如同《尚书·序》中所言：雅诰奥义，其归一揆。

音乐人不是一个特殊的群体，但却特别的五彩斑斓。

可能就是因为那些“令人彷徨”的故事，否则，他们和普通人几乎没什么两样。

若与他们对话，我想，应该是一件很麻烦的事。当然，这也是他们自我彷徨的一部分。

要是真有谁能这么干，去集结这些“麻烦事”，想想就知道有多么的吸引人了。

记得小时候看过一本书，书名叫《逆境成才100例》。

到现在，里面的故事，连一个都想不起来。

可当时那满满的斗志和勇气，仍记忆犹新。

一本书，真的可以在某个特定时期，让你做一个不悔的选择。

《音乐财经》正在做的这些事，也许着实非同小可。

那些不能马上就被看到的收获——当然，我指的就是读者的收获，正是她们甜蜜的理想。

庄子说：绝迹易，无行地难。我在想，纸质书籍和实体唱片终将会消亡吧?

在风驰电掣的互联网阅读时代中，逆行，偏又留下无痕印记，看来这是一群不甘心的人。

…… ……

我们再来讨论一下，世界上最美丽的植物，到底是不是茄子?

茄子本人的意见，其实并不那么重要。

就像闯红灯的人，完全不考虑红绿灯的感受一样。

但有趣的是，不管人类用怎样数量的违规来侮辱它，自始至终，红绿灯永远尽职尽责。

那些曾经不顾“红灯”反对而闯出来的路，是我们最喜欢的吗？

我们内心最向往的，是名誉，还是音乐本身？

音乐人不是一个妥协的群体，但却时常被生活击败。

不知道从哪一刻起，我们发现了获得名誉即是维持生计的最好办法。

那接下来的事情，是持续获得名誉从而提高现在的生活水准吗？

或者，维持现有的，但去创造看不见的未来？

我想，这个世上，应该有很多本书的名字都会叫《看见未来》吧，但我都没有读过。

现在觉得这名字，真的适合本书。——虽然稍显俗气了一些。

在互联网媒体上，好像鼓励别人并不会带来什么流量。

但永远跟着大家一起鸡鸣狗盗，自然也不会让自己有什么成长。

《音乐财经》正在做的这些事，也许着实平淡无奇。

因为总有一些固执的人，会不顾一切地去做一些别人认为很平常的事。

他们没有什么不同，不同的是我们而已。

去查查人的反义词是什么，一切答案就都了然于心了。

2019年3月2日，写于北京朝阳园

自　序

文 | 董露茜

28 岁那年，我选择创业。创业初期是一段令人相当不愉快的经历：写作占据心神，公司琐事繁多。我常常在这个过程中精疲力竭，感到自己能力有限，隔数月便对自己的雄心来一轮审视。

我曾信奉前辈所说过的，99% 的天分……99% 的纪律……99% 的勤奋，必须永远不满足于自己已经写出来的东西，要始终心怀梦想，努力超越自己。写出来的东西，永远应该更好。大部分时间，我都是精准的、严苛的、不苟言笑的。

我今天正准备启程去奥斯汀参加 SXSW（西南偏南大会），这是我第三年去 SXSW，我忘不了第一年和朋友结伴去 SXSW 看音乐现场时带给我的震撼。整座城市泡在音乐里，有一种天马行空不“靠谱”的感觉，但你就是觉得这才应该是音乐、创意、科技汇聚一堂的气质。音乐切切实实改变了我的精神状态，我常常会被耳朵里循环的一首新作感动到流泪。因为音乐，我与自己、与同事、与朋友们的相处都更加轻松随意了。真的很庆幸我当初听从内心的声音所做出的选择，感谢音乐行业带给我的快乐与感动，与音乐相伴的日子，我过得专注而幸福。

感谢东方出版社，让我们有机会集合出版《音乐财经》四年来的音乐人访谈文章。感谢陈曦和本书的责任编辑来芙萍，如果没有她们的大力推进，应该不会有这本书的诞生。

“春歌丛台上”是我们和出版社在讨论了无数个名字后，最终达成一致的地方。“放荡齐赵间，裘马颇清狂。春歌丛台上，冬猎青丘旁。”杜甫的《壮游》传递了在旅途中的所见所闻，传达着“在路上”的意气风发的精神状态，而这正是书中音乐人在访谈中传递出来的力量，那种对人生、音乐和事业充满了好奇心的探索精神。当然，我们并没有就此粉饰太平，这里面有滚烫的青春、有尚未解开的困惑，一种感性与理性交织在一起所形成的感受。

对《音乐财经》来说，四年来和音乐人的交流何尝不是一次“壮游”？采访与写作是一项很有意思的工作，它可以让你名正言顺地观察受访者的生活和思想状态。我们四处奔波，深入城市里的各个角落，拥有着最狂热的乐迷和最冷静的财经记者的那股子劲儿，吸收着行业的百态，再把这些状态记录下来，传播出去。

通常一篇稿子发了之后，我们和不少音乐人又有了更多的交往，有了更深入的接触。所以一开始和出版社对稿子的时候，我想做大量的修订，做补充采访，把作品修改得更老道圆熟一些。但是后来我们操作了一两篇后，发现还是不应该这么做，不是出于偷懒的念头，更多考虑到的是，我们一开始是以“记录者”的身份进入到行业里，这些跨越数年时间形成的采访文字，虽多少能看出采访时的幼稚、成文时的瑕疵，但也真实记录了各位音乐人当时所处的状态和想法。所以，最后我们决定将发文时间标示在文末，让整部访谈集以更本真的姿态呈现在读者面前。

再次感谢每一位接受我们采访的音乐人。

写序之前，我坐在办公室里，再次完整地读完这本书，往日每一篇稿子沟通、采访、编辑、校稿的过程历历在目，好似放电影一般。

感谢李斌老师、宋子轩、赵星雨、刘而江、李昌丰、赵凯茜，感谢每一位曾在编辑部工作的同事，他们分别是李禾子、李笑莹、于墨林、许梓硕、吴心怡、邬楚钰……他们中有的转行做了公关，有的继续攻读研究生奔波在求学路上。感谢命运让我们相遇，感谢曾经在这里付出过青春的每一位同事、前同事、实习生、兼职作者。

《音乐财经》和“小鹿角 App”是一个专注于音乐娱乐行业的团队，我们希望未来能把“音乐 +”的书系坚持做下去，让每一本书都记录或者解析音乐行业里最具有价值的部分，用谦卑的、诚恳的，也是沉着严肃的态度。

2019 年 3 月 11 日，于北京

丁武 张楚 谭咏麟 胡德夫

谢天笑 彭佳慧 丁薇 吴彤 Daniel Ho

经典

CLASSIC

唐朝乐队主唱丁武：艺术家的另类回归

> “ 在个人音乐风格上，丁武选择了金属音乐，结合电子音乐、工业元素、融入阴暗、抽象的旋律、和声和他风格独特的‘死嗓’，这一切成就了他音乐探索路上的另类金属风格。”

艺术家丁武正在举办融合了“音乐＋绘画”的快闪艺术展，不同领域间的碰撞和互动，让丁武的艺术家生涯，跃入了一个新阶段。

灰暗的灯光下，在摩登天空总部办公室一层，中国摇滚先锋、艺术家丁武头戴面具，和着专辑单曲《七个影子》的电子节拍走上舞台，用他“抽象另类”的重型强音，带领现场每一位观众走进如今他独特的音乐世界。

“贯穿在整个音乐的概念，因为我的生活逻辑和生活历程才造就了现在的我，可能的坚强，也可能的——忍耐。”演出途中，丁武不时停下来和现场观众互动，带着思辨和反省，“我希望自己能坚强下去，和你们一样！”

在个人音乐风格上，丁武选择了金属音乐，结合电子音乐、工业元素，融入阴暗、抽象的旋律、和声和他风格独特的“死嗓”，这一切成就了他音乐探索路上的另类金属风格。

这是2018年12月5日，丁武新专辑《一念》在摩登天空发布会后举行了私密演出，在场观众大都是慕名而来的忠实乐迷、媒体和亲朋好友。

作为摇滚乐领军人物，丁武和他的唐朝乐队一起，是当代乐坛最耀眼的名字之一。在音乐之外，丁武还是一位画家，他和摩登天空创始人沈黎晖毕业于同一所学校——北京工艺美术学校，《童年》《坠落》等基于生活经历的写实作品代表了丁武的过去。近年来，丁武的绘画风格从写实逐渐转向了抽象及自由的风格，新专辑内也收录了7首歌曲与他近期创作的7幅画作。

这一次也是丁武“一念”的快闪个人艺术展开幕式。艺术展为期6天，现场展出了丁武近年来40多幅从未展出过的画作。

音乐与美术，新歌与展览，这是丁武以个人身份签约摩登天空之后的首次跨界尝试，《一念》也是他从艺三十多年来发行的第一张个人专辑。

不经意间，跨界艺术展览似乎正在内地流行起来，成为“音乐+”舞台上重要的新角色。正如沈黎晖说，“合作特别顺，这一次打破得更直接一些！我们一直在尝试不同的事情，拆掉一些壁垒，拆掉一些墙。”

音乐财经： 昨晚新专辑《一念》试听演出感觉怎么样？

丁武： 很开心，来了很多好朋友。这毕竟是我第一次以个人身份演出，感觉和乐队配合得也很默契，效果不错。

音乐财经： 这次新专辑EP发布的顺序并不是按照数字一、二、三，而是最先发布《二面》，然后《三言》《一念》，这有什

么特殊设计吗？

丁武：一方面，当时《一念》在拍摄MV，时间上稍微耽误了一些；另一方面，《二面》这首歌的速度非常快，节奏非常鲜明，当时想让听众先接受到这样的力量。

音乐财经：《一念》MV很有艺术性。有一幕你打破了一个画板，是目前展出的那幅吗？

丁武：对，打破的画架，就是正在展出的那个。这次MV创作团队非常棒，王琪导演各方面非常专业、认真。团队十多人，那段时间非常辛苦，一个背景板画了9个多小时。传统一些的MV可能就是拍拍乐队的演奏，我当时跟导演建议不要这样，可以尝试一些更内敛的方法，于是就出现了现在这样的版本。我自己很满意，感觉很有质感。

音乐财经：2018年12月5日，新专辑全碟免费开放线上试听，有考虑过收费吗？

丁武：这个主要是公司的决定，我没有参与太多。而且，目前国内版权保护还没有特别完善，我的第一张个人专辑，主要是想让更多人听见，有更广的传播度。如果将来会有高音质、无损版本提供下载的话，可能会考虑做成收费的。

音乐财经：《一念》的实体唱片，目前制作进度如何？

丁武：这张实体专辑设计成了一个16开的速写本，有60多页。纸张是特种纸，里面的设计感很强。速写本有30多页空白，是提供一个收藏或者记录的用途。当你在上面记录了一些东西的时候，你可能就不太容易把它丢掉了。现在提笔忘字的人太多了，如果有个小本子，还能让他们有这么一个机会写写画画的话，挺好玩的。

专辑大概是十天之后做好，我自己也挺期待，设计真的非常不错，是一种高级灰，有一种后表现主义的东西。

音乐财经：这次专辑合作的乐手是怎样组成的？会是相对固定的吗？

丁武：国内的重型音乐这几年做得很不错，涌现出一大批年轻的音乐人和乐手。他们有自身的独立人格和对音乐的信念，而且都非常健康。

像我的混音师大龙今年才30岁，但是他可以把这么复杂的一首音乐的混音，以他的一己之力，做得这么好，绝对不比国外请来的混音师差。抛开专辑其他方面不说，先说混音师的话，一般的流程都是去国外找混音师和设备。其实咱们公司（摩登天空）也有，但是公司这边耗的时间比较长。我更喜欢作坊式的工作方式，好交流。

乐队的其他乐手也都是30岁出头。他们都有一定的舞台经验，技术都没问题，听的音乐和我很接近，所以在合作方面大家都比较轻松。音乐跟美术不一样，音乐基本上都是合作关系。所以要牺牲一些个人的有个性的东西。他们和我性格比较接近，都不是那种特别张扬的人。就长期合作来说，这几个乐手都不错。我们已经计划在2019年3月，在全国选几个城市一起巡演。

音乐财经：7首EP封面都是你的绘画作品，它们是专门为了配合音乐绘制的吗？

丁武：不是。这7幅作品，我之前就有想法了。特别巧，在做这张专辑的那两个月，我找到了现在绘画的材料——混合砂浆，然后很快就画完了。差不多一张画一个多礼拜，然后再修修改改，入手很快，基本上是我想呈现的效果。

音乐财经：画展“一念”的40余幅作品，时间跨度有十年以上，是怎样挑选出来的？

丁武：当时还是就想展一些现代的东西，过去这一块儿本来我不想展。但后来觉得还是要有年代的过渡，这样可以看到对比，如果没有过去，怎么对比现在呢？我的音乐都在变化，所以我想那就把过去的画都融合在一起，会比较鲜明吧。

音乐财经：你近几年绘画上更抽象了，开始放弃甚至唾弃写实的东西。为什么呢？

丁武：是。我当时画“童年”系列的时候是出于自己专科学习美术，结合当代各种艺术门类，在某一个形状之内表现一个主题，只是颜色和处理的技法上略有偏差，才产生了自己独特的风格。但是这些东西画多了以后，我就觉得有点枯燥，总是在复制自己。画完《第二天就出事了》那张画以后，我就封笔不画这批东西了。

后来我萌生出要做《一念》的时候，不光是音乐上寻求一种改变，我觉得在绘画方面也有了新的思考。刚开始转变确实挺难的，后来我找到混合砂浆以后，结合一些表现主义的东西，和我执意要走的比较抽象的路线，我就做了这批作品。做完以后，我觉得还挺有形式感的。

这批作品会是我抛砖引玉的一批。我接下来想做的，是把一些数字化、模拟化的东西，比如一些电路板、线板，把它重新排列，凝固在画板上面，那会是一种比较永恒的感觉。

音乐财经：你画画时听歌吗？

丁武：之前画写实的东西还是听的。听一些比较史诗般的摇滚乐。但是画这些东西的时候，我基本上就不听音乐了，听得比较少。

音乐财经：近几年的生活状态怎样？

丁武：我这几年的改变，准确来说，其实是让自己有一个比较独立的人格和独立的思维方式。因为我们这一代人缺少这些东西，基本上都是在照本宣科，在一个学校的完整的体制下生长起来的。大部分中国人缺少这种独立思考能力。但是，当你有独立思考能力的时候，你已经步入老年了，基本上丧失战斗力和创作力了。

对于我来说，我现在人到中年，先是用了三年时间戒烟戒酒，每天坚持锻炼身体，保持一个愉悦的心态，让自己非常主观地面对一些东西。然后从作品上，自然而然就会有创造力：工作能量会变大，完成度也比较准确，可以把控得非常好。所以我现在基本上是这么一种状态。

音乐财经：你现在生活上越来越平和，但制作的音乐却越来越“重”了，这矛盾吗？

丁武：不矛盾的。因为你想做一件事情的时候，必须有一个特别好的心态。健康是一方面，再有就是一定要遵循你自己的轨迹和逻辑去做。年轻时候的（作品）基本上是一种冲动，或者说是一种感性的东西，但是感性的东西需要理性地去延伸，所以说这时候就需要一些理性的（因素）去把控这些（冲动）。

音乐财经：接着讲讲你和女儿之间的故事吧，她现在有展现某方面的爱好或者天赋吗？

丁武：她还太小，不过我喜欢她画画。因为从美学上来说，画画是人生命中建立最初级认知度的过程。人的感知器官基本上就是视听和嗅觉，但是视觉的东西，很难有标准。对于我女儿来说，她确实在这方面有点天赋。她可以回家以后一画四个小时，不吃饭，不喝水，画累了就睡觉，这是她自己喜欢的东西，我就挺支持她，会尽量帮助她建立自信。至于她今后是不是可以从事美术方面的事情就看她自己了。

其实小孩子都爱画画，但是当他一进入考学阶段，就出问题了。就抹杀了他最初的天性，这是特别残酷的一个过程。就是先有天性，然后把自己的天性全部抹杀掉。然后从学校出来，再回到天然的风貌。那个过程有的人就做不到了，回不去了。如果他回去了，他就是个艺术家。这后面是教不了的，是造化了。

音乐财经： 前几年你有很多跨界合作，比如电影《老炮儿》、综艺《我是歌手》，以后会继续尝试吗？

丁武： 可以啊！拍电影是非常好玩的一件事，我觉得挺有挑战性，我的记忆力很差，如果拍电影的词不多的话，我还能胜任。如果台词太多的话，特别是那种大段文言文的词，我觉得是挺有挑战性的，但是可以尝试。但是过于娱乐的，我可能就会比较排斥。

音乐财经： 2019 年会有“乐队”形式的综艺。你怎么看这种形式？

丁武： 我觉得只要存在，就一定有它存在的可能性，最起码它是一个窗口和平台。它的一个主题思想就是“乐队”，而乐队呈现的一个概念——要有配合度。而且通常乐队都是以原创的理念形成的。这是一个贯穿的东西。我做过很多次乐队形式选秀的评委，我挺支持的，而且现在这些小孩都挺灵的，都特聪明，学什么是什么，学什么像什么。

音乐财经： 最近有关注国内哪些新生代乐队？

丁武： 都是中坚力量吧，太新生代的我还真不知道。像这次“唐朝 30 周年”翻唱（专辑），里面这些乐队都很不错，都是 30 岁出头的中国摇滚乐中坚力量。他们有更独立的人格，独立的思考和态度，每支乐队都有他们自己的风格。但是他们的生活并不是像我们想象中的（那样），他们可能白天有在银行上班，晚上找机会排练排练。他们都热爱音乐。所以生活都不易，非常艰苦，真的非常艰苦。

音乐财经： 之前采访中，你说人随着年纪增长，会多一些“责任感”，加上现在为人父，现在怎么理解“责任感”？

丁武： 变老这个事情是一个常态，只有自己到了这个年龄，才可以打开心里那扇常态之门。对于我来说，目前这个阶段，是我最能把控自己的一个阶段，所以我很兴奋，每天都很快乐，不存在什么特别大的压力。如果非说压力呢，就是在创作方面的不确定性吧。

音乐财经： 三首先行曲，收到了很多人的好评，尤其是业内同行的支持，但是也不免有一些质疑，比如对音域和嗓音。你怎么看待这些质疑？

丁武： 嗯，我没什么可解释的。因为我觉着他们都处于关心我、关注我，想解读我的过程。对于我来说，我没有演错，真正的错误是在演出的时候突然叫停，是我没有一气呵成把它完成。

至于在音乐上还有嗓音上的变化，这从生理解释来说，我很好理解，也很释然。从一岁的小孩到九十九岁的老者，他声线的变化是上天赋予的，是你根本就不可能自己把控的，时间在一分一秒地过，你的身体每个细胞都在变化，这是一个自然现象。

关于艺术形式的理解，就更简单了。音乐，还有绘画这些艺术，它没有具体的标准。它所呈现出的某一个声音或者每一笔画，都是非常合理的，你可以吹毛求疵地去探讨。只要是不带有侮辱人格的这种，我都可以接受。

音乐财经： 听说你之前有过一次咽喉结节手术，可以聊聊那次手术吗？

丁武： 那也不是一个手术，就是采用了针灸疗法。那是一次

猛烈咳嗽的时候，我没有小心，让这咳嗽冲击了我的左右声带，有一个声带掉下来了一点，然后我通过治疗，很快就痊愈了。声带完全不是我唱歌的矛盾体，我唱歌的矛盾体还是在精神上的。

对于我的声音来说，我是充满自信的，现在唱 high D、high C，我一点问题都没有。只不过是不能连续唱，可能一个演唱会有三四个都没问题，频繁地唱，就会觉得很费劲，嗓子会处于一种充血状态，这是一种生理现象，并不影响我在艺术上的表达。而且对于我来说，我已经不追求高音了，我现在游泳的时候练的都是低音。我看我能不能练成 low C，那种更低音域的喉声。因为有唐朝，我还是要保护好这副嗓子。

音乐财经：昨晚演出《二面》时，你说自己有善良的一面，也有不太善良的一面。这个不太善良的一面是什么？或者说，目前对自己的状态还有什么不满意的吗？

丁武：不太善良的东西，基本上就是那种非常邪恶的东西。只要是一个人，就会有两面。这两面划归于善恶的话，那肯定是会有一个善良的自己，会有一个邪恶的自己。我相信人刚生出来，是没有什么恶意的东西的，所谓恶意的东西都是被周围环境所影响。

我最后说，我只能是善意战胜了我的恶的一面，因为我并不太坚强。有些东西如果你坚强一点，可能你可以以恶制恶，但是我没有做到以恶制恶的话，那受伤的其实还是比较善良的一面，那只能选择容忍。

音乐财经：签约摩登天空后与公司的合作情况如何？

丁武：真挺愉快的。沈总（沈黎晖），我和他是一个学校（毕业的）。再一个，他现在事业做得非常好，他一直在做中国的先锋艺术，我觉得他本身就是一个艺术家。公司是他的一个大的艺术品。另外，他在把控经济还有艺术走向的时候，都非常准确，而且还为更多的年轻人提供了展现空间，让他们证明自己的生命，这是一件特别好的事情。我特别赞赏他、欣赏他。

音乐财经：今年是唐朝乐队成立30周年，你现在怎么平衡个人和乐队之间的关系？

丁武：首先唐朝乐队的音乐已经构架出自己非常独特的东西，之后要做的还很多，还是有扩展的空间。我自己和乐队成员之间的创作热情并没有衰减。我个人的音乐是一种能量，就像电池一样。唐朝的东西是一个形式，是一种主旋律，一种更有价值观的东西。所以这两者之间并不矛盾。这两者之间，如果我能做好的话，它是相互依赖的。对于创作来说有特别大的积极的作用。

音乐财经：未来三年在音乐和艺术跨界方面的计划是什么？

丁武：一个是绘画，我刚才说的混合砂浆。这个数字时代，模拟时代的混合体；音乐方面，《一念》这一步算迈出去了，后面的音乐基本上是在完成和放大的一个过程；唐朝的音乐呢，我们想扩张出去，在电影音乐，还有纯音乐的方面再做一些尝试，因为唐朝音乐的发展空间还挺大的。

（文／陈曦　2018年12月）

张楚：摇滚“老炮儿”归来

> “我觉得我真的是个好青年，别人在平常的时候我开始叛逆了。别人叛逆的时候，我看到荒谬了，别人荒谬的时候我已经不批判了，继续做个阳光好‘青年’。”

2016年5月21日，张楚沉寂多年后的首次巡演在西安拉开序幕。张楚的回归，让家乡乐迷等了太久。对于张楚来说，西安也是他这次巡演最期待的一场。整场演出张楚状态极佳，观众席尖叫和沸腾的场面从未停息，当最后一首《姐姐》前奏响起时，全体观众激动地起立跟张楚合唱，很多人唱到泪流满面。

张楚首场巡演的成功，也让歌迷对于他的这次回归充满了信心。从5月4日张楚巡演发布会，到21日西安的首场巡演，这期间我们一共见了张楚四次。

5月4日，张楚全国巡演及新专辑发布会现场。媒体高高举起的机器伴着无数双眼睛齐刷刷盯着台前的张楚。他穿着普通的T恤和牛仔裤，安静地坐在舞台靠后的位置。前面，是翻唱着张楚老歌的程璧和赵照，主持人和嘉宾互动着，现场气氛活跃热闹，唯独他这个主角显得不太“积极”，好像今天的会场与他无关。

发布会最后，主持人请张楚在现场为大家演唱一首新歌，张楚显得有些紧张，说今天状态不太好，可能歌词会有些记不起来。

也许是离开舞台太久，紧张的宣传密度让“闲云野鹤”了一段时间的张楚有些不习惯。“前一天一直在拍照，拍照是最累的，你得做各种表情什么的。”第一次采访时，张楚也解释为什么会状态不好。

之后，有一天一大早，他把跟贝斯手的微信对话截图发给我看，都是他在灵感袭来瞬间蹦出的歌词，真的很美。这让我觉得，在那个远离市区喧闹的农村，他的状态会更好。于是，我们约了第二次采访，张楚很痛快地答应了。

5 月 16 日，位于北新桥科林大厦的一个排练厅，张楚正在跟乐队排练，间歇中还会跟乐手们讨论现场与观众的互动方式。我们第二次的采访就安排在他当天排练完的时间。

排练结束后，我和张楚一起走出大院，门外有一排卖熟食的小摊，张楚在摊位那里徘徊了一下，自言自语：“我吃饭了吗？”摸了摸肚子，好像觉得有点饿，就掏钱买了几两炸丸子，边走边吃。

到了咖啡馆，手里的丸子还没吃完，我就坐在他对面，看着他吃完。我环顾咖啡馆四周，好像也没有人认识他，更没人注意到这个坐在咖啡馆吃炸丸子的人是当年“魔岩三杰”之一的张楚。

这让我想起上次采访时他说过的一句话：“保持自然的人性让我觉得特别开心，我总想着在中国是不是也可以树立这样的自由。”

“发布会那天您有点儿累，我们今天好好聊一次。”

“没问题，我现在可会说话了（笑）。”

5月19日，我正在公司附近的一家小面馆吃饭，突然看见张楚站在门口，纯属偶遇。我连续喊了他三声，他才回头看见我。可能也根本没想到这里会有人认识他。我们好像都有点尴尬，“这个面馆的味道还不错。”“对，但跟陕西的比起来还差点，我是西安人啊。”

随后，张楚排队买餐，由于面馆地方太小，其间被服务员阿姨推过来推过去的，最后终于找到一个角落坐下来。尽管我那么大声地喊了他的名字，但好像也没有人认识他。

5月21日，西安音乐厅。干冰的冷气从会场上方罩下来，躁动的观众席被窸窸窣窣的声音铺满。东张西望的、发小视频的、自拍的，所有人都在期待着开场的时刻。突然，几束明亮的光打到台上，乐队成员陆续就位。

一浪又一浪的掌声里，张楚在众人瞩目下登台，几个大步跨到舞台中央，《造飞机的工厂》前奏在持续不断的沸腾中响起。

张楚穿着有点发皱的白色格子衬衫，袖子挽起来，依旧是褪了色的牛仔裤和平凡无奇的帆布鞋。衬衫和裤子在他瘦弱的身体上显得有些大，但他高亢的高音，却蕴藏着巨大的能量，直到演唱会收尾，除了声音略显沙哑，他没有露出丝毫疲态。

张楚回归，带着苦难和幸福的力量

距离演唱会开始还有一个小时，西安音乐厅里已人头攒动。西安是张楚巡演的第一站，售票网站几天前已经没有了余票。很多人早早来到现场，在音乐厅外面等候入场。他们手里紧紧攥着门票和宣传单，脸上有抑制不住的期待和兴奋。

除了有些三四十岁的张楚乐迷，还有来自四面八方的年轻人，甚至有不少一家三口一起来的。两名一大早从外地专门赶来的“90后”女孩，举着宣传单一遍又一遍自拍合影，兴奋地讨论着关于张楚的一切。

演唱会的海报上这样描述张楚：“中国摇滚乐黄金时代的中坚力量、魔岩三杰最具人文气质的摇滚先驱。”关于张楚早期的故事及那场被无数“滚青”视为不可替代的经典——1994年香港红磡演唱会，早已被人熟知，无须赘述。

摇滚老炮儿——是张楚呈现在大众视野里最醒目的一张标签。

演唱会开始前的彩排，张楚和乐队把演出曲目过了一遍，试唱、调试、校对，张楚仔细准备着每一个细节。其间有乐手状态不佳，张楚还安慰他：“可不敢太严肃，咱本来就是玩儿。”

演唱会上，张楚的状态非常放松，与5月4日的发布会现场不同，这才是他真正的主场。张楚时而用脚打着拍子，时而回头望望乐队，高音时眼神笃定地向上望。其间有粉丝冲上舞台拥抱合影，他微笑以待，老乐人的专业显露出来。

曾经年轻的张楚在《姐姐》里呼喊：“面对我前面的人群，我得穿过而且潇洒。”现在的张楚在新歌《到达》中唱：“我依赖大海并且信仰高山，最好我经过你身旁，你也喜欢我这一种简单。”现在的他，返璞归真、化繁为简。

张楚在音乐里不再是昂扬着脖子、故作潇洒从人群中穿过的倔强少年，而是一个关注自己内心，寻求内在宁静平和的成熟大人。

年龄的增长让他在一个以前未曾到达的位置，重新看待生活中的问题，也让他在音乐中传达的情感和风格有了新的改变。

如今，无论是音乐还是生活，张楚都不喜欢刻意为之。最新

专辑距离上一张专辑发行已经时隔 19 年，这 19 年里张楚有四五年没有做音乐，“只是做不下去了，脑子里没概念”。

但几年间他也没闲着，“我是一个比较活跃的人，我也有科技感，科技改变生活嘛！当时就什么都思考，比如 2002 年的时候，我就想为什么苹果电脑的插拔口不是磁铁吸的，各种奇怪的问题我都会想。包括《造飞机的工厂》今天听也不落伍啊”。张楚说这话的时候，又像个孩子。

新专辑的创作经历了不短的时间，他摊摊手，“我们这种人吧，有的时候没有时间概念，并不那么商业化，也不想赶紧生产一些东西卖给客户，有点任性，想按自己的审美要求做”。之前张楚卖得最好的一张专辑销量有 30 万，对这次的新专辑他却说：“我这个阶段对商业上的东西没期待，那是公司协助我完成的事情，现在只想让自己心理变得更健康一些。”

张楚在北京城区住了 6 年，如今把工作室搬到了郊区，张楚说：“市区生活喧闹，也单调，一个人在乡下，不觉得那么孤单。”他喜欢保持自然的天性，也不想朝“化妆派”努力。“我想创造未来的自己，放下既成现实。”他强调要放弃早就固有的个性，关注超越自我的生活本身，甚至欣赏一棵树的开花结果，“生命本身就是一件很美好的事儿。”

张楚经常会被偶尔看到的东西所感动，他曾在意大利饭馆看到一个 MV：一个美丽的女孩在寻找自己喜欢的人，身边有很多帅气的、肌肉的、喜欢冲浪的男孩，但她唯独选择了一位喜欢 Rap 的音乐歌手，这个胖胖的男孩只是一个咖啡馆的服务生。

张楚用这个故事在表达温暖的音乐给人带来的快乐，以及人应该以何种面貌面对生活，是离经叛道，还是温柔接纳？

采访时，张楚突然反问音乐财经：“你觉得现在的音乐人都是什么样？”

“都比较有个性吧，都像个艺术家。”

“我现在越来越不想成为这样的人，我要把顾虑和自我放下，我不想坚持原来的个性，我只想坚持我的热爱。”

张楚把传统的“个性”定义为自己已有的，而他现在想塑造自己本来没有的特性，放下身上的既定事实。“以前做摇滚乐总是想做得最彻底，到后来发现‘彻底’是一个枷锁和框架，在‘彻底’的状态下你只能做出单一的音乐，但我想（做得）丰富。”

反叛的状态被他留在了昨天。用温暖和爱来丰富摇滚的内涵，是张楚音乐创作的现在时，也是摇滚老炮儿在音乐上的再突破。

“我把新做的东西发给贝斯手，他很惊讶地问这是谁做的，是中国人做的吗？我说这是我做的，我们都很高兴，这是我摆脱过去重新创作的结果。”

“中国在文化脉络中就一直把摇滚乐定义为地下、愤怒呐喊的形象，但我一直希望摆脱反抗的状态。反抗有存在的价值，但无休止的反抗会让人沉浸在虚假的敌对中，丧失自我。人还是需要适当的管理，让生活更有建设性。我们现在用反叛激情的大标语大旗帜来批判社会，而让人微笑温暖的东西缺失了，想想要把一个初生世界的孩子带到这样的文化环境里，会让他觉得很辛苦。”

现在的张楚总在寻找写人活得好的地方，和人能活得好的可能性。他知道，活得不好的地方摇滚乐已经触及很多了，这儿不好、那儿不好，但哪怕世界没了，树上还是照常有光合作用，会开花结果，“生活还是挺好的嘛！”

张楚的音乐也多了很多元素，在音乐的演奏上会带有一种舞蹈性，“当音乐中有了舞蹈性，就更像音乐和大脑的一个对

话，因为年龄大了，发现大脑对话音乐的时候，更容易想得清楚一些”。

面对媒体，张楚不善于兵来将挡、见招拆招。他认真思索，诚实作答。表达想法的时候语言略零散、随性而起、慢慢拼凑铺展，抽丝剥茧地把内心的想法表达得更准确。

和张楚聊天时，总是被他的“孩子”语气萌到，但他自己从不这样认为，“不是吧，我经过很多思考的啊。”他喜欢在严肃表达了自己的观点和立场后，加上一句“这样不好、不对”，也喜欢在说到某个触动他的地方天真地笑笑。

西安演唱会上，他说：“如果苦难是一种力量，快乐、幸福和爱也是一种力量，我们同样要经历苦难和死亡，经历过一种力量，而不去探索另一种力量。我觉得，不对。”

张楚看音乐行业：缺乏生命力的音乐毫无营养

做音乐至今 28 年，专业的音乐人也是他的主要身份。这 28 年，张楚见证了整个中国音乐行业发展的历程，他对于行业的认知也在慢慢改变。

关于摇滚乐——我一直想摆脱过去摇滚乐留下的带有一种反抗姿态的印象，摇滚乐的传统意识让人困于黑白，以前我在那个循环的文化环境里面自己走不出来，年龄也比现在小，还是愤青的情感成分更重一些，现在大了会更成熟。摇滚乐还是社会文化的一部分，从过去到现在，人们欣赏的东西会有一些变化。但从我内心来讲，我现在已经不喜欢原来的表达方式，我觉得呐喊会让人表达不完善，会失去整个生命的一个支撑。

关于音乐理念——现在音乐本身想要传达的内容和情感，往往经过社会和环境过滤后，传达出的东西有巨大的矛盾。人们只关注音乐光鲜和黑暗这两个极端面，并选择遗忘和忽略其最真实的一面，这是充满偏见的。

滑稽的是，这种偏见甚至会来自乐评人和音乐人等行业内人士，音乐人对于音乐理念和行业规则的理解碎片化，大家不断向前走，但发现路像断了章一样拼凑不齐。

以前国内的摇滚乐演唱多数是国语，现在越来越多的人唱英语，以前的乐器选择过于直白，现在讲求演奏的技巧和精神，大家的审美趣味在变得越来越丰富。中国人的音乐概念也变得不再狭隘，有了自己的选择标准，以前这些标准从不被重视。

关于音乐和商业的关系——独立挺好的，但独立也要面对和市场的关系。作为一个成熟的人，一定要建立起正常的商业理念，过分商业和过分独立我认为都不可取。音乐人本来就是要赚钱的呀，那些知名的乐队也都经常全球巡演，这本来就是一个产业。反过来商业表现也是音乐水平好不好、演出受不受欢迎的一个指标。

关于音乐版权——从某种角度讲，在中国从事音乐工作还是有些辛苦的。从20世纪80年代开始，我们唱片产业的版权机制就不完善。唱片版权是音乐行业的最基本支柱，有了它才能让从业人员回收成本，有更多人愿意一起配合产业进一步发展。但现在产业现有的支柱连体系的一半都支撑不起来。

电影行业一开始的版权制度就很完善，所以现在电影走得很快。版权保护不力是很致命的。现在很多商人和企业家

也都重视了这个问题，情况在慢慢变好。

关于中国音乐环境——现在做什么都会有商业因素存在，但也分纯商业和个性化商业，纯商业不停地复制，内容简单、易识别、易被接受。从大众共识出发，按照小商业理念去剖析问题，虽然形成了社会文化上的共识，但缺乏生命力，消费完就丧失价值。

在欧洲和美国，本土文化丰富多元、饱含生机，不会让受众轻易地把一个简单的理念当成真知和信仰来崇拜，更不会让它流为商业化的噱头。相反他们思考的是这个东西适不适合我，我内心对他是否喜爱，他会不会让我感到舒适，然后主动去寻求符合自己内在标准的东西。

我们早期的音乐人被推到辉煌的位置，希望为大陆文化色彩的中国本土原创音乐做些什么。中国的文化市场已经被港台音乐占领很多年，如今终于稍显平衡，人们的视野又被膨胀的快餐文化充斥，整体状况的日渐滞缓，已经无法给业内人培养良好健全的价值观和自信。我希望以后大家吃的是自己选择的、有营养的，而不是市场给予的。

如果大家都听口水歌，说明我们存在让它生长的文化土壤，所以想让人们有更高的审美趣味需要一个过程。社会教育和生活基础水平够高了，自然会去享受更好的音乐。大家会慢慢冷静下来，现在的人们已经在变得更理性和真实了。

抛开其他角色，张楚是那个最真实的自己。简单随性，喜欢思考，内心温暖，微博发得还挺勤。

音乐财经：看你现在的状态挺好的，和那天发布会的状态差距很大？

张楚：我其实更愿意自由一些，那天的程序比较套路，话题有点多了。

音乐财经：你的演唱会请嘉宾了吗？就一个人唱吗？

张楚：对，没请，我的腕太大了（笑），别人撑不住，可以这么说吗？因为年龄太大了，年轻人讲另外的故事了，跟我们讲故事的方式不一样。

音乐财经：那你可以请窦唯呀？

张楚：人家不出来，不出山啊。

音乐财经：你现在对媒体采访已经不抵触了？

张楚：我只想塑造一个更好的东西，就像很多年前汪峰老师的西安演唱会我做他的嘉宾，当时我比他厉害，他一路走过来，站到社会最重要的地方。可我觉得我不是那样，我对社会的实践跟他有点不一样，我想站在社会里头最厉害的地方。

音乐财经：最厉害的地方是一个什么概念？

张楚：就是聪明、见多识广，然后有真实的活力，不是一个循规蹈矩的东西。

音乐财经：音乐人好像都比较有个性，你是这样的人吗？

张楚：我不是，我现在越来越不想是这样的。我会把一些顾虑的东西慢慢放下来。

音乐财经：你原来最顾虑什么？

张楚：顾虑的是一种一定要坚持自己个性的东西，现在我不是那种要坚持自我个性的人，我只会坚持我热爱的那种人。

音乐财经：你觉得自己跟20年前有什么不同？

张楚：以前年轻总看到世界的不美好、想着改变这个世界，现在觉得不是不能改变这个世界，而是这个世界有很多东西不需

要去改变，你不如去完善它。人到中年了嘛，希望从不同角度去看问题。

音乐财经：那你在看问题上有了哪些改变？

张楚：对社会的认知，一个人说社会不好的时候，肯定证明这个社会不好的东西更多，那一个人说好的时候肯定看到好的东西更多。人生无非就是通过更多的选择和实践让自己有更多的感受，放掉固有的观念往往会让我特别感动。

比如我说北京或者什么地方经济又不好了，如果带着自己多年的生活经历来看，就老觉得那儿掺杂了什么问题似的。但如果我变回一个20岁年轻人走到街上，我那时候无忧无虑的，我看什么东西都是好的，都是有序的有希望的。

人老活在自己的固定经验里头，看到的也不一定就是真实的东西。我就想解放我自己，然后去做不一样的作品。

人只按照一种逻辑活着，就像房间只开一扇窗，但你多开几扇就会发现，其中的快乐和痛苦竟然都这么丰富多彩。

音乐财经：为什么新专辑做了这么久？

张楚：我不想重复，在以前的范畴里看问题和生活，没营养，一直在找一个新的突破口。我这么大人了，做音乐还是想加自己的审美和思想进去。最近几年通过自己的锻炼，也算变得坚强，也变得强大了一些。

音乐财经：作为音乐人，有没有觉得最近几年大家的生存环境变好了一些？

张楚：生存环境……说得好像我们挺像民工似的（笑），产业再不好你也得去做事情。面对不好的环境，我只是去建设一些好的东西，我不跟什么对立，单纯去改变没有用，去建设你认为对的东西就行了。

音乐财经：面对行业里的很多问题，你更希望会有什么转变？

张楚：我没有更希望，我对这个社会没什么希望，无非就是我用我的演唱会好好跟社会交流，放开我自己，很实际的机会。

音乐财经：这次的全国巡演你有压力吗？

张楚：没有，我唱20首歌，当然了，演唱会一两个小时有一两句歌词记不住我觉得是正常的，但整个记不住就是事故了，现在观众的欣赏水平、判断能力也很高。自己的作品也是有的人认同有的人不认同，总之自己做好心理疏导吧。

音乐财经：为什么在这个时候选择巡演？

张楚：准备好了就工作嘛，做自己该做的事儿。

音乐财经：接下来工作上有什么计划？

张楚：近期的就是这次巡演，远期的接下来下半年会做一张新唱片，这张唱片其实也已经开始了。

音乐财经：你有时候说话的语气有点像小孩？

张楚：不是吧，我经过了很多思考的啊（说话的样子还是像小孩），发布会上大家都讨论这个世界会好吗，我觉得这才像小孩子说的，什么叫这个世界会好吗，这个世界没有行星撞它就会在啊，对吧？至于好，你要求怎么好呢是不是，好到跟幼儿园时感受到的一样，那是不可能的嘛。

音乐财经：现在的感情生活怎么样？

张楚：我有三年没交女朋友了，现在这个阶段发自内心地不想（交），或者也是没碰到真心喜欢的人。

音乐财经：你觉得在魔岩的时候是你最辉煌的阶段吗？

张楚：辉煌怎么解释？没有吧，那仅仅是职业化阶段的开始。

音乐财经：那你觉得什么时候是你最辉煌的时期？

张楚：还没来呢（笑）。

音乐财经：预计什么时候？

张楚：我还没预计呢，看我做得怎么样吧，努力得怎么样吧。

音乐财经：你现在签约街声，感觉怎么样？

张楚：我们就是按照一个正常的工作标准去做。2015 年的节奏有点慢，2016 年还可以，挺开心的。我觉得签约就看你碰到什么样的人，我要求这件事情是严谨的，而跟我签约的这个人做事情也是要求严谨的，大家都这样的话，就很舒服。

音乐财经：对于自己的音乐和心理上的改变，你认可吗？

张楚：认可！我学到了很多。从社会各个角度去学习探索，以前状态不好的时候很少能玩明白，不太能表达清楚，有时候会觉得社会运行的逻辑太强势，自己无法接受，后来只能去磨炼自己。

音乐财经：你觉得现在的自己比原来的自己更好吗？

张楚：对，是的。

（文 / 李斌　张宇彤　2016 年 5 月）

“校长”谭咏麟：“不需要按原计划出牌”

> 继130多张专辑、500多场演唱会后，66岁的不老神话谭校长这次带来的是与10位天王级歌手、年轻歌手合力创作的新专辑《欣赏》。

出过130多张专辑、开过500多场演唱会，66岁的谭咏麟40年来从未离开过我们的视线，他是香港无人超越的歌坛神话，是一代人的偶像，也是大家尊敬的“谭校长”。2017年4月19日，为了新专辑《欣赏》，刚下飞机的谭校长就接受了音乐财经的独家专访。

在酒店里等待的时候，实话说有些忐忑，因为他也是我20年前的偶像，当年用录像带看了很多谭咏麟的演唱会，那些熟悉的老歌承载着我的少年记忆。如今，能近距离面对这位巨星，更是20年前根本无法想象的事情。

按照约定的时间，谭咏麟和他的经纪人走进了访谈室，黑夹克、牛仔裤、运动鞋，一身休闲打扮，还戴了一副黑边眼镜。我做了简单的自我介绍，并告诉他我们要做50分钟的访谈，谭咏麟摊摊手说：“可以，来吧。”

出于媒体从业者的职业习惯，我瞬间平静下来，开始了我们的访谈。谭咏麟最初也用比较正式的语气跟我们交流，但过了不到两分钟，校长说话的时候就开始手舞足蹈，说到兴奋处还把一条腿盘在沙发上，让身体转过来，方便我们面对面交流。

"校长"也讲到跟两位"天王"刘德华和张学友的合作：虽然被天王们尊称为校长，但他还是很谦卑地尊重每一位艺人。为了把音乐做得尽善尽美，他在刘德华受伤住院期间经常"硬闯"医院，跟华仔讨论歌曲的每一个细节；不好意思直接打电话催促张学友写歌，还故意制造偶遇与他碰面。与谭维维合作的时候，这位"80后"歌手让谭校长备感压力，直呼后生可畏……

亲力亲为，变不可能为可能

已经出道40年的谭校长，之前与众多艺人合作过，近几年也和年轻一代的歌手擦出不少火花。校长一直有一个心愿，希望出一张专辑，能跟自己非常欣赏的天王级歌手和年轻歌手合作。

他把自己的想法跟环球唱片老板商量，也列出了一个合作艺人的名单，大概十六七位，环球方面也觉得谭校长的想法很好，但是看到他列出的艺人名单吓了一跳，就问他：校长，这些人谁去联络？想法很好，但联络才是最大的问题。这么多艺人，大家在不同的地区和国家，所属的唱片公司和经纪公司也不同，沟通成本太高了。

谭校长回答说："可能我亲自出面邀请会比较好，第一，让大家觉得我非常有诚意；第二，如果是唱片公司对唱片公司，显得太正式，还有很多合约条款的限制，再加上往来邮件的交流，估计这张专辑三年都搞不定，还是我自己来吧。"

所以在整张专辑制作过程中，谭咏麟不但是联络人，还是唱片的监制、作曲，与 Johnny Yim 一起编曲，也参与了一部分歌曲的歌词创作。“每一首歌的风格都是按照歌手之前给我的印象，在他们原来的基础上看看能碰出什么不一样的火花出来，做一些突破和新的元素。”

从 2014 年构思到 2015 年年底，谭咏麟用了一年时间将整张专辑的音乐部分先做出来，然后整个 2016 年都在等每个艺人的档期好安排录音。

谭校长告诉音乐财经：“五月天是我第一个联络的艺人，因为我是乐团出身嘛，觉得他们很像我年轻的时候，所以特别希望跟乐团合作，五月天也很快答应，并希望他们可以来做这首歌，我来监制就好。结果五月天一直在巡演，等了很久，一直到今年年初农历年前才录了五月天的歌。”

尽管等了很久，五月天还是给校长带来不少惊喜。几个人刚下飞机就进了录音棚，大家很快站好位置，练一遍走一遍，歌曲结尾是用和声结束，而且直接飙高音。谭校长风趣地说：“本来我要求他们到月球，结果他们带我去了火星，我觉得效果确实很好，其实也不用管之前有什么样的安排，创作的过程不需要按原计划出牌。”

为打动华仔，废掉六个创作版本

在《欣赏》中，谭校长还邀请了刘德华、张学友、陈奕迅这些巨星一起合作，这样的强强联合也是华语乐坛的一个壮举。

但是，身为德高望重的校长，跟这些巨星合作也没那么容易。在与天王刘德华合作的时候，校长跟华仔商量，希望这首歌大概是《笨小孩》那个类型的，结果他的这个想法被华仔给否决了，刘德华说：“我们不写那种歌，我都想好了，就写我们两个

人，一个问一个答，我是一个普通人的角色，像很多年轻人一样问校长问题，你用你的感觉来回答就好。”

这首歌叫作《简单是福》，表达的意思是：人与人之间不要比来比去，有时候人比人得死，看别人开豪车、住别墅不要去跟自己比，开脚踏车也会很开心，开心就是幸福，简单也是幸福。歌曲通过两位巨星的对话，希望给年轻人一些正能量的激励。

这首歌的主题定下来之后，谭咏麟开始作曲，他知道华仔太忙了，没有太多时间做歌曲的修改，所以他给这首歌做了六个版本，快、中、慢节奏各做了两个版本，希望华仔在最短的时间内挑出他满意的版本。

当时刘德华正在欧洲拍电影，回香港进棚录音的时间只有四个小时，之后还要继续赶航班回欧洲。他在录音棚听了这六个版本后，校长和华仔有了下面的对话：

“我们都是自己人，你觉得这几个版本怎么样？哪一个是你满意的？”

“我觉得都不怎么样。”

“真的不怎么样吗？我都做了好几天了！”

“真的没有打动我。”

谭咏麟停顿半刻突然说：“下面我要做的事情以前从来没做过，我相信你也没碰到过，这六个版本全部都不要了，既然没有打动你，我尊重歌手、尊重艺人，我们重新来。”

此时，录音棚里鸦雀无声，所有人都不敢说话，校长和华仔互相看着对方，这时，Johnny Yim 开始默默地弹琴，弹了一个小时，最后弹到一个旋律的时候华仔突然喊停，说：“就是这首，我要的就是这个感觉。”

站在一旁的谭校长突然笑了起来：“这首不行的，这个不能用，这是我的《一生中最爱》的前奏，是我的歌。”

刘德华也笑了：“难怪这么好听！”

“没关系，你觉得这个感觉好，我们就用这种感觉来做，你相信我，我一定会把这首歌做好。”

他们在录音棚录了两个小时，但刘德华的航班时间已经到了，这首歌的很多地方还需要大改，只能再等他有时间的时候做最后调整。2017 年 1 月，刘德华在泰国拍广告意外坠马受伤住进医院，公司发通告任何人不得去医院探望。

谭咏麟终于找到机会跟华仔商量这首歌的创作，他每次去医院都是“硬闯”，香港媒体也很纳闷，为什么校长老跑医院，还做了跟踪报道。所以《简单是福》这首歌的很多创作都是校长和华仔在医院里完成的。

谭咏麟感叹道：“你看看，一首歌就折腾成这个样子，其他的那些歌也遇到了很多问题。”

与张学友“偶遇”，只为那一首《观》

跟另一位天王张学友的合作也有一段曲折的故事，之前校长对张学友这首歌已经有了自己的想法，因张学友信佛，所以他写了一首曲，希望张学友从“用出世的心态面对入世的事情”的角度来填词。而且这首歌不需要技巧，不需要技术，只要感觉，成了整张专辑里最难掌控的一首歌。

张学友听了校长的创意很兴奋，答应两个星期做完。结果谭校长等了一个月没有回音、两个月还没有回音，只好安慰自己：一定是慢工出细活，可是转头又一想，他是不是忘了？

谭校长还是很矜持，不好意思直接打电话问，那段时间张学友正在为自己的个唱排舞，他偷偷打听到张学友排舞的地方在一个体育馆，就预定了体育馆的羽毛球馆，假装去那里打球，打完球满身大汗地过去见张学友：“这么巧，你在这里排舞呀？对了，上次那首歌写得怎么样了？”

张学友不好意思再推脱，答应再给两个星期一定完成。结果还不到两个星期，张学友的电话就来了，校长很兴奋地接起电话，张学友却对他说：“实在不知道怎么跟你开口，确实没时间写，我决定弃权了。”

谭咏麟虽然很无奈，但也不能强人所难，只好说自己来想办法。当时，他也在为自己的演唱会做准备，刚好演唱会的监制对佛经也有研究，知道校长的想法后，就建议他用《金刚经》的理念写一首歌，因为很多人在看其他事情的时候很透彻，但是人往往看不清自己，“我觉得这个点太好了，也符合我的想法，就写了一首歌叫《看》，后来觉得‘看’太直白了，就改成了《观》。就是这个‘观’字触动了张学友，他觉得有观音的感觉，这次我终于把他带进来了。”谭校长兴奋地说。

所以在《观》这首歌里，张学友最后用粤语的《心经》唱了一段和声，好像是跟校长的对答。这些创意都是在录音棚里慢慢磨出来的，也是大家一起碰撞出来的，几经周折，最后变成了一件很完美的事情。

一带十路，首首主打

在这张专辑里，除了有大牌出场，66岁的校长还跟几位“80后”年轻歌手合作。聊起跟年轻人的合作，校长开玩笑说：“人家说我接地气，其实我很八卦，哈哈哈哈！”他坦承，谭维维在录音棚里是最让他有压力的歌手，“她比较民族风，唱歌很有爆发力，只录了两遍，两遍都很好，我要求她怎么做，她都能做到，跟无底的一样，不需要准备，很厉害”。

与歌手的合作，的确遇到很多困难，谭校长却说：“困难很多，但对我来说都不算困难。其实在这个过程中最难的是跟唱片公司、经纪公司打交道，他们会关心公司歌手的歌会不会成为专辑主打歌。谭咏麟表示，“只要每一位艺人给我用两个月时间，每一首歌我都会打。”

4月20日，《欣赏》终于跟大家见面了，谭校长很感慨也很开心，“这张专辑牵扯的事情太多，一个对一个很容易，一个对十个太有难度了，我是‘一带十路’，不是‘一带一路’，这样的专辑以后能不能再出就不一定了”。

“我以前录一张唱片大概两天就拜拜了，录一首歌大概一个小时，但录这张唱片进进出出录音棚超过100多趟。这个作品是每一位歌手献给歌迷的诚意，也像我的小孩一样，是我的心血之作，要好好照顾。”谭咏麟最后说。

音乐财经：是什么力量让你唱了40年，到今天还活跃在乐坛？

谭咏麟：（钱）够不够？其实30多年前都已经够了，已经可以上岸了。我跟走在街上的路人甲、路人乙没两样，都是普通人，我平时在小餐厅吃吃小吃，踢踢球，穿着球鞋在街上跑，去金鱼街看看鱼，跟路人拍个照，没什么别的享受，我对生活方面也没要求。

我就是一个普通人，想上岸30多年前就上来了，只是因为我现在很开心，开演唱会、做唱片，不但自己开心，人家也开

心，这才是最重要的。如果感觉上不再需要你了，那一定会自己隐退，现在还没到时候。

音乐财经： 出道40年，可以梳理一下每一个阶段最有代表性的作品吗？

谭咏麟： 我最早唱过一些摇滚，《忘不了你》（1981）那张专辑出来之后把我定型为一个情歌歌手，当时《忘不了你》连续三四个星期都在香港流行榜上；后来《雾之恋》（1984）、《爱的根源》（1984）、《爱情陷阱》（1985）这三张专辑算是那个阶段的作品；《半梦半醒之间》（1988）是在台湾发展阶段的作品；回到香港后又出了《讲不出再见》（1994）；再往后就是《披着羊皮的狼》（2004）。

音乐财经： 在华语乐坛打拼几十年，有经历过低谷的时期吗？

谭咏麟： 我觉得没什么低谷，但是孤单的时候当然有。我离开乐团一个人去台湾发展的时候，当时感觉挺无助的，没有那么多朋友，又不会讲普通话。在台湾拍第一部电影《忘忧草》的时候，电影开拍第一天第一个镜头还没拍完，就被导演喊收工。

导演白景瑞在现场跟大家说：“林凤娇不晓得谭咏麟在说什么，我也不晓得谭咏麟在说什么，现场也没有人知道谭咏麟在说什么，我们今天收工。”

后来副导演把所有的对白录到卡带里，让我拿回去好好练，像练唱歌一样，人家怎么说，我就怎么学，练好了一个星期之后回来再拍。

一个星期以后电影重新开拍，结果我发现现场的反光板老在抖动，以为是大风吹的，可是当时好像也没有风，后来才发现拿反光板的人一直忍不住笑我说话，全身笑得发抖。

音乐财经：无论是在乐坛还是在乐迷圈中，大家都尊称你为校长，这也是大家对你在乐坛德高望重地位的一种尊重吧？

谭咏麟：大家都叫我校长，其实我跟教育界拉不上任何关系。20 世纪 80 年代的时候，我连续好几个暑假在香港开演唱会，圈里的朋友给我起外号，说全场 1 万多人每个人都会唱你的歌，就像校歌一样，所以从那个时候开始大家叫我校长。

后来校长的含义也是慢慢演变，但其实我自己从来没有想过要建立什么地位，我也不往那个方向走。我在香港待了很久，也经历过很多，跟我接触过的记者朋友，电视台的朋友，很多人都是从小工开始做起，慢慢做到高层，我也是看着他们成长，最后变成了朋友，他们也会觉得我在乐坛这么久，校长也是他们对我的尊称吧。

音乐财经：你怎么看你那个年代的歌手和现在的歌手？

谭咏麟：其实歌手都是需要培养的，像我们那个年代，能唱歌的人不多，每个歌手都有自己的风格，卢冠廷、徐小凤、叶倩文、张国荣、梅艳芳、温拿乐队、四大天王，这些人一开口你就能听出是谁唱的。

现在这个时代已经不容易识别了，有时候播了三首歌还没听出来是谁唱的。因为一首歌红了之后，大家就去模仿、跟风，都往这个方向走，都是复制别人的，没有想要打造不同的艺人出来。

但时代已经不一样了，以前我们下班后都会去看电影，回家看看电视、听听歌，现在很多人要把工作带回家做，不把事情做好，好像对不起老板、对不起自己、对不起家庭一样，没有了真正的生活情趣。

音乐财经：20 年前我就记得你的人生宣言“永远 25 岁”，这

么多年我也用这句话鼓励自己，年纪一年年增长，但我也始终告诉自己，永远保持25岁的心态，真的非常谢谢你让我一直记得这句话。

谭咏麟：那你应该说自己永远22岁，哈哈哈，也欢迎你加入我的25岁大家庭。不过我现在已经超过25岁了。

（文／李斌　2017年4月）

胡德夫：岁月中该怎样唱歌

> “　2015 年 10 月在工体听胡德夫的现场版《匆匆》，整个舞台上只有一束光打在胡德夫和他弹奏的钢琴上，满头的白发在灯光下显得格外耀眼。为什么直到他满头白发的时候，我们才开始听他的歌？”

66 岁的胡德夫 55 岁才出了自己的第一张专辑。近几年他在内地的演出活动也越来越多，看似大器晚成的他，其实已经唱了 40 多年。胡德夫的经纪人 Calvin 告诉我们：“国内这个年纪还在唱歌的人，也就剩下胡老师了。他的生活状态就是一直跟音乐在一起，不会停止，但做演出我们会看这个市场的接受程度。”

“我根本不管那个市场，我就一直唱。”胡德夫甩甩手臂，像个倔强的孩子。

没有任何音乐专业基础的胡德夫，身上却充满了台湾少数民族与生俱来的音乐气质，他说自己是一个“意外歌手”，但没想到这个“意外歌手”一路走下来竟成了台湾民歌的推手。

最初在咖啡馆驻场的日子，胡德夫只会唱英文歌，他喜欢 Bob Dylan、Woody Guthrie 等美国民谣歌手，他们的歌和创作理

念也深深影响了胡德夫。

1973 年，胡德夫举办了个人作品演唱会，也是台湾第一个举行个人作品演唱会的歌手。“那是我这辈子第一次看到的演唱会，居然是自己在台上唱歌。”每每讲到自己以前的创作和表演经历，胡德夫就会闭上眼睛，好像一幅幅画面在他脑海中翻过，喃喃的讲述中总会冒出一些美丽的句子，把周围的人带入他过往的美景。

采访胡德夫更像是在听一位老人讲他的故事，大家的情绪被他讲述的画面带动着，时而觉得好美，时而又觉得沉重。

采访结束后，胡德夫像个刚刚完成作业的孩子，起身边唱边跳起了自己民族的舞蹈，工作人员赶忙劝说：胡老师还是要保存体力呀，我们下面还有签售环节呢！

胡德夫并不在意，唱着、跳着，和我们一一合影拍照，看到摄影师是个男孩子，主动站起来说，“你是男孩子，我们要站着拍！”这让我瞬间想到白岩松为胡德夫的新书写的序，“一个男人的岁月与山河，以及一个男人所走过的路”：他知道这条路上，一个男孩怎样变成男人；他知道，变化的时代里，什么不变什么该被保留；他更知道，岁月中，该怎样唱歌。

从民歌到流行，“牛背上的小孩”成就华语民歌摇篮

胡德夫是台湾台东的少数民族，台湾少数民族天生就能歌善舞，唱歌就是他们生活的一部分，开心了会唱，悲伤了会唱，有感而发也会唱，歌声就是台湾少数民族之间沟通的一座桥梁，在他们的生活中永远不会停止。胡德夫就是在这样的环境中长大的。

19 岁那年，还在读大学的胡德夫认识了同为卑南族人的台湾歌手万沙浪。那时候的万沙浪还没有出名，因他的“潮流乐团”

缺少一个和声的人，就让胡德夫试试，他也是在这里学会了弹键盘。

成为“潮流乐团”的正式成员后，他们在台北六福客栈也获得了驻唱的工作，有了稳定的收入。不久，万沙浪因演唱电影主题曲《风从哪里来》而一炮走红，“潮流乐团”随即解散。第二年，胡德夫的父亲生病需要大量医疗费，他只好退学做生意，同时在咖啡馆驻唱。

胡德夫坐在沙发上静静地回忆：“最早台湾民歌的歌者，都是听英文歌唱英文歌，因为当时台湾的大街上看到的都是美军，在台北中山北路一带有美军顾问团，所以台湾人也开始抽洋烟、喝洋酒，大家都在追求西方的东西，我当时在哥伦比亚咖啡馆驻唱，唱的也都是英文歌。”

就是在那家咖啡馆，胡德夫认识了李双泽和杨弦，几个年轻人一直在讨论：大家都在唱英文歌，喝可口可乐，可我们自己的歌在哪里？在这个荒芜的没有歌的时代，我们要不要开始写歌，唱我们自己的歌？

就这样，连乐谱都不识的三个年轻人，每天凑在一起开始写歌，“我们三个臭皮匠凑在一起，你一句我一句地写，我的《牛背上的小孩》、李双泽的《我知道》、杨弦的《乡愁四韵》就是我们在一起写的，每个人写到一半的时候就互相唱一段给对方听。”

很多人都说他们是无病呻吟，但没有人会想到，就是这三个“臭皮匠”，后来成为台湾著名的民歌手和民歌运动的发起人。

《牛背上的小孩》也成为胡德夫的第一首作品，他在书中回忆：“那首歌的作曲非常幼稚，但也充满了纯净的气息，是我跟曾经在山谷里放牛的自己的一个对话，那个美好的时光再也回不去了，但我把这些生活中的情景都喃喃地形成旋律，谱写成歌。”

慢慢地，台湾很多大学里都掀起了一股民歌创作热潮，很多人开始写歌。1975 年 6 月，胡德夫与杨弦在台北中山堂举行了民歌演唱会，成为“校园民歌”运动标志性事件。

胡德夫告诉音乐财经：“70 年代台湾校园歌曲创作达到高潮，这个现象被索尼新格公司发现，他们花 2000 万元新台币做市场调查，并请了李泰祥做活动总监，搞征歌选人活动。包括齐豫、叶倩文、潘越云、许景淳等歌手，都不是以创作为主，而是受到台湾民歌环境熏陶养成的。”

李泰祥创作的《橄榄树》不但成为齐豫的成名曲，也改变了台湾流行音乐的走向，哲学意义、生命内涵、文化高度成为华语流行音乐最初的启蒙。这之后，索尼、滚石等唱片公司开始推广自己的歌。

后来台湾有了金曲奖，很多经典的流行歌被评出来，唱片公司也签了很多艺人，李宗盛在两三年时间里制作了近百张唱片，台湾唱片业进入了全盛时代。

胡德夫回忆起当时的情景很兴奋，“台湾当时有很大的咖啡秀，几百人在那里吃饭，中间放一个旋转舞台，齐豫、齐秦、蔡琴这些歌手都在那里唱歌，我也在唱，每一个歌手都很忙，乐手也很忙，接不完的工作”。

从黑发唱到白发，“匆匆”越唱越舒坦

胡德夫的第一张专辑《匆匆》是在 2005 年他 55 岁的时候发行的，其实这首歌早在 1975 年就创作出来了。当时台湾著名的电视制作人陈君天，为了筹备每年新春晚会的主题歌，就写了一首诗《匆匆》，然后找到胡德夫，限他三天时间谱好曲子，因为三天后台湾的中视、台视、华视三个电视台要联合播放新春晚

会，《匆匆》要作为主题曲。

当年台湾的新春晚会跟国内的央视春晚差不多，不但要几家电视台联播，每年的晚会主题曲都是“恭喜恭喜恭喜你”，既没意义也很无聊。陈君天希望对新春晚会做点改变，所以想到先改变主题歌的风格。

胡德夫拿到歌词，有些犯难，自己不是学音乐出身，之前虽然写过《牛背上的小孩》，但那首歌的创作他花了很长时间。为《匆匆》谱曲，他只有三天时间，被逼无奈只好不眠不休地在钢琴上弹奏。

《匆匆》是一首写时间的歌，在中国人的概念里，时间就像单向的箭头，一直往前走，如果我们不把握时间，就会被时间远远地抛在后面。当时的胡德夫只有 23 岁，其实对时间还没有太多的概念，他想到美国歌手 Jim Corce 唱过的一首歌 *Time in a Bottle*，时间可以暂时被锁在瓶子里，因为一些诺言还没履行，一些梦想还没达到，有一天把瓶盖打开，也许才是那些诺言和梦想到来的时候。

同样是写时间的歌，但 *Time in a Bottle* 和《匆匆》的逻辑完全不一样。胡德夫只好一遍一遍看着歌词，想想台湾少数民族经常哼的调，慢慢把前奏弹出来，又一点点把间奏和尾奏弹出来，自己又顺了几遍，三天时间，一首《匆匆》就这样诞生了。

新春晚会当天，由台湾当红主持人白嘉莉向全台湾的观众介绍了胡德夫和他的《匆匆》，白嘉莉还站在胡德夫旁边看他弹唱了这首歌。“那个年代，谁能跟白嘉莉站在一起就意味着那个人马上要出名了。”在胡德夫看来，是《匆匆》让他踏上了真正的音乐之旅，那晚的演出，就像一道曙光照进了他的生命。

从此，《匆匆》就成了胡德夫最有代表性的作品，在很多演

唱会上，《匆匆》永远是他的开场曲。胡德夫说：“以前年轻的时候唱《匆匆》会有人不服气，说什么珍惜光阴，你自己珍惜好了，感觉唱起来有点像说教；但随着年龄的增长，我觉得必须唱给年轻人听，我一路走来，以前不知道珍惜光阴，在最好的岁月里，赶走了多少时光。所以现在白头发的时候唱起《匆匆》就比较自然，越唱越舒坦。”

在刚刚过去的这个炎热的7月，胡德夫脚步匆匆，穿行在成都、北京、大连等地，巡演、新书发行、单曲发布，好像在跟时间赛跑，“我们都是赶路人”在他身上成了最真实的写照。

40多年过去了，胡德夫从青年变成了白头发、白眉毛的老人，“每次唱起《匆匆》，会有一种对时间的真实感，希望不要被时光抛弃，又仿佛是穿越了时光在和曾经的自己对话。”

从憧憬未来到回忆过去，走过“最最遥远的路”

写了《匆匆》让胡德夫有了写歌的态度：不能只写好听的，而是要唱出心中所想的，要写出悲伤岁月里的故事，写出对明天的期待，写出自己看到的、听到的东西。

1998年，胡德夫因为身体里长骨刺，行动不方便，情绪也很低落。

他离开家来到海边，租了一间小屋子住下来。每天吃着南瓜和稀饭，让身体泡在沙滩里，也泡冷水和温泉，可以让骨刺松弛一点。就这样，胡德夫每天待在海边，看着太平洋，吹着太平洋的风，想到自己出生在一个叫作新港的地方。

“妈妈告诉我，我是一个在港口出生的小孩，在海涛中号啕大哭，那声音淹没了海涛，所以我的小名叫‘新港’。我想着想着，突然很想回到我出生的地方，就拄着拐杖，走了好几天来到新港。”胡德夫喃喃地回忆着。

他在书中这样描述新港：这小港和很多台湾的其他小港一样，几百年来，经常遇到台风，遇到各种无助的事情，但还会借着太平洋的风再度扬起风帆。

胡德夫在自己人生最低落的时候来到这个小港，想象着自己出生时吹来的太平洋的风，“我披着这件披风，那是我最早的一件衣裳，也是我最早的感知和世界。在我的生命里有高有低，有得有失，有输有赢，我每天都在拥抱面前的东西，不能选择，那是最真实的感受”。站在太平洋的岸边，胡德夫的身影显得那样渺小，但是他面对的却仿佛是整个世界。

一首《太平洋的风》从一个婴儿的披风，吹向整个世界的太平。胡德夫的歌永远能让人感受到最朴实的温暖和最厚重的情怀。

“原住民运动”后，胡德夫的歌有了更深的内涵，他经常带着自己的歌去参加各种活动，歌是他仅有的财产，唱歌也成为他为台湾少数民族权利呐喊的一种方式。

胡德夫说：“我是台湾少数民族中最早的歌者之一，对民歌了解得越多，越知道我走这条路的时间不多了。我来到都市里唱歌，也看到社会最底层的人所受的苦，我知道我的生活比任何台湾少数民族都过得好，我唱歌的收入是台湾最高的。所以我用歌声呼唤我的同胞，为他们哭过，为他们呐喊过。”

通过多年的“原住民运动”，很多年轻一代的台湾少数民族也开始唱民歌，通过唱歌，大家聚在一起，讨论共同的目标和想法，改善自己的生存环境。过去，由于备受歧视，很多人来到都市里工作，都会隐藏自己台湾少数民族的身份，担心被歧视。

通过“原住民维权运动”，很多台湾少数民族开始勇敢地告诉大家，我是台湾少数民族，我非常骄傲，大家开始尊重自己的

文化。很多之前拥入城市的年轻人，开始返回自己的部落，不求名、不求利，反而出了很多优秀的音乐人和音乐作品。

“在流行歌方面，台湾少数民族绝对不缺席，还有职业棒球，没有台湾少数民族根本组织不起来，现在的台湾少数民族都是出去读书，然后考台湾少数民族行政，回到部落照顾当地的台湾少数民族。”胡德夫说着，很自豪。

怎么评价自己的音乐人生？

胡德夫沉默片刻说：“以前写歌会穿越未来的时代，是一种憧憬，有一天要回到山谷，不会再回来；有一天我要到太平洋，去遥远的地方；有一天要回到最后一个山坡，看到美丽的田园。但现在更多写的是以前走过的路，想想以前在大街小巷跟朋友谈论过的事情，看看以前喝酒的酒馆，还有我和朋友的影子吗？年轻时很神气的样子还记得吗？慢慢地写，慢慢地唱。”

音乐财经：你觉得台湾少数民族的歌有什么特点？台湾少数民族是不是天生就很会唱歌？

胡德夫：台湾少数民族受歌舞氛围的影响，从小有很多机会跟比较有名的人坐在一起唱歌，所以不会怯场。大家唱歌的时候很自由，自己会编歌，互相对唱，吉他也不用弹得很好，一首歌唱到天亮，那是乡村部落的年轻人最向往的生活。

很多出了名的台湾少数民族音乐人，在舞台上唱不停，回到部落还是接着唱，大家会一起分享，不会让一个人在前面唱，都是一群人放声歌唱。

我以前熟悉的黑人音乐的曲式，其实就是台湾少数民族传唱了几千年的那种蓝调，黑人的唱法就是用短的歌来叙述他们的心情，重复着一直唱就是蓝调。黑人蓝调你听不出来有好几页的文章在里面，就是简简单单的几个重复，曲式里面有几个和弦而已。

这很像台湾少数民族的对唱，简单地问两句，再对应回来，基本上在一个范围的旋律，都不是很难唱的歌，可以把真心话唱出来。

音乐财经：近两年您在内地的活动越来越多，您感觉现在内地和台湾的音乐文化市场有什么差别？

胡德夫：内地的音乐市场要比台湾还来得忙碌，还来得蓬勃，我们看电视就知道，很多节目做了功课，有自己的见地。专访也好，时事分析也好，都很好看，音乐活动也特别多，在音乐、电影、艺术方面的投入力度更大，像马云如果说“这个事情我支持一下”，那就变成一个很大的事情。

相比之下台湾的文化经费被压缩得越来越少，年轻人在很努力地做精致的音乐，但最后被压缩。文化活动越来越少，需要在这方面检讨。台湾在新闻方面也要加油，打开电视，几家电视台的新闻都是抄来抄去。

台湾在教育方面以前是学徒制，很多精致的东西可以从师傅那里承接过来，因为有的东西必须用手工制作，但现在这样的东西越来越少，全部是量产的东西。

音乐财经：接下来的巡演是什么形式？有团队一起参加吗？

胡德夫：这次的巡演会专演，我会带一群人，也有特别来宾，比如台湾的林广财，他是金曲奖的最佳男歌手，他会唱台湾少数民族部落的歌给大家听。还有刚刚出炉的金曲奖得主吴昊恩，他会帮我们伴奏，也以嘉宾身份演唱他的作品。

音乐财经：中国台湾曾经是华语流行音乐最盛行的地方，可是近些年台湾音乐市场都在走下坡路，除了数字音乐的影响，您

觉得还有什么原因吗？

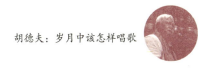

胡德夫：以前我们是土生土长，充满草莽气息，是无病呻吟的一群人，也不知道怎么发展音乐市场，后来影响到流行音乐，变成了一个产业，台湾曾经是流行音乐独领风骚的地方。我们那时候都不买韩剧看，我们自己的影片都很好看；也不买韩国的歌，那时韩国歌很难听。现在 20 年过去了，韩国反而培养了很多人，从电影、歌曲、戏剧到科技，都培养了很多人才。

但台湾挺可惜的，没有继续培养人才，像李安也不全是台湾培养的，林书豪也不是台湾培养的，下一代没有东西出来。现在我们要排队去韩国买片子，有时候还买不到。然后把韩国人请来，给他们很高的酬劳，屈服于这样一个败象里面，而且这种败象会越来越败，不好。

（文 / 李斌　2016 年 8 月）

谢天笑：
“摇滚是一件合身的衣服”

“ 如果摇滚乐是外衣，是不是已无法忘记。 ”

【一】

小时候我特别不喜欢自己的名字。

念小学的时候我爱调皮捣蛋，加上我们老师还是个坏人，真正的坏人。他经常打我们这些学习不好的学生，各种拳打脚踢、大雪天罚站操场，有一次我差点死在他充满煤气的办公室。那时候我们老师总给我取外号，取笑我：“还谢天笑，你朝天笑吧！”所以我就觉得自己的名字太显眼，我觉得自己跟别人不一样，特别是每当有成年人喊我，我第一反应就是：“我怎么了？我又怎么了？”

说真的我有点记恨我的老师，但也是因为他才造就了我什么都不怕的性格。

到上中学的时候，家里花了高价择校费把我送到当地最好的学校，所以我下决心不能让我父母浪费钱，我一定要好好学习，以对得起他们这样培养我。开学前我一直特别开心，

因为新班级的同学来自各个小学，我觉得自己一定可以重新开始，做个好学生。

第一天报到，年级教导主任要例行公事地去每个班讲几句，他一来我们班就站上讲台特别正经地说："我们现在是一个新的环境，所有的同学如果你小学的时候学习成绩不好没关系，以前的基础不好也没关系，只要你们从初中开始好好努力，你一定会跟得上，从而变成一个好学生。"

我坐在下面，心里想："对，我就是这样想的。"结果他马上就说："但是呢，在小学的时候有很多同学都是一些害群之马，虽然他们现在升了初中，但他们依旧会害人，我们绝不能让这些人混在我们的初中里，一只苍蝇毁了一锅粥。现在我说到谁的名字谁就站起来，让大家都认识认识，这些人大家以后一定要注意。"

当时我在下面想：他肯定不知道我。结果他第一个就说："谢天笑你站起来，让大家看看你，同学们可都要小心这个同学。"我就想我怎么了？我太难过了，我当时就哭了。从那一刻起我跟自己说：谢天笑，你永远不可能变成一个好学生了。

真的，那个时候我的自尊心真的被彻底摧毁了，所以现在有人骂我，或者是一些不认识的人在网上诋毁我，我觉得这算什么呢？相反我怕的是感化，我怕承受的是爱。

对我好的老师只有一位，就是教我画画的朱老师。我小时候下课以后要去美术班学画画，有一次我看见我班主任从对面走过去，我马上就藏起来了，我说朱老师你一定要挡着我，他（班主任）看见我会打我的。因为他会问我："你怎么放学不回家？"第二天还会找我麻烦。

没多久我就不念了，临走前我砸了我们教导主任的窗户，我恨他。然后我被家里送到工艺美校读中专，那个时候我下决心，如果有老师再侮辱我我就动手，幸运的是再也没人那样对我。工艺美校的老师大部分都是山艺（山东艺术学院）毕业的，有的还喜欢音乐，所以我过得还挺开心。

不过没多久我还是被劝退了，然后发生了那事。

退学回家没多久我有四个朋友就犯了法，两个跑了，两个被抓了。跑了的两个人来找我，我就把他俩藏在我另一个朋友的家里。其间警察来找过我，问我他俩有没有找过我，我当然说没有。

不过后来他俩还是被抓了，因为他俩爱看电影，警察就在电影院门口守着。被抓后警察问他们这几天藏哪了，他们就说是谢天笑帮他们藏的，然后警察就急了，也把我给抓了。我算是犯了包庇罪，后来还被起诉，不过我当时只有15岁，法院就判了我监视居住半年。

之前都是每天跟一大帮“坏孩子”在外面玩，被监视居住后我真的太无聊了，有一天我突然想到我的一个朋友郭二，他有一把吉他，我就想借来解解闷。然后我让我弟弟去找他，告诉他我想借他的吉他，第二天他就把吉他给我送来了。

一听到吉他的声音我就不行了，太好听了，我好像着了魔一样开始每天坐在家里练习。除非邻居嫌吵，我爸逼着我关灯睡觉，我时时刻刻都要练琴，就连睡觉我都抱着它。当时我就想，这把琴要是永远都属于我该多好，我不想还回去了。结果那之后我就真的再也没见过郭二，谁也不知道他去哪了，一直到现在。

直到后来我遇到了摇滚乐，我觉得它就像一件合身的衣服穿在了我的身上，我可以穿成这样，我可以玩电吉他，我可以演出，我可以自己写歌，我觉得摇滚乐就是上天给我的礼物。就像那把我再也还不回去的吉他，冥冥之中做摇滚乐就是我生命中的宿命。

当时我在老家认识一位教古典吉他的老师，他介绍我认识了一位他的朋友，在解放军艺术学院，说我要是想去北京可以先找他。18 岁之后我就决定要来北京做摇滚乐，然后我也真的找了他的朋友，一到北京我就去了魏公村，住在军艺的寝室，开始每天学琴、喝酒、跟朋友们一起玩。

那段日子特别快乐，大家都没钱，都靠互相借钱过日子。我借钱倒不是为了生活，更多的是去喝酒去玩乐。之后我也去画家村住过，那里有特别多的艺术家，现在他们都非常非常有名，那时候我也跟他们玩。反正哪好玩我就去哪住一段日子，每天都能跟朋友们一起喝酒一起练琴聊音乐。

那个时候的大家都是这么过来的，我没觉得怎么样，更不觉得苦。因为这是你自己选择的生活，你自己就要面对，为什么要用这种生活来博得别人的同情呢？很多人可能很有钱，但他做的是自己不想做的事，世界上不会有完美的东西。

2000 年，乐队发行了第一张专辑《冷血动物》。那个时候我们还赶上了最后一批磁带热，专辑发完我们每个人分了不到一万块钱。当时我常常交不上房租，但我还是买了车。我买了一辆二手吉普车，2020，这型号的车真的太漂亮了，可以把车篷子去掉，特别酷。后来我去了美国，就又把它卖了。

发了第一张唱片后，美国的西南偏南音乐节邀请我们去演出，这个音乐节在奥斯汀举行，整个城市都是演出，户外、Livehouse、剧场，加上一些电影播放和各种艺术展，我当时就觉得，这地方太好玩了，美国太好玩了。当时我们在美国每演出一场就能靠门票挣到100美金，而在中国做摇滚乐根本挣不到钱。我就和我们乐队当时的贝斯手李明说，咱们要不就去美国吧，正好他当时的女朋友也在美国。

我和李明到了美国先是住在旧金山附近一座特别漂亮的小镇蒙特利。我们每天就好像生活在大自然中，开车在路上偶尔会看到树边有一只美洲豹，海边还能看到鲸，那感觉美好得像是幻觉。我们还养了一只狗，每天睡醒了就开车出门，特别舒服。

过了几个月我就觉得这样不行，这里可以玩，但要想发展音乐还是得去纽约。我就跟李明说，咱们还是去纽约吧。李明问我：那咱们去了住哪？我说要不这样，我先过去看看情况，要是靠谱的话你就过来。

当时我英语特别不好，但我也不怕，那种新鲜和刺激感就像我当年刚去北京时一样。

到了纽约我一个画画的朋友去接我，在机场我找他花费了好长的时间，他那时候还没车，借了朋友的一辆车来接我。坐在那辆小车上我就意识到：纽约不好闯荡。当天晚上我在朋友家打了地铺，他那个小屋子特别小，第二天一早我就出门去找房子。

房子找好后我就不剩多少钱了，我说我必须先想办法挣钱。赶上那时候“9·11”刚过去不久，美国的工作机会特别少，我也不会做什么，就想着要不去洗盘子吧，电视里都这么演

的。李明还跟我说，你去洗盘子别被人给抓住了，人家会以为你是非法移民的。我说那也没办法了，我去看看，也许还挺好玩呢。

我真的找到了一份洗盘子的工作，还是在一家台湾人开的餐厅。但前一天晚上我去一位美国朋友家喝酒，喝了一夜，把第二天要去上班的事都给忘了。天要亮我才睡着，结果我那位朋友马上就叫醒我，说我该去上班了，我一下就蹦起来赶车回纽约。等我坐地铁到约定的地点才知道，我们工作的餐厅不在纽约，而是在新泽西。

我就和一些墨西哥人一起坐了很久的小巴来到新泽西一个特别偏僻的地方。到了之后大家都去地下室换上工作的制服，那时候是冬天，大家都把自己的衣服脱光了，就我一个人穿毛衣，他们提醒我说工作的时候特别热，让我别穿这么多，我说没事，我冷。

洗盘子的工作真是特别特别累，一批一批的脏盘子运过来，我要把它们先插在洗碗柜上，用水枪冲洗，然后拉一下那个过滤器，这批洗完再换下一批。中间我还得做米饭，一勺好米，一勺不好的米，给我干得都不知道锅里到底装了几碗好米几碗不好的米，我真是晕了。

和我一起的那些墨西哥人体力特别好，不仅能洗碗煮饭，还能倒垃圾。我们大概干了十个小时才下班，我跟老板说我明天不来了，我真的干不动，你们找别人吧，今天的工资你也不用给我。那个老板人还挺好，他说你别后悔，这份工作很多人都等着干呢。我说我一定不后悔，因为我是真干不动。本来一天的工资是 30 美金，但他给了我 40 美金，我说那交个朋友吧，以后我和朋友来玩就到他这儿吃饭，他说好。

回城我又去找了昨晚一起喝酒的那位美国朋友，他也是做音乐的，正好他有把不用的吉他，他就说把吉他借给我，让我去唱歌。

第二天我真就抱着吉他去地铁站唱歌，我什么都唱，瞎唱，很快就能挣到 40 美金，多的时候能有 100 美金。但我有个标准，只要超过 40 美金我拿包就走，因为我洗一天盘子也就 40 美金。

美国的出租车都是林肯，我就打一辆林肯出去玩，去看演出、找朋友喝酒，然后再打车回我的住处法拉盛。

大概待了三个月吧，我也玩得差不多了，就回去找李明。本来我是想留在美国的，但因为一些原因我还是选择回国发展。首先我当时的女朋友、现在已经是我太太的她是意大利人，她喜欢中国的文化，不喜欢美国。其次，我们乐队当时和京文还有一张唱片约。再有就是在美国做音乐要比在国内难得多，做个小样都很麻烦。最重要的是，我当时之所以会走是因为中国 20 世纪九十年代末的摇滚乐环境太差了，几乎濒临死亡，所以我就想，我要通过自己的努力来改变它，而不是逃避。

我下决心回国，做了第二张唱片，而我的生活也因为这张专辑一下就改变了。

第二张专辑《X.T.X》是在 2005 年 3 月发行的，10 月的时候我们在无名高地办了一次专场演出。当天人太多了，多到演出前我都打不开门挤不进去。等我一进去全场都欢呼，场地里还在放着我们新专辑的歌，我发现大家也都能一起唱。虽然之前我们已经有了一批牢固的基础歌迷，但我完全

没有想到我们的专场也能有这么多人。我非常开心，但没有那种我终于成功了的感觉，我就是想好好演出。

记得第二年我们去西安演出的时候是夏天，因为现场的人太多，整个场地变得跟桑拿房一样，台下的歌迷们全都浑身是汗，我们在台上就更不用说了，汗出得就像一盆盆热水冲下来一样。而且只要我们的吉他稍微一出声，下边就全疯了，那感觉太好了。等我们演出结束一出门，都觉得冷，里面的温度实在太高。

这之后我们的好朋友钟声就给我们做了一系列规划，因为他在五大（唱片公司）干过，对宣传包装这些都有了解，所以我们也开始有章法地去做计划和营销。比方说我们以后就不在北京演 Livehouse 了，在北京我们只演音乐节，所有的小演出都放在外地，之后我们憋足了劲准备第二年在北京展览馆开演唱会。

记得那时候钟声跟我们说，以后去音乐节演出就要 2 万元一场。我说那不行，人家肯让我们演就很开心了，不能要这么多钱。他说不用管，就开这个价，事实证明我们还真挣了不少。也是从那时候开始，我们在物质生活上也开始有了变化。

之后我们在剧场、剧院、体育馆都举办过演出，第三张专辑《幻觉》也在 2013 年发行了。这期间我一直在做各种尝试，不仅是在音乐中加入了古筝的元素，或者办一场和交响乐合作的演出，我一直想如何将京剧与摇滚乐做一个很好的融合，不过我一直没有找到特别好的方式。最近我在跟 Mickey Zhang 一起排练，之后我们会在一个音乐节上做一场电子乐现场的演出。

我这几年的改变其实挺大的，之前都是一没事就跑出去玩，浪费过太多时间。我认为我放在音乐上的时间远远不够，现在好了，除了演出和陪伴家人，我的时间基本都放在音乐上了。

我真的特别感谢摇滚乐的出现，如果没有它也许我现在也进监狱了。记得前几年我回老家的时候，我的一位发小正好刑满十年释放，我给他打电话约在我们小时候经常一起玩的楼上见面，他大老远往这一走我就认出来了。

一见面他就问我，现在到底在干吗啊，怎么变弹吉他的了？我说是，从他进去后我就开始弹了。他就跟我说他在劳改队里的时候，同队一个新进去的哥们儿给他听一盘磁带，说这就是摇滚乐，特牛。结果他一看磁带的封面是我，就问，这人是不是叫谢天笑。对方说对对对，他都进来十年了，怎么会认识我？他说这是他发小，他跟谢天笑是从小一块儿光屁股长大的。他那个队友还不信，说人家在北京，他怎么会跟人家玩过？

我就跟我这发小说，下次你俩再见面让他给我打电话。结果我回北京好长时间后他真给我打电话说：天笑啊，你等会儿，你告诉他你是谁。我就跟那哥们儿说：你好，我是谢天笑。那哥们儿还是不信，我就说我的声音你听不出来吗？他一听，说：好像还真是你，那等你回家咱们一块喝酒啊。我就说好好。

今年我们乐队发行了第四张专辑《那不是我》，为了这张专辑我们一路从北京飞到米兰、佛罗伦萨、都灵、威尼斯、洛杉矶，从录音到混音再到最后母带处理，我们真的去了所有适合我们这张专辑的（录音）棚。

能有这次机会主要缘于我们工作室签的一支意大利乐队，大章鱼。他们听过我们这张专辑的几首小样后就说：我们认识一位特别厉害的制作人 Marco，虽然他是美国人，但他是意大利籍，而且他制作过的专辑与你们这次的音乐风格很相符，你们可以找他合作。

与 Marco 的合作非常顺利，而且我们所有合作的团队都是顶级的。这是一张有点"沉重"的专辑，但依旧有我之前音乐中的"黑色"基调。我觉得也许喜欢我过去那些歌的人未必能接受它，想要听懂理解它就必须多少懂点音乐或是平时听的音乐体量要大。

我觉得这就是一张非常伟大的专辑，它不仅拔高了这个行业对音乐品质的标准，我甚至认为它把我带到了一个新的时代，更把整个摇滚乐带进了另外一个时代。

专辑做好后我先给杨坤听的，他的音乐风格跟我完全不一样，所以我会给他听，还告诉他：你一定要告诉我你喜不喜欢，是不是真喜欢。杨坤就说：是真喜欢，这张唱片的品质特别好，跟过去所有的专辑都不一样，充满了黑色的神秘感。你这银子没浪费。

我还给 WHAI 乐队的鼓手刘森听了，他是特别爱挑毛病的人，但他对音乐的判断力很好。

当然我还给沈黎晖听了，他平时总喜欢打击我，而且他跟刘森一样都爱挑别人毛病，很少说人好，尤其是对我。结果他听完这张专辑后说他特别喜欢，我就说：别啊，你得打击我。他说真挺好，是真好。他觉得这张专辑的整体水准都提高了，而且这张唱片还会帮我再上升到新的阶段。

本来做宣传时我们想发布的第一首歌是《乌云的心意》，

但那天在公司开会，我无意中就给沈黎晖听了《最古老的舞蹈》，他就觉得应该先发这首，因为这首歌的词、旋律、包括我的演唱都有特别大的突破，特别是在唱法上是有高音、低音和破音的。所以沈黎晖说先发这首，既有我之前的特点，又有新的变化。

其实真正对这首歌起到至关重要作用的人是我们乐队的键盘手张彧，要不是他的坚持也许这首歌就死掉了。当时我们在佛罗伦萨已经录了9首歌，所有歌的贝斯和鼓都录好了，但是这首歌还没有产生，就是缺个动机。我就想算了吧，可有可无的东西，而且我实在是太累了。

我们从录音棚出去休息抽烟的时候，张彧就说我们一定要试试，再试一试。没办法，休息完我们又继续试，慢慢地我一下子就找到了感觉，我发现我真的太喜欢这首歌了，然后我马上就写好了词，和乐队与制作人 Marco 只花了两天时间就把这首歌的制作完成了。我当时有一种很遗憾的感觉，因为我觉得任何美妙的旋律都会有结束的时候，这个感觉就是会让我感到遗憾。

《最古老的舞蹈》这首歌最早是我和我过去在山东一起玩乐队的几个朋友做出的一个尝试。当时也是随便玩胡乱唱，结果回来后张彧就把它整理了出来。当时他就说这是一首特别好的作品，值得去发展。所以在制作这首歌的时候我们做了很多尝试，你会发现它里面有特别多不断变化的旋律，不是像通常那些歌一样有 AB 段，副歌反复唱。

这首歌做出来的时候我在意大利，我马上就给我的妻子听了，她不是搞音乐的，也不懂唱片是怎么制作的，她听歌全凭直觉。听完《最古老的舞蹈》她就说好听，她特别喜欢。

我这个人特别喜欢跟人分享我的作品，而且我给别人听的时候，一定要给他戴上耳机，然后把音量调到合适的大小，或者我带他来工作室听。其实一会儿也可以给你们听一听。

后记

本以为可以提前听到谢天笑的新专辑，但不幸的是因为北京连续暴雨，他家房顶进了水，电脑键盘因为渗进去的水变得不灵敏，没法解锁电脑屏幕，我们也就没能得到这次先听之机。

采访当天是下午，谢天笑刚刚睡过午觉。从卧室出来他先是用手拢了拢自己的头发，然后与我们一一握手说：“我其实是挺内向的人，平时不爱多说话，今天刚睡醒正好有劲，能多说点。”

我们也开玩笑道：“咦，谢老师，您好像胖了那么一点呢。”他马上笑着说：“是吗？太谢谢了，我这个体质胖也胖不出多少，但也不会再瘦了。”

当天谢天笑穿了一件黑色衬衫和一条深棕英伦格子裤，先是与我们对面而坐，招呼我们抽烟喝水，然后简单地介绍了这间兼具工作与居住的房间。转了两圈后，他选了一个舒服的“葛优瘫”卧坐在我们侧面。整个聊天过程谢天笑都会以照顾我们的感受为先，手机不停震响多次他才会看一眼，并且会说一句：“不好意思，这个消息我必须马上回复一下。”

这并不是一次很“酷”的采访，因为生活中的谢天笑与舞台上那个暴烈、不顾一切的形象截然不同。几年前他就开始隐隐约约地长一些白头发，现在他依旧骨骼精奇，头发不长不短地散着，有些邋遢也有股超然于物的气质。但其实他是个十分可爱的人，讲起自黑的段子能让听者捂腹笑上小一阵。

采访结束送我们出门的时候，我们看见谢天笑家小院内瓜熟蒂落的黄瓜柿子，他认真地说：你们带点走吧，都是自己种的，健康。再说你们来一次也不能让你们空着手走吧。

回去的路上，谢天笑的助理跟我们说："平时谢老师很喜欢自己做饭，每次叫我们来他家吃饭的时候都会先给我们讲述一遍他做饭的整个过程，从他拿起刀嚓嚓地切葱花，到油锅慢慢变热冒起泡泡，再到把葱花撒进去发出噼里啪啦的沙沙声，很多时候我们还没吃到菜呢，光听他说就能馋得半死，不过谢老师做菜也是真的很好吃。"

（文 / 李笑莹　2017 年 8 月）

【二】

"下面一首歌，献给中国摇滚乐！"

在演唱《向阳花》前，谢天笑介绍说。3 月 23 日，谢天笑第三次登上北京工人体育馆的舞台。在这次"那不是我"主题个人演唱会开票十三天时，所有价位的门票就已售罄。为此，谢天笑和团队决定再加演一场，在工体连唱两晚。上一次做到连续两晚在工体开唱的内地摇滚音乐人是崔健，他在 2010 年举办了"元旦摇滚交响新年音乐会"。

23 日当天，工体附近挤着无数"黄牛"，甚至在地铁东四十

条的站台上就已经有人在不断地问：“有没有多余的票？”以往的演出前，“黄牛”们都是问：“要不要票，谁还没有票？”而在谢天笑开唱前，黄牛们一直重复的是：“有没有多余的票？高价收票了。”

虽然这是谢天笑第三次在工体开唱，但他的票价却不是越定越高，2013 年时，最低票价 180 元，最高 980 元；2015 年时，最低票价 180 元，最高 880 元；而 2018 年最低票价依旧是 180 元，最高票价却仅为 580 元。

当晚八点，演出正式开始，在这之前工体所有能坐人的地方都已坐满了观众。场地灯光熄灭，舞台彩灯亮起，当晚的开场曲是谢天笑第一张专辑《冷血动物》中的第一首歌曲《幸福》，熟悉的旋律响起，幕布升起，大屏幕中，一只巨大的黑色蜘蛛在不断编织白色的网，谢天笑与他的 OK King 乐队在前，结尾层层递进的“幸福、幸福、幸福，我突然醒了”唱罢后，场内瞬间被点燃，内场的朋友几乎全部起立，“老谢，牛 ×！”一遍遍响彻整个工体。

几首经典老歌过后，谢天笑开口说道：“下面是新专辑的歌曲，《那不是我》。”对于这张新专辑，谢天笑曾说：“别用耳朵听，用心感受。”与之前歌曲肆意倾泻的情怀与爆裂的音符不同，新专辑的歌曲加了交响乐的编排与电子元素，多了几分优雅。现场观众也确实不再像从前那样站立挥臂，全部坐在位置上，聚精会神地期待着新歌的演绎。谢天笑几乎一气呵成，唱完了新专辑中的全部歌曲。

当天的另一场表演是经典歌曲《向阳花》，也是观众所期待的。2015 年，“呼笑而至”交响演出时，谢天笑曾将这首歌献给法兰西，以纪念巴黎暴恐事件的遇难者们。

在上一次接受音乐财经采访时，谢天笑曾提起过他与交响乐团的合作。因为听过了交响版的《向阳花》《阿诗玛》等歌曲，会担心再听到单一乐队版时感到“薄”了，当时谢天笑回答说：“可能会有这种感觉，但我觉得交响有交响的好，简单有简单的妙处，不一样。就好像吃饭，选择火锅或者是一盘拌黄瓜味道不同，但其实有营养才是最重要的。”

在“向阳花，你会不会再继续开花”的重复中现场氛围也不断推向高潮。歌曲唱完，谢天笑亲吻双指，一边向大家飞吻，一边说着“thank you”，有些调皮。以往谢天笑在现场只会说“注意安全”“谢谢你们”。而这次他却一反常态地跟大家交流，“下面这首歌大概是在 1997 年创作的，和我们当时的乐队叫冷血动物一样，这首歌也叫……”，话音未落，全场已然高呼“冷血动物”。那个在新专辑中背弃了早期“冷血动物”烙印的谢天笑，在舞台上依旧是那个暴烈、不顾一切的 Rock star。

2013 年“幻觉”工体演唱会、2015 年“呼笑而至”工体交响演唱会、2018 年“那不是我”演唱会上，谢天笑穿的都是一件后背被撕坏的皮衣，他告诉过我们衣服是第一次工体演出结束后粉丝们撕开的，那一时刻他是幸福与幸运的。他说，摇滚乐就像一件合身的衣服穿在了他的身上。

除了音乐表演上的不同，与以往演出不同的地方还有谢天笑精心打理过的发型——不再凌乱，披散着却也看得出是做过“造型”。对于自己在舞台上的形象，谢天笑说不管是戴着墨镜还是穿上皮衣，都是他自己想要的，因为摇滚明星就应该是那个样子。包括他脚下的那个风扇也是出自他的设计，“我也不太清楚为什么好多人觉得这个有点奇怪，还有觉得好笑的。我想要个风扇一是觉得它一直吹着显得好看，再有一个就是凉快，舞台上特

别热，风扇一开就会特别舒服特别凉快。"

演唱会的最后一首歌曲是上张专辑《幻觉》中的《是谁把我带到这里》，不出意外全场从第一句合唱到最后，吉他鼓声呼啸不停，谢天笑与他的摇滚乐不会改变，大家对摇滚乐的喜爱也不会改变。

（文 / 李笑莹　2018 年 3 月）

“铁肺歌后”彭佳慧：“我想念我自己”

> 穿过长达七年的事业低谷，彭佳慧怀疑过、绝望过、害怕过，兜兜转转之后，她知道自己最不能放弃的就是唱歌。

过了不惑之年的彭佳慧说自己还是“含苞待放”，等内地的巡演做完了她才会“百花盛开”。2018 年元旦刚过，彭佳慧带着她的新专辑《我想念我自己》来到北京。

发布会现场，彭佳慧挽着索尼音乐中国首席执行官周建辉先生走过红毯，用这种特别的方式宣布她加盟索尼。这一幕让所有人想到彭佳慧唱过的《走在红毯那一天》，因为这首歌似乎承载了她太多的悲喜故事。

彭佳慧，一个从 Pub 走出来的歌手，用了四年时间让演唱事业达到巅峰，几十万的唱片销量、传唱度超高的成名曲、中国台湾金曲奖最佳新人奖、黄金搭档的恋人……但这一切却在进入新世纪后戛然而止。

七年的事业低谷期，甚至一度与死神擦肩而过，彭佳慧怀疑过、绝望过、害怕过，兜兜转转之后，她知道自己最不能放弃的就是唱歌。面对质疑，顶着压力，彭佳慧又回到了她最初唱歌的

地方——Pub，舞台不大，未来不可知，但如果没有这七年的坚持和改变，也不会有今天幸福的彭佳慧。

从小遭遇家庭变故，从小就学会了让自己努力地长大，这练就了彭佳慧坚强不服输的性格，每每遇到挫折、遇到磨难，她会唱起偶像玛丽亚·凯莉的 *Hero* 来鼓励自己，“当你感到希望似乎破灭，请保持坚强，英雄气魄就会在你身上。”

今天的彭佳慧，经历了人生的大起大落后，已经蜕变成一位实力派歌后，浑身都散发着自信，娇小的身躯充满了大大的能量，她更感激自己所经历的这一切，“走过来的都不叫苦，一点都不苦。”

《我想念我自己》：“铁肺歌后”的温情诉说

2016 年 6 月 25 日的台北小巨蛋，第 27 届中国台湾金曲奖颁奖典礼已经进行到尾声，所有人都在等待“最佳国语女歌手奖”的揭晓，最后，彭佳慧凭借《大龄女子》专辑获得那一届的金曲奖歌后。接过奖杯，她几乎泣不成声：“我等了 20 年，谢谢评审！”这也是自 1997 年获得中国台湾金曲奖最佳新人奖之后，彭佳慧第二次获得该奖。

谈起获奖时的感受，彭佳慧现在依然觉得难以相信：“真的没想到是我，因为一起入围的女歌手们，每一个都非常有实力，作品也非常优秀，非常好听，我真的是非常幸运，唱了这么久，在这个时候被评审肯定，这对我来讲是很重要的一个过程，还好我没放弃。”

当天晚上庆功宴后，媒体和朋友们渐渐散去，只剩下彭佳慧和她身边的工作人员，几个人围坐在麻辣火锅桌前，开始讨论大家为什么会喜欢《大龄女子》这张专辑。《大龄女子》整体风格带有些微伤感和温情，用温暖的音符献给那些等待真爱的男女，而彭佳慧也是在“大龄女子”阶段才找到可以托付的对象，结婚生子。

“既然大家喜欢我替女生说话，我也许可以在接下来的日子继续说这些话。我唱了21年，已经不需要再用技巧去唱歌，而是希望唱出心里的一些想法跟生活的状态。”她说起自己在制作这张专辑时的感受，“如果我唱的不是自己，大家会觉得有距离感，我唱的就是彭佳慧的生活和感觉，乐迷会觉得很亲切。所以那天我们就决定再出一张‘关于女人与爱’的专辑。”

2018年元旦刚过，彭佳慧就带着她的新专辑《我想念我自己》来到北京，此前她已经加入了新东家索尼音乐。专辑封面上，彭佳慧绽放出成熟而富有魅力的笑容，诠释着她走过磨难和风雨之后，终于豁然开朗，就像专辑的名字一样：爱自己、想念自己。

专辑第一首歌《陪我轻轻唱》是彭佳慧自己写的，“这首歌听起来是温暖舒服的，放在第一首是想告诉大家，这张专辑的聆听度绝对是舒适的、没有压力的。主打歌《我想念我自己》就是唱给女人听的，这个‘女人’不一定是性别上的女人，很多心思细腻的男生也挺喜欢这首歌。”

被冠以“铁肺歌后”的彭佳慧，在这张专辑的唱法上却放下了以往的美声，力度拿捏收放自如，即便是十七度音域的歌，她这次也没有“倾巢而出”。过去的20年，彭佳慧唱了很多大开大合、汹涌澎湃的歌，她曾经对自己的低音部分非常不满意，甚至说“糟透了”，之前的专辑里她也容忍不了一个不完美的音色。

如今的彭佳慧，开始学会了欣赏自己的缺点，即使是不完美的部分也敢放到专辑里，唱歌时更多凭借的是情绪的表达和娓娓道来的如同讲故事一般的感触。

年轻时的彭佳慧喜欢摇滚乐，身材弱小内心狂野，现在的彭佳慧开始喜欢爵士乐，感觉自己压力大的时候，会听听爵士乐让自己慢下来，吃东西慢一点，讲话慢一点，思考慢一点。“爵士乐的形态就是生活的一种态度，很优雅、很悠闲，慢下来之后看事情的角度也会不同，做事情也会变得柔软一点。”她说，自己一直想出一张爵士乐的专辑，在《我想念我自己》中，就有两首爵士乐。

这张专辑从筹备到发行用了一年半时间，彭佳慧力邀《大龄女子》的制作人陈建骐过来继续合作，整个制作过程也非常顺利。但整张专辑录制完九首歌的时候，始终找不到最后一首合适的歌，制作团队只能在茫茫的歌海中继续寻找。

有一天，彭佳慧坐在客厅听李荣浩的歌，有一首歌的歌词里一直唱着“姑娘姑娘”，彭佳慧突然想到刘伟仁的那首《姑娘》，这位已故的音乐天才之前给彭佳慧写过一首《敲敲我的头》，那首歌是彭佳慧年轻时最喜欢的一首歌。

彭佳慧想到可以翻唱这首《姑娘》作为新专辑的第十首歌。但制作团队觉得，前面九首歌都是原创，《姑娘》放进去只能是翻唱。但彭佳慧在录音棚还是现场演唱了《姑娘》，制作团队都觉得它跟整张专辑的调性非常契合，于是就决定用了这首歌。彭佳慧回忆，刘伟仁老师生病的最后时期，几位歌手帮他办了一场演唱会，全部唱的他的作品，当时彭佳慧怀着六个月的双胞胎，唱了《敲敲我的头》和《姑娘》。

准备录制《姑娘》的那天，彭佳慧从家里带了酒。她知道刘伟仁很喜欢喝酒，于是倒了一杯，放在录音棚的一个座位上，心里默念：老师，我们今天要录《姑娘》，给我一些力量吧。彭佳慧愿意相信，刘伟仁老师就在现场，他知道自己非常喜欢这首歌。

录制到一半，彭佳慧已经控制不住情绪开始流泪，哽咽的喉咙根本没办法继续唱下去，她蹲在地上对陈建骐说："等一下，让我先哭一会。"

彭佳慧版的《姑娘》更平和，没有起伏，陈建骐告诉她："《姑娘》已经时过境迁，回头去看，我要你唱得平静，心里面的澎湃汹涌就留给听的人。越简单的编曲，越简单的唱法，越能够深入人心，越能听得长久。最厉害的歌手能做到让唱的人不哭，听的人哭了。"

所有的磨难都有它的用意

出生在台湾屏东县的彭佳慧，天生一副好嗓子，因为喜欢唱歌，高中毕业后独自来到台北在 Pub 驻唱。1995 年，23 岁的彭佳慧在台北 EZ5 Pub 演出时，被钟镇涛发现并推荐给巨石唱片，成为签约歌手。首张专辑《说真心话》当年销量 40 万张，并凭借这张专辑获得了第 8 届中国台湾金曲奖年度最佳新人奖。

1998 年又发行专辑《看穿》，创下三白金的销量，第二年又发行新歌精选辑《过程》，一个月销量达到 30 万，彭佳慧的演唱事业也在短短的四年内达到巅峰。事业成功、爱情甜蜜，当时的彭佳慧与台湾音乐人陈国华也是让众人羡慕的完美组合，一个写歌，一个唱歌。1999 年，彭佳慧的演唱会上，陈国华钢琴伴奏，彭佳慧落泪演唱《走在红毯那一天》成为乐坛佳话。

演唱事业在台湾风生水起，但内地知道彭佳慧的人并不多。实际上早在 1997 年，彭佳慧就曾带着新专辑《彭佳慧 Julia》来到内地宣传，但当时她的这张专辑像石头投进了大海，在内地几乎没掀起任何波澜。

“蹿红”后的彭佳慧，事业并没有顺风顺水，2002年，彭佳慧与BMG唱片公司合约期满，又遭遇BMG人事改组，彭佳慧的演唱事业陷入低潮期。并不漂亮的彭佳慧，也因外形陷入了没有唱片公司续约的尴尬境地。事业遭遇低潮期，与相恋了12年的陈国华也宣告分手。

陷入人生低谷的彭佳慧开始怀疑自己，也考虑转行做别的，因为喜欢喝咖啡，想过要开一家咖啡店，甚至找过算命先生问自己到底能干嘛？算命先生告诉她，只能用嘴巴赚钱，“我想那总不是演讲吧？或者当老师、当主持人？这些我都做不了，那用嘴巴只能是唱歌。其实我也不相信算命的，刚好有一个不认识我的人，看了我的命牌，算出来也觉得是这样，我想那应该还是唱歌吧。”

但是，没有发片、没有演唱会的七年，对于彭佳慧来说也是一种煎熬，她不想放弃唱歌，因为她很清楚，再会唱歌的人，很久没有唱歌也会“生锈”，对舞台也会无感、也会陌生。于是彭佳慧回到了她最初唱歌的地方Pub继续驻唱。

对于彭佳慧的这个选择，很多跟她合作过的唱片公司同事都是反对的，他们觉得去Pub里面唱歌不是一个专业歌手该做的事情，但在彭佳慧看来，很多西洋歌手他们在最红的时候，也常常回到原来唱歌的小酒馆里唱歌，可能只有50人，或者100人听，但他们常常会觉得莫以事小而不为。

所以彭佳慧心里一直有一个想法：“如果哪一天我忘了怎么唱歌，谁来救我？谁帮我再恢复？ Pub是我最喜欢的地方，也是我觉得最安全的地方，在那里唱歌我很开心，我最初就是在Pub里唱歌的，无论我是不是彭佳慧、是不是Julia，在Pub我可以自由地做我自己。”

说起来容易，在 Pub 的日子让彭佳慧并不轻松，面对身边朋友的质疑和反对的声音，彭佳慧其实也不敢说自己是百分百的坚持，在游离之间也会怀疑自己，当被别人反对的时候，也会有一点挣扎，站在台上有一种没办法站稳的感觉，怀疑自己能不能唱好。

“刚开始的那半年，我会想，来听我唱歌的人到底是因为我的名气还是因为唱得好？”她回忆，“后来我觉得两种人都有，每周二固定是彭佳慧的场，来的人也真的多，但我一旦没有唱好，就会口耳相传，来的人越多，传的人越多，在 Pub 里面唱歌，人家对你的要求更放大，我要背负彭佳慧这个名字。”

在 Pub 唱了半年后，彭佳慧更加坚定了自己的选择。在事业低潮的七年当中，除了坚持唱歌，还完成了人生的另一件大事——结婚生子。2006 年 4 月 8 日，彭佳慧宣布与圈外人王丕仁结婚，十个月后意外有了第一个孩子，做了妈妈。四年后又生下双胞胎女儿，结果因“子癫前症”大出血一度危及生命。

“整个过程我是处于昏迷的状态，紧张的是医生和家人，后来知道是打了三支强心剂才把我救回来，输了 4000CC 的血，等于全身换了一次血。”与死神擦肩而过的彭佳慧并未躲过由此带来的后遗症，她发现自己的膝盖完全无力，根本站不起来。只好在医生的指导下做康复训练，经历了一年的恢复期，膝盖才开始有力，才慢慢能站立走路。

而更让彭佳慧无法接受的打击也再次来临，她突然发现自己的喉咙不能唱歌了，唱到一个程度声音就没有了。医生告诉她，是喉咙内膜下出血，这个打击对于彭佳慧是致命的，“没有什么事情比人家告诉你，你不能穿着高跟鞋站起来唱歌更痛苦，天哪，差不多跟死掉了一样，不能唱歌就等于拿走了我的生命。”

来不及沮丧，来不及多想，只能配合医生吃药治疗，配合健身教练做复健，彭佳慧聊起那段经历时感慨道："老天爷会安排很多事情，你有唱歌天赋就让你喉咙内膜下出血，因为你都不好好保养；你不喜欢运动，那就让你膝盖没办法站立，这些问题都出来了之后就开始面对，在面对问题中了解自己，所以从那时候开始锻炼，开始保养自己。"

如今的彭佳慧，没有演出和通告的时候，除了陪伴孩子，每天要花三个小时去健身，她很珍惜现在的一切，"谁要看一个胖子、长得又不漂亮、年纪又那么大的人站在台上唱歌？现在的年轻人都很漂亮又会唱歌，你彭佳慧凭什么站在舞台上？我不好好保养自己，就没有足够的力量站在舞台上。"她想，遇到很多磨难不一定不好，过后会觉得所有的安排都是有它的用意的。

从唱歌中找回自信和美丽

2013 年，湖南卫视的《我是歌手》节目开始启动，节目组找到经纪人苏莹恬邀请彭佳慧参加。当时大家都不知道《我是歌手》是一档什么样的节目，彭佳慧也不能理解，一个专业歌手唱歌为什么要别人来打分，而且还是被那些普通大众打分，就不假思索地拒绝了。

节目组第二次来邀请的时候，《我是歌手》已经录制了四五期，当时彭佳慧接了一些演出，节目组给的档期也没法配合，最主要是彭佳慧依然不想去，"我是专业歌手，已经唱了那么久，他们凭什么评我？"

等《我是歌手》播出四五期的时候，节目组又第三次向彭佳慧发出邀请，那天晚上彭佳慧参加完一场演出到家已经半夜一点，她跟经纪人苏莹恬在家席地而坐，一起看了《我是歌手》的视频。看到黄琦珊表演的时候，彭佳慧当时就震惊了，“她唱得也太好了吧！乐队也太好了吧！音响也太好了吧！”看到视频，她完全没想到这个节目给她带来的震撼，她告诉苏莹恬，“你是专业经纪人，你用你的专业去评量，你的歌手能不能放在这个舞台上，你说去我就去。”

一周后，彭佳慧决定上《我是歌手》，没有太多的准备，唯一吸引她的就是可以表现唱歌。但彭佳慧到了节目组才发现，上这个节目真的很恐怖，唱一首歌跟准备一场演唱会的紧张程度差不多。

由于内地观众对彭佳慧不太熟悉，节目组希望她能唱《相见恨晚》，因为这首歌是电视剧《风云》的片尾曲。但彭佳慧有自己的想法，她觉得还是要选一首最能展现自己唱歌优势的歌——《走在红毯那一天》，内地观众虽然对这首歌并不熟悉，但她有把握用爆发点和唱功让大家记住自己。果然，《走在红毯那一天》让彭佳慧在《我是歌手》中一炮打响，让大家记住了这位沉寂多年的“铁肺歌后”。

《我是歌手》之后，彭佳慧迎来了她事业的第二春，但她心里清楚，这样的成绩来之不易，“还好那七年我一直都没有放不下身段，坚持在 Pub 唱歌，坚持唱歌的练习，有机会更加了解自己，了解我喜欢唱什么歌，了解我该怎样化妆、怎样穿衣服，找回唱歌的信心，也更清楚自己要什么。不然洪涛老师找到我，我怎么唱？也许很快就会被淘汰。现在想起来，也许磨难是老天最好的安排，让我做了一件对的事情。”

苦尽甘来的彭佳慧当然很开心，但她没有因自己的再次走红而失去方向，反而提醒自己要好好珍惜和把握。她也没有像很多明星那样，忙得顾不上家庭和孩子。只要没有工作和通告，她一

定自己送小孩上下学，陪他们一起玩。“我陪他们玩玩具，帮洋娃娃绑辫子，从那个过程中我才知道童年玩玩具是一种什么感觉，看上去是你在陪孩子成长，但其实孩子也陪我补偿了自己从小缺失的那一块，我常常会回到孩子的阶段去了解他们。”

家庭也让彭佳慧变得不再尖锐，那个直率、冲动的白羊座女孩，已经修炼成圆融、成熟的彭佳慧。家庭和孩子也给她的演唱事业带来了很多帮助，她现在再唱以前的作品，对歌曲的理解有了不一样的感觉。

24 岁的时候，彭佳慧出了第一张专辑《说真心话》，里面有一首歌《旧梦》就让当时的她非常不喜欢，觉得太老了，自己这么年轻，为什么要唱这么老的歌，于是拿着合约要跟老板解约。“当时对很多歌我都不理解，就是靠天赋唱出来，但还是会念歌词，也会跟制作人讨论其中的含义，但因为没有太多生活经验，对歌曲的理解力也没那么深刻。做事情也常常没想太多，做了就做了，很冲动。”她说。

但是专辑发行后，《旧梦》这首歌火了，也成为彭佳慧的代表作之一。如今，彭佳慧再唱起《旧梦》才真正理解了这首歌的含义，才懂得这是一首非常难得的好作品。她曾觉得，自己对自己的了解，跟别人对自己的了解是不一样的，之前觉得唱片公司根本不了解她，不知道她真正喜欢的音乐是什么。但慢慢地，彭佳慧觉得他们还真的是有一套，而且显然是成功的，那些年创造了很好的成绩，才积累成了今天的彭佳慧。

“我现在遇到有些事情还会有那种牛脾气，很固执，但我的固执都用在我的专业上，如果一个歌手没有了自己的态度和坚持的想法，就会被别人取代，没有了自己的风格。所以在唱歌这件事情上我会比较严肃。”

将近两个小时的采访，听彭佳慧讲述着她跌宕起伏的人生故事，很多时候会被代入当时绝望无奈的场景，但她始终带着自信的笑容和平和的气度面对过往。眼前还是那个有着天籁嗓音的彭佳慧，但她已经蜕变成一个成熟、稳重、自信和带着明星气场的彭佳慧。

（文 / 李斌　2018 年 2 月）

“非主流”丁薇：好玩的造梦者

> 丁薇不想直白地向大众阐述自己的音乐，她更在乎听众是否产生共鸣。

【一】

也许很多人不知道丁薇这个名字，但大家一定听过刘德华的《我要你的每天》、那英的《爱要有你才完美》，还有《我的兄弟叫顺溜》《你是我兄弟》《蜗居》《浮沉》等热门电视剧中的那些片头片尾曲，这些被别人传唱的歌曲，都出自丁薇之手。

曾经，丁薇也是一个幸运儿，大学期间就被大唱片公司签约，以为自己从此就成为明星了。但她个性化的音乐始终得不到个性化的包装，唱片公司总希望能改变她的创作，但丁薇更希望大家能理解她的音乐。她也尝试着做了一些改变，但最后却发现，那不是自己想要的，她宁愿做幕后成全别人，也要做忠于自己内心的音乐。

不做主流歌手，做自己喜欢的音乐

与那些经历坎坷的音乐人相比，丁薇的音乐路算是走得比较顺的。丁薇从小学习二胡，1991 年考入上海音乐学院作曲系，大三的时候与大地唱片公司签约当了一名歌手。

幸运签了唱片公司的丁薇，以为自己就是明星了，但一个月 800 元的工资，也不得不让她面对吃住行的现实问题。“刚来到北京，有一段时间真的太穷了，一想到下个月的房租就头大。只能自己想办法，自己写歌，然后拉下脸给别人打电话，问人家出专辑需不需要歌？可以的话就拿过去听听，喜欢就留下了，不喜欢就是不喜欢，但我一直在主动寻找这样的机会。”

丁薇觉得，在北京大家都很公平，如果你穷得连饭都吃不上，只能说第一你不够努力，第二你的才华不够。北京很包容、很公平，但需要有才华，更需要努力。

在丁薇大学毕业的 1995 年，她与三宝合作了第一张专辑《断翅的蝴蝶》，在业内获得了好的口碑。丁薇告诉音乐财经：“专辑中我只写了四首歌，还不能算是一个完全的唱作人，但有了这个起点，尽管我还是个大学生，很多人会尊重我，他们会觉得我是个搞音乐的，很真诚、很有水准，没有人会歧视我。同时，也让我积累了很多好的作品，还给刘德华、那英等歌手写了很多歌，也给自己写了很多歌。”

丁薇后来与 BMG 唱片公司签约后，又发表了个人音乐专辑《开始》，这张专辑发表后，引来的不都是称赞，还有很多质疑声。对此，丁薇很坦然，“2000 年的时候，大众听音乐的习惯还不像现在这么多元化，但我觉得音乐就应该有个性，不是千人一面。也有一批人非常喜欢这张唱片，很多人需要慢慢消化。”

让丁薇感到欣慰的是，今天很多人再提起《开始》这张唱片，

大家都会认为这是一张不可替代的作品，是对中国流行音乐有影响力的一张唱片。这张唱片对丁薇的帮助很大，也奠定了她后来做独立音乐人的方向。

当年，年轻的丁薇没有费太多周折，就签约了唱片公司，她以为自己会成为大众熟知的明星，也希望成为主流歌手，得到更多人的肯定。"但所有人给我的反馈都是，你条件很好，但你做的东西太怪了，不那么主流。公司总想改变我，让我做符合大众审美的东西。"

但是丁薇一直在想办法让更多的人理解她的创作，而不是改变她的创作。这也是丁薇后来离开唱片公司的原因。丁薇告诉音乐财经："公司的宣传、文案、图片都是一个流水化的东西，不是一个个体。其实针对不同的人应该有不同个性的人来完成，这样我们才能变成从整体上有个性的艺人，才会让人觉得这样的东西有力量。"

让丁薇不能接受的是，自己做的个性的音乐，一定要被包装成"小甜甜"，看上去好像是主流音乐，但这完全是错的。"我的第三张专辑《亲爱的丁薇》就有类似的问题，封面跟我的音乐没有关系，还会误导别人，大家会觉得丁薇做了一张很主流的唱片，然后去唱片里找与封面雷同的内容，认为这就是我的风格，但恰恰不是，我专辑里很有个性的东西，反而没有被凸显出来。"

2004 年，整个唱片业衰落得非常严重，唱片公司希望丁薇做一些商业上的尝试，就是做主流的音乐。丁薇也做了努力，她写了《再见，我爱你》《爱要有你才完美》等非常主流让大众喜爱的歌。

丁薇说："我不是没有能力写这类东西，但我更想做有表达的声音，我不认为主流和非主流有什么高低区分，而是每个人想寻找自己的想法，要表达的内容不同，我们要尊重自己的内心。所以我不可能再成为所谓的主流歌手了，我肯定要做自己的东西。”

在影视圈混出成绩

《亲爱的丁薇》发行后，丁薇也成了《超级女声》《快乐男声》等选秀节目的评委，也为陈坤、林依轮、何炅、叶一茜、赵薇等人创作了不少歌曲。同时，她的新专辑也在紧张的创作和编曲中。

2008 年，丁薇与制作人林朝阳合作，为电视剧《人间正道是沧桑》创作制作音乐，电视剧播出后，获得了多项大奖，也成就了丁薇和林朝阳这对音乐上的搭档。

林朝阳是丁薇的发小，从小学习小提琴，目前在中央音乐学院当教授。两个人从小就认识，经常会在一起交流音乐，他们之间的合作也很偶然，丁薇当时正在准备自己的专辑，用电脑给歌编曲，林朝阳平时听丁薇的歌也很有灵感，也想自己做点音乐，但他完全不会电脑的音乐程序，最后只能是林朝阳负责说，丁薇负责操作，没想到这样的配合还真做出了一些不错的东西。

“林朝阳是一个根本没搞过流行音乐的人，但他也慢慢地学会了用电脑编曲，后来很多歌我还刚刚想到，他就很快做出来了。他不是一个很有条条框框的人，他没有‘搞古典音乐就不能做流行音乐’这些界限，反而会突破我们做流行音乐人的惯有思维，在这方面也有非常独到的想法。”丁薇说。

自从丁薇与林朝阳合作的《人间正道是沧桑》获得成功后，两人为影视剧创作了不少音乐作品，比较成功的包括《蜗居》《我

的兄弟叫顺溜》《你是我兄弟》《浮沉》《假如生活欺骗了你》《唐山大地震》《相爱十年》《失恋三十三天》等。

音乐财经： 你们做了那么多影视作品的音乐，有什么特别的感受？

丁薇： 电视剧的歌一般都是片头和片尾，或者偶尔中间有一首插曲，但电视剧更重要的是配乐部分，观众一般只对歌曲部分有印象。而真正成功的配乐是不会让观众注意到的。好的音乐不是让观众当时就能感觉到的，而是在回头听的时候，会想到某个画面。音乐在一部片子里是辅助剧情、辅助画面的，如果太刻意突出音乐会把人领错路，所以这是一个纯粹的幕后工作，很锻炼人，也很有意思。

做影视音乐的强度很大，尤其是一部电视剧，那么多剧情，要做很多音乐才能适合每一个画面。所以做电视剧配乐很锻炼人，风格要非常广，一些音乐可以拿出来单听，但在片中就是烘托整个剧情的气氛和情绪的。

林朝阳： 很多电视剧的剧情很荒诞，很多都有逻辑性错误。然后导演要求为这个逻辑错误的画面去配一段音乐。

我觉得我们需要可以被理解、可以被讲述的艺术，用电影、电视剧是最直接的，在某种程度上起到引导社会整体观念的作用。比如我们做《蜗居》就很贴切，因为原材料好，整个剧情客观陈述了中国的一种社会现状，无论是音乐还是剧情，总是演绎得很客观，不需要讨论对错问题，把事情叙述出来，自己去评判，这就是一个好的艺术品。

音乐财经： 你为很多影视剧做片头和片尾曲，但都是剧中的演员演唱的，为什么不是自己唱？

丁薇：我从来不去争一部戏的歌要我来唱，我只是一部戏的作曲，对我来说，这是我工作的一部分，如果导演说这首歌我来唱特别合适，那也可以，这是另外一个工作。很多电视剧里的歌都是由演员来唱的，像邓超、董洁、宋佳、白百合、陈数、陈坤等等，我觉得他们唱得很好，一首歌谁来唱都行，只要合适就好。

很多制片人可能都不知道我也是一名歌手，只知道我是一个作曲人，这样挺好。因为我天天去宣传自己是一名歌手，那可能会少做很多自己的事。这也是行业规则，在这个行业里，专业性很重要，经验值也很重要。

只要是一直做音乐就好，只不过一些音乐是比较显性的，会跟所有人分享，有一些音乐在我们背后，会让人注意不到。如果大家觉得这是一部很好的片子，那一定有音乐的功劳，大家可能不知道是谁做的，但这个没关系，这是工作性质决定的。

音乐财经：你之前也做过流行歌曲，而且被其他歌手唱红了，在这个过程中你有没有动摇过，想改做流行？

丁薇：其实《爱要有你才完美》那首歌是写给我自己的，我当时也是憋了一股劲儿，大家不就是要主流吗？我也来一首。写完这首歌之后我一直在纠结，一直在摇摆，最后决定还是放弃做主流，不想违背我内心的想法。

后来那英要出专辑，有一天孙楠问我，有没有好歌，可以放到那英的专辑里。然后我们就约在孙楠家里，我用他家的电子琴弹唱了这首歌，那英当时就说：我要了！后来也证明这首歌确实适合她。所以我相信每首歌都有它自己的命运，不是我写出来我唱出来就能火。

当然我不否认当时很想成为一个很牛的人，原来觉得只要签

约唱片公司我就是明星了，后来才慢慢知道，其实每个歌手的情况不一样。我们今天来看，麦当娜在欧美绝对是女王，那你知道Bjork吗？她是冰岛的一位女歌手，在奥运会上她曾一个人表演，她的音乐可能会让很多人感到不那么容易接受，但在很多乐迷心中，她的地位远远高于麦当娜。

所以不能按一个人发了多少张专辑，开了多少场演唱会，或者挣了多少钱来衡量他的音乐价值，每个人面对的群体不一样，他的价值是不同的。在做《开始》这张唱片之前我已经想清楚了，我要做自己想表达的音乐，最终能不能得到大家认同还要看运气，看社会环境的变化。我知道我达不到那英那样的知名度，但我做的音乐要让自己问心无愧。

音乐财经：你以前在古典音乐圈也很有成就，做流行了之后有什么感受？

林朝阳：在传统的古典音乐界，不太能客观地对待流行音乐，当我做了近10年流行音乐后发现，流行音乐其实极具价值。流行音乐的构成和逻辑跟所有音乐一样，它无非是以12个音按照某种序列来玩，不分题材和高下，玩得好，能够打动更多的人，那它可能会变得更好。

我以前会觉得，我做古典音乐是高高在上的，但其实有一种失去了平衡的感觉，当我做了流行后，古典音乐界的人会有不同的看法看我，说林朝阳又在乱搞。但我自己觉得搞流行很放松，我会告诉他们，里面很精彩，再怎么乱也搞不乱音乐。

音乐财经：除了才华和努力，你觉得做音乐还需要具备哪些品质？

丁薇：坚持，我觉得一个人要对自己有一个客观评判，我从来不会觉得自己是最好的，我一直对另外一个自己说，你好的地方在哪？不足的地方在哪？你现在做得还不够，你必须继续努力。

我会正视自己跟别人的差距。这么多年，我从一个只会写词曲，也不是很高产的人，到后来所有的歌曲都自己做，我也学习编曲、制作，后来写影视音乐，就这样一点一点地学习。如果说我现在的生活好了，那也是我一点一点去争取来的，不是我一举成名得来的。

音乐财经：怎么来定义你们之间的合作？

林朝阳：我们之间的配合非常好，但我们不是组合，因为音乐的本质是，你要呈现完整的个性，所以我们叫合作。在创作上，我更擅长哪块，她更擅长哪块，我们合在一起，从作品的角度，就成了一个完整的东西。我们在一起合作，可以帮助对方变成一个更完整的“个人”。

（文 / 李斌　2015 年 11 月）

【二】

在一个颇具 20 世纪意味的人烟稀少的古旧咖啡馆，丁薇点完一杯美式咖啡后便开始和我们侃侃而谈，讲自己接下来的工作计划，其间还聊到了如何选择黑胶唱机、如何保养黑胶唱片的问题。

从前

丁薇和姐姐丁蕾都是从小开始学习音乐。那个年代大家都穷，人们还没有“搞音乐赚不了钱”这样的想法，反而认为有音乐天

赋、能学习音乐是一件了不起的事情。姐妹俩就这样在传统教育体制下一直顺风顺水地读到了上海音乐学院。

大学一毕业，丁薇就从上海来到了北京。一个南方人离开上海这样文艺、小资而又舒适的环境是让人意想不到的，更何况上海音乐学院的氛围又很不错。而这背后则是丁薇关于“奋进”和“自律”的小故事，冲破了我对艺术家“放荡不羁”“随心所欲”的刻板印象。

丁薇“嫌弃”上海的“诱惑太多”：路上新开的小店、咖啡馆总能将她吸引过去而忘记办正事儿，人们喜欢没事儿就喝下午茶去个酒吧。这样“惬意”的生活氛围太容易消磨她的意志。

上海的商业气息也很浓重，人们喜欢从头到脚把你打量一遍，用你一身衣服的价值来衡量你的个人价值。“而北京就不一样，很可能穿得破破烂烂的人是一个大师！”北京的一切都是快速的，甚至是糙的，这也能让丁薇专注创作。“路上没什么可看的，出门直奔那儿，办完事儿回家。”

最可贵的还是当时大部分搞艺术的人、公司、媒体都聚集在北京。丁薇觉得能认识一些有趣的人，“在一起聊聊天都觉得受益匪浅”。北京搞音乐的搞艺术的人也是扎堆儿，谁出了什么厉害的作品这种消息传播得很快，这样的氛围也能让丁薇更加地努力创作。

失踪人口

2004 年发行的《亲爱的丁薇》是丁薇在主流唱片公司出的最后一张专辑。之后的十年里，在外人看来，丁薇消失了。其实丁薇和自己的制作人 Salt 林朝阳一直活跃在影视配乐领域，这几年里，他们为 40 部左右的影视作品创作了主题曲、插曲以及片中配乐等。

对于丁薇来说音乐根本不分幕前幕后，“都是在做音乐而已”。大量的创作让丁薇有了更多的经历、沉淀。

其实这些年丁薇也在筹备自己的专辑。2008 年，新专辑基本已经完工，但当她和制作人拿到从瑞典混音后的作品时并不满意，“还没有我们混之前的 demo 好”，再加之当年的音乐产业并不景气，“感觉这张专辑发出去了之后并不会有什么水花出来，不过是给网上又增加了十首可以免费下载的歌”。

制作人 Salt 林朝阳决定先放下这张专辑不发，等待着一个时机。2014 年之后，丁薇又重新启动了自己新专辑的制作，把一些 MIDI 换成了乐器实录并重新混音。

由于有了更多的经验和沉淀，丁薇和制作人 Salt 林朝阳更能明确地跟混音师表述自己的想法。在外界看来，有关丁薇的新专辑一切都“很贵”，顶级的乐手、录音棚、混音师……而她却用一句话道破其中的关键：“我不赞同用金钱去衡量一张专辑，再者说，有了这些钱就能做出这样的东西来吗？”

造梦者

2015 年，丁薇带着两场演出又回到了大众的视野里。按照一般的逻辑，通常都是先发唱片再做演出。而最初的契机只是因为在录音时吉他手多米尼克·米勒（Dominic Miller）突然提出的一个大胆的想法，“不如我们组个乐队吧！”

于是他和丁薇的英国经纪人 Chris Craker（原 Sony-BMG 副总裁）一拍即合，并开始敲定档期。曾经的中国音乐市场上，歌手们带个伴奏带就去演出了，而现在，丁薇终于可以“真刀真枪”地带乐队演出了。

到2015年的时候，丁薇已经知道专辑没有那么快能做出来，还是如同一个“造梦者”一样，把乐手们集中在泰国排练。那是丁薇的英国经纪人Chris Craker的录音基地，大家全部住在一起，每天除了一起排练还一起吃饭、喝酒，像过着大学时期的集体生活，迅速把参与演出的所有人凝聚在了一起。

据当时的媒体披露“两场演出花掉了数百万”，Livehouse级别的场地、体育馆级别的乐手，可谓是十分任性且疯狂。丁薇坦言自己接下来的巡演是会“理性”一些的。“毕竟以前是自己办，想怎么样任性都可以。但是现在需要开始综合考虑各方面因素了，还需要找到能长期合作的乐手。”

新专辑《松绑》

新专辑《松绑》里黑暗的氛围里带着几丝倔强、几丝无畏、几丝爱意……丁薇不想直白地向大众阐述自己的音乐，她更在乎听众产生的共鸣感，“希望人们能就像看电影一样，顺着脉络从头到尾地细细感受一遍，从中获取不一样的感受”。

比如《搜爱》这首歌，丁薇身为创作者自己感受到的是航海时海面上颜色的变化……而在我听来，被城市包围、控制的溺水感十足。巨大且密集的建筑物下，人们对自由的呼喊和求救历历在目……有的人说《纪念》是走进坟墓的感觉，但阴郁的氛围里却包裹着各种不同关系之间的爱意。

丁薇偶尔也会翻看网友的评论，有人说丁薇是“送葬者系歌手”，她笑说十分喜欢这个称谓。丁薇知道自己的音乐表达方式和很多人不太一样，而她也不苛求人人都喜欢。“如果人人都能接受，就没有什么实验性、先锋性了。”虽然这样的音乐20世纪90年代国外就有人在做，但是对于中国人来说，还是很陌生的。

丁薇用第一次吃榴莲和芝士来比喻这种陌生。她希望国人对于音乐可以有更多的包容性，就像对于食物一样。

“我一直都认为音乐就应该是各式各样的，你唱 Rap，他唱 R&B，他唱主流，有人唱民谣有人唱摇滚，有人唱 Hip Hop 有人做电子，每个人不一样才好玩，音乐的世界才丰富嘛。每个人去扎在你自己喜欢的那堆人里面，大家找到自己的知音，那多好玩。”

当我想让丁薇揭秘专辑封面时，她却说“其实已经有人猜对了，不过我现在还不想揭开谜底。我很喜欢大家发挥各自的想象力”。而这个有趣的想法则出自她的制作人 Salt 林朝阳之手。

这几年来，丁薇的心态发生了很大变化，曾经签约在大唱片公司下的她会觉得都是别人不懂自己的音乐，都是别人不尽心。但是现在她却要身兼数职，几乎是自己一手包办在国内的工作事务，才更明白懂得其中的不易。

为了这张新专辑，曾经不爱社交、不善言辞的她开始给各种老朋友打电话寻求帮助。我问她打电话的时候有没有抗拒，她坦诚地说“我现在不抗拒了，因为必须得打”。

丁薇是个很立体的人，作为歌手她唱功没得挑，作为词曲作者她早已撕掉了“学院派”的标签，尝试带给听众有新鲜感的音乐，作为一个全面的艺人，她又能把自己的一切事务安排得妥妥当当，对自己的工作计划有着明确的想法。这也解释了为什么音乐制作人陈伟伦、演员郭京飞等一票受人们喜爱的人将她称为“偶像”。

又见丁薇

2017 年 7 月 19 日，丁薇偕专辑制作人 Salt 林朝阳和厂牌

cooking vinyl 的主理人 Martin 在乐空间举办专辑发布和黑胶分享会。

快到活动开始的时间了，拿着丁薇黑胶唱片的乐迷们匆匆从四处赶来，红色的唱片封面分外抢眼。由于活动时间定在工作日的下午，观众和媒体一共占了八九成的座位，并没有想象中的拥挤。舞台中央的黑胶唱机匀速转动着，音响里传出的是丁薇的新歌《松绑》。

当天的丁薇依旧朴素，黑色的上衣衬得她的皮肤更白了，裤脚简单地挽起，一双白鞋干干净净。分享会从创作谈到发行，又从黑胶聊到宣传。丁薇的制作人林朝阳屡次提到该专辑长达 12 年的制作周期，其中有很多东西做出来了又被废掉，例如混音、作词、MV 等……其中 MV 就拍了七八个月，最后还是没能和大家见面。

丁薇也在一旁爆料，在专辑制作的最后母带处理部分，林朝阳一共找了不同国家的三个录音棚的五个录音师来做，而最终却都没有采用，又找了第六个人。“他总是说我们已经花了这么多钱去做这张专辑了，为何要在最后这个环节省钱？”于是观众理所应当地好奇了起来：“这张专辑到底‘白花’了多少钱？”林朝阳淡淡地回答：“这么说吧，我把房卖了。”说到此时，在旁人不可思议的惊呼中，他依旧微笑着。

虽然《松绑》这张专辑投入巨大并已通过 cooking vinyl 在世界各国发行，但网易云数字专辑的销售并不理想，目前只售出四千多张。林朝阳的朋友安慰他“你可不是最惨的”，对此林朝阳发出一个疑问：“难道中国在听我们音乐的就只有这么点儿人吗？”但是丁薇似乎还保持着乐观的态度。“中国虽然人口多，但并不是所有人都听音乐。听音乐的又要分主流和小众，我们又是小众里面的小众。”

在活动最后的环节，丁薇终于拿起话筒准备唱歌，在演唱之前，她说“我不喜欢唱伴奏带，因为我觉得Low”。尽管只有简单的键盘伴奏，但也依旧不影响丁薇现场的发挥。丁薇在唱歌时仿佛坠入了一个自己的世界里，温柔而投入。

音乐财经：在专辑筹备期一开始打算给新专辑起名为《纪念》，为何最后又改为了《松绑》？

丁薇：到了专辑筹备的后期，开始定文案和设计了。我们想如果叫《纪念》的话，就完全不是现在的封面了。《纪念》这个角度是从人性出发的，但是从音乐性的角度来讲，《松绑》的音乐张力更强，更能表达这张专辑音乐性这部分的尝试——一些实验性的东西。

而《纪念》没办法涵盖这些东西。况且《纪念》这首歌也不是我们的首发主打歌，因为如果以《纪念》作为主打，大家会对这张专辑的风格理解有偏差。而先听《松绑》再听《纪念》的话会更容易理解。

音乐财经：其实对于大众甚至部分乐评人来说，各种混音版本之间的差别即使是在Studio里面听也难以分出，为什么对混音这件事特别较真？

丁薇：其实这个就是我一直认为大家忽略了音乐当中的专业性。我们做的唱片虽然最后会变成一个商品去售卖，但是我们在做这个作品的过程中，是从自己的作品角度来衡量的，所以它要达到我们的要求。

而这些细节可能你认为对你没有影响，但事实上已经对你产生影响了。其实音乐这个东西并不完全只是一个想法，一个旋律，

一首歌词，实际上它里面有太多的技术含量的东西，它还有一些工业标准的东西。

我们要面对的不仅仅是普通大众，我们还会面对专业的人士。其实载体的不同，比如用黑胶、CD 和手机听，会有很大的差别。我们那天去尹亮（乐视音乐 CEO）家用唱机听了一下，就听到了好多细节，是在手机上根本听不到的东西。你听黑胶会发现，原来有些地方还藏了那么多细节。

音乐财经：最初在录专辑 Demo 的时候是用英文去唱的，为什么最后还是选择用中文填词，并且这张专辑只有一首歌是英文的？

丁薇：其实想过要尝试用英文填词，但是以我的英文水平实在是够不着。但是我们毕竟还是在中国做这个，我觉得还是应该主要用中文演唱。但是怎么样去突破中文演唱中的某种模块式的东西，是这张专辑在填词的时候要去考虑的问题。

因此我们做了一点小小的尝试。英文不太会改变你旋律的形态，但是你会发现有些歌英文版和中文版差异就特别大，所以我们的尝试是想把这个差异变小。旋律和歌词的关系其实还有发音上的安排，不是说随便添什么词这首歌都是和原来一模一样的。所以填词是个挺难的事情。

音乐财经：一般歌手都是先发专辑再做演出，为什么 2015 年的时候就突然来了两场演出？

丁薇：我们合作的人都是艺术家，在某种程度上来讲都不是出于商业考量。举办演唱会的契机在于 2014、2015 年在伦敦录音的时候，吉他手多米尼克·米勒参与了以后很兴奋，说这个音乐很有意思，他就说我们一起组个乐队演出吧。他这个想法一提出来，我的经纪人和我的制作人一拍即合，好的，我们去办，就开始筹备这个演唱会了。

音乐财经：像这样的演出什么时候还会再来一次？

丁薇：我觉得接下来的演出可能会更脚踏实地一些吧。就是说会考虑到票房、会考虑到各个方面的因素，因为接下来会有持续性的了，那两场的话说实在的我们怎么任性都OK，反正是我们自己办。的确在当时，大家认为我们很任性，是因为我们请的乐手的级别，完全不是Livehouse的级别，人家是觉得你这个其实应该是体育场演出的阵容的，这么好的乐手只是把他放在Livehouse里，大材小用了。

但是对于当时来讲，我们觉得这样的一个开始是特别好的，那么之后我们可能，还是会有英国乐手，但是未必都是像多米尼克·米勒这个级别的，因为都是需要有一个长期可以一起合作的乐队。

音乐财经：那你觉得自己目前的音乐风格，大家接受度怎么样？

丁薇：其实不是音乐风格的问题，是音乐语言的问题。我的音乐语言的表达方式是跟很多人不一样的，所以听众需要有一个时间去消化。我觉得其实现在的反馈是我预料到的，就是喜欢的很喜欢，听不懂的很排斥，我觉得这很正常。就像你第一次在国外吃奶酪，第一次吃榴莲，对不对？但是一旦有人爱上了这个以后，他觉得这个太香了。我们中国人在饮食上是非常宽容的，但是在音乐上其实大家也可以更宽容，各取所需嘛。

当然了，我更希望这一款会有更多人愿意去尝试，然后多听几遍。因为其实我对他们没有别的建议，就是多听几遍，而且最好是用稍微好一点的音响和好一点的耳机，多听几遍以后再给出一个真实的反馈，而不是一听到说“哎哟吓死了”。因为面对有

些新鲜的东西，人是会不习惯的，第一次接触的时候你会觉得它陌生，尤其是在中国，大部分人的音乐训练并不多，所以对于音乐的认知可能是窄的，突然一下接触到一种对他来说很陌生的东西的时候，他会想：“这是什么啊？”事实上我认为其实我的音乐里面有一些很唯美的东西，是隐藏在其中的，只不过这个唯美的表达方式跟大家略微有一些不一样。

所以我觉得它是一个需要时间、需要口碑、需要大家自己口口相传的这么一张唱片，绝对不是说一上来就是爆款，让所有的人都喜欢。如果真那样的话我要去反思了，可能我的音乐做得不够，质量还没有做到让大家真的好好去讨论的地步。人人都可以接受的话说明你这个东西并没有什么实验性了，并没有什么先锋性了。我觉得应该各式各样的才好玩，音乐的世界才丰富嘛。但是究竟喜欢不喜欢，那是个人的选择，我绝不强求，也强求不了。

音乐财经：你自己收藏黑胶吗？

丁薇：我真没有收藏，但是我觉得我应该开始收藏了。其实CD现在倒反而变成一个过渡性产品了，因为黑胶原来是比CD更早的音乐载体，后来好像慢慢淡出了人们的视线。但是现在黑胶开始返潮，而且我们能看得出来，黑胶的生命力一定会比CD更长，因为它的收藏性、稀缺性。听黑胶是一件很有仪式感的事情，听之前我要防止唱机上面有静电和灰尘，需要首先用刷子刷刷干净，然后把黑胶唱片放在上头，把唱针搁上去，慢慢等待音符飘散开来。

因为特殊的仪式感，听者对黑胶唱片会格外珍惜的。对于听众来说，手机和电脑里的一个数字专辑没有任何的仪式感，只是普通的背景音乐，随时可以被停掉。但是在听黑胶的时候，多半可能会喝杯茶、喝杯酒，对吧？

所以现在在我有能力的情况下，黑胶唱片是我应该要做的，以前是我们没有这个机会，在中国也没有黑胶生产线，那这次既然签的是英国唱片公司，当然要做黑胶，以后我出专辑也一定要出黑胶。

音乐财经：国外有很多的黑胶店，那你会去逛吗？

丁薇：会，其实英国现在黑胶是很流行的，而且唱片店现在卖的唱片一半以上都是黑胶，CD反而很少。比如HMV这种店，黑胶占了一大部分，其他就是乐器、器材什么的，尤其像英国有几家新的唱片店，他基本上都是在卖黑胶，很全。

音乐财经：你很喜欢Trip-Hop这个音乐风格，但是现在国内大多数人还是不了解，你会怎么去跟不了解这个音乐风格的人去阐述？

丁薇：我认为不需要阐述，我在开始那张唱片里面就已经开始有Trip-Hop这种元素在了。对我来说，风格从来不是我最重要的阐述形式。因为我喜欢一个音乐不会因为它是某种风格，我就喜欢。所以我觉得不需要去跟大家介绍Trip-Hop是什么，而只是说你去听这个音乐的时候，你能不能从中找到某种你喜欢的东西，能不能跟你产生某种共鸣。

音乐财经：当时出完这张唱片你说你给你的老朋友开始打电话，但是又说自己是一个不太会社交的人，当时心里有没有很抗拒打电话这件事？

丁薇：我现在不抗拒了，因为必须打。而且现在可能也跟年轻的时候有一点不一样，人更放开了一些。

我觉得这次发新专辑，有这么多人愿意帮助我，很大一部分其实是因为我以前做的音乐给大家留下的还是挺好的印象，口碑

还是挺好的。所以大家都一直认为丁薇是一个挺认真在做音乐的人，大家都很乐意帮我这个忙。我觉得挺好，虽然我真的没有怎么跟别人社交过。

（文 / 地安　2017 年 8 月）

Daniel Ho 的六座格莱美之路：成功是用时间浇筑的

> “95% 的艺术和 5% 的商业，不会给合作的音乐人任何需要履行的附加条件，因为合作的许多音乐人都是我们的朋友，我们会让努力的人得到他们应得的报酬，这就是我们的运营模式。”

Daniel Ho，这个名字在国内的音乐圈并不为人所熟知，但他却是包括最佳制作人、最佳夏威夷音乐专辑和最佳滑音吉他（Slack-key Guitar）歌手等奖项在内的六座格莱美奖得主，是一位技艺精湛的尤克里里（Ukulele）演奏家、音乐制作人和滑音吉他歌手。

Daniel Ho 和太太 Lydia 一起创立的唱片公司 Daniel Ho Creation 已经发行过近百张唱片。前不久，Daniel Ho 来到北京，与内蒙古草原的音乐家合作，制作一张有浓郁游牧特色的原生态音乐大碟，希望冲击 2018 年格莱美国际音乐大奖。

在酒店的咖啡馆里，音乐财经对 Daniel Ho 和 Lydia 进行了专访。因为关于他们的公开资料不多，我们在采访之前做了充分的准备：在想象中，一位获得六座格莱美奖的音乐家，可能会比

较大牌。

见面之后，Daniel Ho 很热情地跟我们打招呼，他的太太 Lydia 细心地拿过桌上的盘子，扣过来，然后把我们的录音笔轻轻放上去，当作一个小小的演讲台。每次轮到 Lydia 说话的时候，Daniel Ho 就会把这个小讲台挪到她面前。

采访中，Daniel Ho 会很认真地听我们的问题，Lydia 也在一旁仔细记录。说到对方和自己所爱的音乐时，二人的眼神里都带着光和小小的调皮。而在问到对方应该回答的问题时，Daniel Ho 和 Lydia 也会微笑着看对方，在一些细节处互相补充。

有趣的是，Daniel Ho 有时说着说着自己就会笑出声来，表情单纯，像个孩子。二人专注又小心地运营着自己的公司，除了与合适的唱片公司、音乐人合作，他们并不希望有商业化的主流娱乐公司和只求利益的资本流入——Daniel 认为，这些会给音乐人，特别是禁不住诱惑的年轻音乐人们带来一定的阻碍。

他说："许多年轻人在很小的时候就取得了成功，这些取决于个人的选择，比如贾斯汀·比伯（Justin Bieber）、布兰妮·斯皮尔斯（Britney Spears），他们会去与别人取得联络，进行运作等等。但是对我来说，音乐是一个十分缓慢的积累过程，我在超过 25 年的时间里进行不同的尝试，也去学校学习专业知识，我不想做相同的音乐，同样的专辑，想一点点挑战自己。这些也都是听众能感知到的，他们不仅能听出你的努力、改变与对音乐的热情，如果你只是想出名，他们也能分辨出你的目的。"

"95% 的艺术和 5% 的商业，不会给合作的音乐人任何需要履行的附加条件，因为合作的许多音乐人都是我们的朋友，我们会让努力的人得到他们应得的报酬，这就是我们的运营模式。"Lydia 补充道。

成为音乐人的契机

Daniel 是一位在夏威夷出生的美裔华人，从小就对音乐和乐器充满了好奇。四岁时，妈妈给他买了一架红色的小钢琴，并教他弹奏《玛丽与小羊羔》，这是 Daniel 第一次接触到乐器，为他打开了新世界的大门。

七八岁时，Daniel 开始接触本土乐器 Ukulele，每当爸爸弹着吉他唱夏威夷民歌时，他也会跟着弹唱，与家人一起享受音乐；到了小学二、三年级，Daniel 开始学习风琴和 Ukulele，四年级又增加了古典吉他课程，持续学习了五年时间。

高中时期，Daniel 接受了音乐指导老师 Ray Wessinger 的建议，开始学习作曲。Ray Wessinger 是 20 世纪五六十年代好莱坞著名的作曲家，从 MGM 和 NBC 等专业的大公司退休以后，他从洛杉矶来到夏威夷，在当地高中组织爵士和交响乐团，并且教学生如何基于爵士和大乐团风格进行写歌与编曲。

老师的建议让 Daniel 将自己积累的不同乐器知识通过作曲糅合在一起，他说这让自己对音乐有了更加立体的见解。“通过作曲与编曲了解音乐背后的联系，这是一个音乐人最宝贵的财富。”Daniel 说。

不同乐器和音乐风格的学习经历，让 Daniel 现在演奏 Ukulele 时会更多地用到指弹技法。所以 Ukulele 几乎已经成了 Daniel 和他唱片公司最著名的标签。

为什么会选择 Ukulele？

之所以会选择 Ukulele 作为自己站在舞台上的标签，Daniel 说：“Ukulele 是一种十分美妙的乐器，而且价格很实惠，人人都能从中得到快乐，就像我小时候一样。当然你也能使用一些复杂

的技法，所以这是一种适合简单到复杂各个程度学习的乐器。这也是现在 Ukulele 越来越流行的原因。”

另外，Daniel 也对在不同领域发掘 Ukulele 的各种可能性十分感兴趣，比如之前与风潮音乐合作的台湾少数民族音乐作品，就是将台湾少数民族音乐与 Ukulele 进行融合，还有与琵琶大师吴蛮的合作等。而这次在北京录制的作品则是将 Ukulele 融入进了传统的蒙古音乐当中，他写了一首用 Ukulele 与潮尔演奏的作品。

潮尔是蒙古族一种多声部音乐的总称，通常有多种乐器或技法的演奏，既有乐器，也有人声，例如蜚声海外的杭盖乐队使用的呼麦技法，就是潮尔中的“喉音潮尔”，民乐中的蒙古长调则是潮尔中一种名叫潮尔哆的音乐形式中的一部分，另外还有弹拨潮尔与弓弦潮尔等，这些乐器的声音与长相都与马头琴十分相似，是马头琴的古老前身。弓弦潮尔这种乐器在科尔沁也被直接叫作潮尔。

Daniel 向音乐财经展示了一段蒙古音乐人演奏弓弦潮尔的小视频，他说，Ukulele 与潮尔的配合十分流畅，这是一次很好的尝试。他说明年还有一个用 Ukulele 与摇滚乐进行配合的计划，希望听众们能从不同的音乐风格中分辨出 Ukulele，这是自己的兴趣与目的所在——他并不想打破原生音乐原有的生态。

“我也不知道这些音乐家们在弹奏什么，在用他们的语言唱些什么”，他说，他只是用自己的编曲知识尽量使 Ukulele 进行配合，这对他来说是一种音乐学习。“艺术是我最初的目标，音乐一直存在，我只是加入了自己的部分。”

唱片公司与品牌的创立

作为一个音乐人来到洛杉矶，Daniel 在其他商业唱片公司工作过一段时间，他认为，许多公司因为想要尽可能多地获得利润，商业部门会限制音乐人的创作自由。所以他通过用自己发布一些作品积累的版权和销售收入，成立了唱片公司 Daniel Ho Creation，让自己能有更多创新的空间。

比如一开始在现代爵士乐团中弹奏钢琴，成立公司初期则是作为滑音吉他乐手进行演出，在获得格莱美奖后，有人建议他录制 Ukulele 专辑，于是 Daniel 又投入到 Ukulele 的创作中。

“的确我们需要赚钱养活自己，但是我的第一驱动力并不是钱。”

Lydia 与 Daniel 在公司成立后，从录音编曲到封面摄影，几乎包揽了所有的音乐专辑制作流程，因为只做自己想做的音乐，二人有超过五年的时间都是在勉强维持生计。

“但是我们在做喜欢的事，我们做的音乐是非常真诚的，这是做音乐非常重要的一点，这样的音乐才能打动人心。如果你只是希望去迎合潮流，比如学泰勒·斯威夫特（Taylor Swift）一样写歌，追着流行跑，而不是去发掘自己最独特的地方，这会让你失去更多。”

拒绝商业合作，只做自己喜欢的音乐专辑与演出，就这样坚持了许多年，Daniel 和 Lydia 迎来了公司最大的转机，第一次获得了格莱美提名。

Daniel 将这次提名称为“惊喜”，他说，他们只是在家里做音乐，但是所有行业内的大公司和有名的音乐人都知道了 Daniel Ho，那时候公司已经发行了许多唱片，出版了不少音乐教材等，这些都不是一朝一夕能够完成的事。

在格莱美晚宴中，Daniel 认识了风潮音乐美国分公司庄经理。在庄经理的引荐下，Daniel 与风潮总经理杨锦聪相谈甚欢并达成

共识：台湾少数民族文化与夏威夷文化有着千丝万缕的联系，于是就此展开了长达五年的合作，Daniel 的专辑与风潮共同合作投资、宣传推广并报名参加格莱美奖，合作的台湾少数民族人声专辑《吹过岛屿的风》入围了第 55 届格莱美最佳世界音乐专辑奖。

“这也是我接触世界音乐的一个开端。我在五年前到台湾巡演，接触当地的部落与音乐，直到之后与吴蛮合作，甚至现在与蒙古音乐人合作，这些都是很好的音乐学习。因为在这之前，我所有的学习都是基于技巧，比如录音技术和母带处理，还有古典和爵士等西方音乐技法等等，这些和世界音乐相比范围都比较小。”

Daniel 说，自己在学校里对其他文化没有太多的了解，因为风潮音乐专注多元音乐类型，而且长期推广原生态音乐与生活音乐，所以这几次合作中的世界音乐体验，带给他的不只是音乐上的大开眼界，他也在与当地音乐人合作的时候，通过这些古老的音乐形式了解到一个文明的源头。

Ukulele 与音乐教育

现在 Ukulele 在中国十分流行，但还没有正式的相关学习渠道，都是爱好者们自发对国外教材翻译后教学，对此，音乐财经向 Daniel 了解了相关的国外音乐教育状况。

“其实美国的高等院校也没有正式的 Ukulele 音乐教育课程，所以我从十年前就参与编写了一些相关的入门教材，比如两本名叫 Ukulele at School 的教材，适合 8—10 岁的小孩子学习。另外还有一些我自己作品的曲谱集，人们可以根据这些资料进行演奏。另外，我与古典吉他乐手 Pepe Romero 一起设计了自己的 Ukulele，叫作 Tiny Tenor。我希望这些相关的资料能进入中国。”

因为 Ukulele 比起古典吉他和小提琴等乐器相对容易入门，所以也有很多人在质疑专门为 Ukulele 开设教育课程的必要性。Daniel 说乐器固然有共通之处，许多学习过其他乐器的音乐爱好者或乐手也能很快上手 Ukulele，但开设 Ukulele 课程能为更多喜欢音乐的人提供更加简单的演奏渠道，而不必非要在学习其他更加高深乐器之后才去进行 Ukulele 演奏。

年轻音乐人如何保护自己的权益？

在中国，越来越多的年轻音乐人乐于用 Daniel 和 Lydia 这样的形式成立厂牌、工作室甚至公司，对此，Daniel 认为这是音乐人能够从商业合同中保护自己权益的一个很好方式。在保证创作自由之外，在进行音乐制作过程中，有很多环节能够自给自足，节省成本。

“乐器选择、编曲和录音制作等过程都需要亲自经手，这些都是自己进行音乐制作的妙处，在你对所有的细节有了足够的积累后，简单的音乐作品其实都可以在一台 Mac book 上完成。重要的是过程的积累。”

关于部分资本希望与音乐人进行合作，Daniel 认为年轻的音乐人在接受前要学会抵御一些商业带来的诱惑，Lydia 也说，因为在这十几年间遇到过许多不愉快的将商业考量放在音乐性之前的合作，之所以最终与风潮音乐合作，也是在反复了解与仔细交谈后的慎重选择。

“另一个建议是，不要因为年轻，就允许自己负债，这样会让你随时处于去写歌赚钱的状态，这样是没办法静下来思考和学习的，也无法做自己想做的音乐——为了赚钱，他们很可能会给你一个关于未来的辉煌承诺，比如 TV 秀之类的，但是这

些都只是可能性，你现在付出的却是实实在在的才华与创作时间。”Daniel 的表情显得十分认真。

另一方面，Daniel 认为设计自己的 Logo 并且购买域名是个很好的创意保护点子。他举了一个例子，有一天他想到，可以设计一种与邦戈鼓（Bongo）结合的 Ukulele，叫作 Bongolele，他在网上并没有查找到类似的乐器，可能会是自己的原创，于是他在告诉别人这个点子之前先去购买了一个 Bongolele 域名，在投产之前设计并注册了商标等，这样别人想要查找乐器的相关资料，这个域名就很容易被查找到。

还有他早在 1995 年就买下了自己名字的域名，Daniel 说这是他最大的财富之一，这为之后打响品牌和成立相关的乐器公司也带来了很多益处。

被问到他是不是大家所认为的神童，Daniel 说自己当然不是，“当我在高中开始学习古典钢琴的时候，每个人都弹得比我好，我也没有很好的记忆与读谱能力，唱歌也不是很好，弹吉他的技巧也没有比我的朋友更好。但是只要是你不断练习，你就会发现自己变得更好了。”Daniel 忽然笑了起来，“当然这个很花时间，比如二十年以后。”

“所以对于刚起步的音乐人来说，我的建议是：先沉淀下来，写歌、做原创的音乐，创造自己的价值，而不是为了一场两千美元的演出去奔波，让唱片公司注意到你——他们自然而然就会想要与你合作。”

（文 / 赵星雨　2017 年 1 月）

第 59 届格莱美
最佳世界专辑大奖得主吴彤：
“我的音乐世界没有限制”

> “　　再洋气的摇滚我也是照猫画虎，我要找到自己心中的摇滚、血液当中的摇滚，那我就要找到我自己。那笙就是我文化血脉里的血液，我不能回避。”

吴彤走过的音乐之路有很多分岔，玩摇滚、唱流行、吹民乐、做电影配乐、参加世界乐团，它们相互交错又平行发展。在吴彤心里，无论哪一种音乐，只有小的演奏家，没有小的乐器，更没有小的风格。

2017 年初，吴彤与马友友及丝绸之路乐团所创作的专辑 *Sing Me Home*（《歌咏乡愁》）获得第 59 届格莱美最佳世界音乐专辑大奖。这是吴彤与马友友及丝路乐团的艺术家们第二次斩获格莱美大奖。七年前，在第 52 届格莱美盛典上，他们曾凭 *Songs of Joy & Peace*（《欢乐与和平之歌》）获最佳跨界古典专辑大奖，吴彤也成为国内首位荣获格莱美奖项的音乐人。

吴彤一直认为，音乐奖项从来不分第一还是第二，拿奖的并

不一定比没拿奖的强多少，幸运的他们是被上帝眷顾的。十八年来，丝绸之路乐团秉持跨国跨文化的宽泛式文化概念，汇聚了来自世界各地的艺术家们，他们用音乐去探索全新的艺术语言，在世界全球化的趋势下逆潮流而行，用一种更开放的心态去发现和接纳不同的文化，从而将其文化背后所包含和承载的智慧用音乐传达出去。

“这张专辑获奖后我们接下来的音乐之路要怎样走？这才是我最关心的。”吴彤轻声说，“当你的内心足够宽阔的时候，你就感到自己并不是想要去做什么，因为其实你只要往前走，那条路就是你自己走出来的，就是你自己！”

吴彤将人生经历过的每一个阶段比作四季，春天发芽，夏天怒放，到秋天开始又要有点收获了，但是也到了秋风萧瑟的时候。“当你在人生金秋时，也会感觉到一些来自健康、来自生命的警告。”吴彤开始强迫自己在夜里十二点进入睡眠，虽然刚开始会有些难以办到，不过现在他已经完全可以看到每日清晨的太阳，常常定在八点的闹钟还没响自己就已经醒来。起床后，吴彤喜欢给自己和家人煮一锅养生粥，再顺手抓起一把小米撒在院子和阳台上，以招待每日前来拜访的“不速之客”——小鸟。

吴彤是处女座，每天出门前他一定要把厨房的碗筷洗好，不然就会浑身不舒服。近些年，吴彤还开始坚持每日数次打坐（道教中的一种基本修炼方式：闭目盘膝而坐，调整气息出入，手放在一定位置上，不想任何事情）与每年两次辟谷（源自道家养生中的“不食五谷”，是古人常用的一种养生方式），他喜欢也习惯了清净的环境。

对吴彤而言，他最大的快乐来自没有限制、自由自在的音乐世界，这种自由令他开心。对于作品创作，他不希望受到外界商业价值的影响。“一旦用钱去衡量你的艺术作品，那艺术可能也就改变了方向。”

音乐财经：从玩摇滚乐到现在的音乐大师，状态是不是越来越平和了？

吴彤：大师不是，我变成了一个音乐人吧。

我可能积累得多了一些，工作比那时候多一些，也不需要去证明自己，我把每一件工作做到问心无愧就好了。但是做摇滚乐时，我还是希望能有更多的观众，有更大的舞台去证明自己。现在呢，我也不是不着急，工作压力还是有一些的，但相对超然一点。

音乐财经：从轮回乐队到重新调整好状态，这个过程大概花了多久？

吴彤：很长。从2004年到2009年，至少五年时间。开始的第一年，因为面对太多质疑或过分关切的目光，这都会给你带来不舒服。其实，时间慢慢地让这件事情变得越来越淡，但还是有一些遗憾，现在想起来还会隐隐作痛，觉得这件事的结束方式可以更好。

后来大家又可以坐到一起了，一起聊聊天喝喝酒，甚至有的时候工作需要，我们还偶尔会一起站在舞台上。十多年过去了，会觉得那真的就是人生的一个阶段。那个阶段里，大家都不成熟，事情本可以做得更好。

音乐财经：和乐队怎么又开始联系的呢，谁先找的谁？

吴彤：这都是小事，现在想起来，谁给谁主动去打一个电话，我都不觉得好像是低人一等。我更觉得谁先打一个电话，这个人可能想得更明白一些。人还是应该超越那些小的细节，用一

生的长度去看。从生命的角度去看，每一个人都在学习和完善。

音乐财经：丝绸之路乐团的音乐家们来自世界各个国家，大家在一起合作的时候会因为文化或者信仰不同而造成沟通上的冲突吗？

吴彤：冲突谈不上，大家在音乐方面会有理解上的不同。

我们每个人都会发表自己的意见，每一个人的意见都会得到最好的尊重。按照每个人的方式去试一试怎么做。因为大家都有专业的态度和精神。如果觉得谁的意见不好，那一定是觉得谁的更好，大家都会选择那个“对”的。艺术是不骗人的，耳朵是不骗人的。

但从文化来讲确实有差异。比如，在我离开轮回前的那几年乐队非常火，在国内一演出就是几场连在一起，宣传和采访一个接着一个。但出去跟丝绸之路在一起的时候，大家几乎不接受媒体采访。大家都希望能够把最开始的几年作为我们的磨合期，都非常谨慎，希望能先排出好作品，而不是说我们先赶快出名吧，赶快让大家知道我们吧！因为我们有自己的标准，我们认为达到这个标准的时候才愿意去跟大家分享，一直是处于这样的一种状态，和国内的气氛不一样。

音乐财经：我们听到关于“丝绸之路”的消息，基本都是拿了格莱美大奖这样的重头事件。

吴彤：基本上国内的关注是这样的。但其实我们每两三年会在国内演一圈，这种演出报道还是有的，但不像娱乐新闻，每天都在想一想有没有可能拿个头条。

音乐财经：两次拿到格莱美大奖，心情有什么不同吗？

吴彤：还是有点窃喜，感觉被上帝眷顾了。从我内心来讲，对得奖其实没有那么冲动。被提名了以后，大家都特别兴奋，然后还给我自发地办了一个party，关心我的朋友都来了。我很感谢大家的友情，很开心能给大家带来一个完美的夜晚，让大家有一个话题，我觉得很开心。但从得奖这件事本身来讲，我并不觉得第一名比第二名要强多少。专辑拿奖后接下来的路要怎么走，这才是我最关心的。

老实讲，第一年第一次拿奖还真的是非常意外，这么大一个奖，居然我也可以和丝绸之路和友友（马友友）去分享这份荣誉，觉得很幸运。第二次获奖我觉得好像多了一份使命感——丝绸之路十八年来所坚持的跨国跨文化的宽泛的文化概念得到了更广泛的认同。以世界性的视角来看待我们的工作，我们就是要用一种更开放的心态去接纳不同的文化，这样可以让我们发现不同的文化及其文化背后所承载的智慧，这是我们这么多年坚持下来的理由。

音乐财经：做自己的音乐又要和不同的团队合作，你怎么做到身份之间的切换呢？

吴彤：我基本上不会在同一时间干两件事，那样的话会让我工作起来很抓狂。一段时间做一件事，或者重点做一件事，这样会比较好。

音乐财经：之前做过摇滚做过流行做过民族，你认为一种音乐要积淀到一定程度才能去做下一种音乐，还是说其实它们一直都是平行的？

吴彤：我觉得音乐本身是平等的，无论哪一种音乐风格，只有小的演奏家，没有小的乐器，没有小的风格。

如果你有足够宽泛的音乐想象力和足够过硬的技术，一个民族乐器同样可以演奏摇滚乐出来。但如果你做不出来，那是因为你没有技术，或者说你没有想法。

其实单从音乐本身来讲，不存在环环相扣。但是一个演奏家的成长，从学生到你学习的曲目越来越多，风格掌控得越来越好，直到你最后开始创作，然后创作不同的风格，越来越多的控制或者说得心应手地演奏不同类型的音乐，游刃有余地在不同的音乐风格之间转换，以至于最后形成自己的演奏风格，这是有一个从量变到质变的递进关系在的。

音乐财经：不可避免地，音乐之间也存在鄙视链，似乎做爵士的会瞧不起摇滚，做摇滚的会瞧不起民谣，做民谣会瞧不起流行，你会有这样的感觉吗？

吴彤：我觉得这跟食物链异曲同工，也和当下流行的成功学有关系。中国传统里从来没有这样，没有谁的哪种思想高过谁，从来没有。

在鄙视别人的同时也一定被别人鄙视，因为鄙视别人的时候，就已经失去了在鄙视的那个音乐元素中学习的机会了。每一种音乐其实都有它宝贵的地方。你鄙视它就失去了向它学习的可能性，于是你就有了弱点。当你有弱点的时候，别人鄙视你也变得正常了。

音乐财经：你有自己比较偏好的音乐类型吗？

吴彤：这个问题我现在不太会问自己。因为不同的时期，我会对不同的事情感兴趣。比如说小时候，我并没有发自内心地喜欢民乐，是我父亲逼我学的。但当我学了几年以后，我发现自己掌握了这个音乐语言，我就觉得不错，开始享受它。

当我接触到流行音乐的时候，我觉得我对流行乐感兴趣，听到摇滚乐的时候我觉得摇滚乐很酷，但我从来不会在演奏摇滚的时候把民乐扔下。因为我认为，再洋气的摇滚我也是照猫画虎。我要找到自己心中的摇滚、血液当中的摇滚，那我就要找到我自己。那笙就是我血脉里的血液，我不能回避。

会看轻自己是因为看不清自己，贬低自己是因为对自己不够自信，不知道自己的优势在哪儿，没有找到自己的特点。就像我说的笙，我在摇滚乐的演奏演唱中也要把它加进去，我试图找一条属于中国人或者让我自己舒服的摇滚。

我最大的快乐就是来自于：我的音乐世界是没有限制的，我可以充分地感觉到自己在音乐创作世界里的自由。如果我现在想喊出一个很强烈的愿望，那我会选择用摇滚乐来表达。那要是我现在想写山谷里的一阵风，那用摇滚的表达方式可能就不太合适，它没有那种金戈铁马的气势，但用笙来表达可能就会比较合适，或者是用人声的哼唱。

音乐财经：读完《吴彤们》特别有感触。小时候父亲的严苛对你产生了极大的影响，现在生活还处于比较紧绷的状态吗？

吴彤：人其实有很大的可塑性，我很羡慕那些一直在松弛的状态下把事都办了，甚至达到一个难得境界的人。这当然很好。但我也并不认为我现在这个状态必须要改变，因为我在不同年龄段会有不同的兴趣爱好，不是说一直在唱歌，或者一直在写歌，就必须沿着这一条路一直往前走。我总是在对新东西感兴趣，那你就必须有一个严格的学习计划。我也会有放松的时候，比如说跟朋友聊天喝酒以及读书的时候。读书时，如果有一壶茶泡在旁边会更好。我不是那种特别要让自己一根弦一直紧绷的人。我不会在特别疲劳的时候工作，因为那个时候效率不高。

音乐财经：在《吴彤们》这张音乐专辑中，你还是把《烽火扬州路》放在了第一首，是有不舍或者不甘的感情吗？

吴彤：我一直没有离开过对摇滚的探索，只不过现在可能更多的时间放在器乐上面了。

创作上面，我从来不觉得不甘，因为你做过了就是做过了。只要你还想继续做，没有人让你停，没有人可以拦住你。现实是这样的，就像人的性格，你本身就有不同的愤怒，对不对？也有温柔、婉转、叙述、忧伤和思念，不同的情绪选择不同的音乐风格，这很正常。

对我来讲，可能我最近做的音乐方向有摇滚，但是不多，也许明年或者后年我摇滚做得真的很多，那我就能做了，所以没有什么不甘的。我现在做我自己想做的事儿，就行了。如果要说我有一点不甘心的话就是时间真的有限，不能同时做很多事。你要说有没有兴趣？有，但是在我时间有限的情况下只能做最感兴趣的事儿了。

音乐财经：再次录制演唱《烽火扬州路》跟之前的心情状态有什么不同吗？

吴彤：我觉得可能到60岁才是我最摇滚的时候。

摇滚乐不是一定要唱得声音有多大或者有多高亢，年轻的时候我可能凭的是一腔热血。随着年龄的增长，当你对生命有了理解，你会发现摇滚并不是一定用音量来诠释的，它需要的是你的态度、你的观点。

所以我觉得不同时段再去唱这个歌或者其他作品的时候，我觉得一定是不同的。我非常享受演唱一个曾经唱过的作品，它给我带来的声音上的不同感受，会让我更能够体会到摇滚的本质是什么。

音乐财经：你去过的地方很多，有哪些让你印象深刻吗？

吴彤：印度和纽约。印度有它非常独特的地方，但它跟中国都是礼仪之邦，而且印度教跟中国的佛教也有很多相近的地方。当你到了印度以后，你会发现整个印度社会就像30年前的中国，硬件设施很差，街道上的各种市政设施非常非常落后。作为东方文化很重要的一个代表性国家，这个地方的艺术氛围非常好，即便百姓不是很富裕，但他们对艺术相当尊重。也因为他们对宗教的充分信仰，即便他们非常不富裕，但他们并不愤怒，百姓的心态相对平和。

而纽约呢？我一直觉得纽约有种唐朝长安的感觉。全世界很多精英都会聚在纽约，街道非常拥挤，大家都充满了创造力。在中国，都觉得在北京这样的大城市好像是速度太快了。但是到了纽约之后，其实你根本跟不上它的节奏。但是它又是包容的，当你在纽约进入艺术家这个圈子，你会觉得他们对艺术也非常尊重。我以为中国文化中的很多美学概念需要我去带给他们，但我发现很多美国的学者在很早以前就已经将它们带到了美国，而且已经成为他们文化中的一部分了。所以说一座伟大的城市之所以伟大，并不是单纯地说全世界的精英都在那儿，而是因为它有一颗开放包容的心。谁能说纽约的风格是什么，纽约的特点是什么？纽约的特点就是纽约。全世界每一个国家的人在那儿都能找到自己的归宿，我就是这种感觉。所以在纽约的那个环境当中，你真的是可以感觉到，当你心胸足够开阔的时候，你就不必要一定说我怎么样，因为其实你只要往前走，那条路就是你自己走出来的，就是你自己。

音乐财经： 还有什么地方是你想去，但一直没机会去的吗？

吴彤： 太多了，顺其自然吧，就连北京的胡同我还没有全部都去过呢。

音乐财经： 对现在整个音乐行业了解吗？

吴彤： 我不是太了解，只是知道一些。我觉得从整体上来讲，现在的音乐作品其实是量多质少，并不是说我们之前那个年代有

多好，但是那个年代大家都是五年、十年才出一张专辑，现在好像如果两三年不出专辑，市场就会把你忘了一样。

我觉得艺术作品可能不是一定会遵循商业规律，有的时候你不花时间，不下功夫去磨就没法真有领悟，没有那个领悟就没有艺术灵感，出来的作品也就是为了创作而创作的了。

音乐财经：好像一直以来你对“商业”都没有什么追求。

吴彤：有人喜欢追逐名利这些东西，但我可能没什么兴趣。每个人的选择不同，世界上不应该只有一种人。

我认为有时候艺术家得到了更多的资金，这条艺术之路反而会越走越窄，更多变成了一种自我享受。因为人的欲望是无限的，一旦你有了对钱的关注，你再继续用那个东西来衡量你的艺术作品，你的艺术可能就变方向了，你追求的路跟原来也就不一样了。

（文 / 李笑莹　2017 年 7 月）

秦 四 风 ♪ Mr. Miss ♪ 龚 琳 娜 ♪ 金 承 志

融合

FUSION

中国最好的乐手秦四风：“人类不会飞行”

> 秦四风似乎能永远保持清醒和独立，知道自己做音乐的目的不是服务而是自我创造。

5 月 16 日对于秦四风来说稀松平常又意义非凡。上午 9 点，他从朝阳大悦城的家出发，前往位于通州梨园的北京现代音乐学院。他现在是这里的客座教授，带大师班编曲课。老师是他除作曲家、键盘演奏家、音乐制作人以外的又一身份。下午 2 点，他像往常的每个周二一样开始了下午的课程，手机被调成静音模式放在桌子上，1 个小时后，手机开始频频发出闪屏提示，他没有理会。

直到 5 点钟下班，他在被堵在京通高速的出租车上，解锁手机准备回复消息，才看到朋友发来的各种祝福。在当天公布的中国台湾金曲奖入围名单里，秦四风凭借专辑 *SEDAR* 入围了演奏类最佳专辑、最佳作曲人、最佳专辑制作人、最佳演奏录音专辑四大奖项。

他说当时的自己很平静，就像先前在专辑成品出来后所表现的那样。“至少没有你们想的那样激动，”他说，“本来音乐做出来就是为了给大家听的，拿不拿奖不重要。”在他看来，做音乐从不是为了拿奖，给明星弹琴也不曾觉得自己是在为他人做“高级服务”，他似乎永远保持清醒和独立，知道自己做音乐的目的不是服务而是自我创造。

这张发行于2016年的专辑耗费了秦四风整整15年时间，其中有超过一半的作品创作于2000年至2015年。他自嘲比起称之为“专辑”，*SEDAR*更像是一张“精选”。不过看看这张专辑背后强大的制作阵容，会令人唏嘘不已。

2015年底2016年初，尚在筹备专辑的他首先想到了Billy Kilson。这是位生于1962年的黑人爵士鼓手，因与美国知名爵士低音提琴手Dave Holland合作的格莱美获奖专辑*What Goes Around*而著名。秦四风在助理的帮助下找到Kilson的邮箱，去信介绍了自己、说明意图、报价、询问档期。“当时我刚给他发完邮件，叮，他就给我回复了，那个速度就像咱们平时在聊QQ似的，”他用带有浓重的东北腔的声音说，“他让我给他发小样听听，听完他就问我：‘现在能不能录，这首曲子太好听了，你一定要给我录，我今晚就能给你录，你一定不要再找别人了。’”

2016年春节，他回到沈阳老家过年，但也没闲着。整个春节假期，他都在和助手远程沟通着即将录制的第一首乐曲*Crisp Bite*。他决定联系日本著名贝斯演奏家须藤满。在听过秦四风寄来的作品Demo之后，须藤满用很短的时间弹奏了一版发回给秦四风，询问他的意见。“我一听这也太好听了吧，就给他回复说：录得特别棒，如果能在结尾处做一些改变我相信会更加完美。”秦四风说，“可结果你猜人家给我回的什么？他说：我还没开始正式的录音呢，就是先弹一段给你听听，看看是不是你要的感觉。”

"须藤满在邮件里告诉我，说他正式录音的时候会换一把琴，琴弦也会换掉，全部都用新的来录。我只是让他录两遍，但他会录四遍，如果有不好的地方让我一定要说出来，哪怕是一点点、哪怕是非常微小的一部分，他也愿意再录一次。当时我就疯了，完全疯了，和日本人合作时对方就像是在求着你说：求你了，我再给你录一遍吧，我是不是还有问题，我是不是还有毛病？真的，这种态度是我之前从没遇到过的。"

前前后后，*SEDAR* 一共合作了超过二十个来自世界各地的乐手，让秦四风印象深刻的正是他们的专业程度。2016 年这一整年，秦四风每天都处于一种亢奋的状态中。

"我在心里窃喜，完了，这事要成了不就完了嘛，哈哈！"

"和大师们合作感觉怎么样？"

"比愉快更痛快！"

和秦四风的采访定在一个热得似火的下午。他中等个头，圆脸，山羊胡，戴着和宣传照上相同的黑框圆眼镜，大家都打趣他神似陈建斌。当天他一身休闲装扮出现在我们面前，简单的深灰印花 T 恤，牛仔裤，运动鞋，与宣传照中那个身穿洋装、搭配锃亮皮鞋的艺术家形象判若两人。

在此之前，绝大多数人也许对秦四风并不了解。他 3 岁开始接触乐器，14 岁开始随部队文工团和辽宁歌舞团到各地演出，20 岁时他重返校园，考入沈阳音乐学院作曲系，毕业后来到北京先后与汪峰、许巍、黄绮珊等知名音乐人合作，担当键盘手和制作人等。虽然他年岁不大，但在圈里已是资深的前辈了。

起初我们之间的对话节奏有些紧绷，秦四风好似一位严苛的老师，正襟危坐，双手交叉放在胸前，严肃认真地回复我们的每一个问题。

直到聊起汪峰“三顾茅庐”的传闻后，秦四风终于按奈不住，脱下外衣，收起了他的“师气”和“偶像包袱”，调高语调，急躁又带些调皮地解释说：“哎呀，不是你们说的那样，不是那样。”

“我跟你们说，这个事我今天真得好好说说，要不总感觉我在吹牛呢，其实不是那个意思！我看网上说，汪峰给我打电话，我拒绝他，还说我不认识他不喜欢他，怎么可能呢？”秦四风笑着解释为什么汪峰前两次给他打电话自己没同意，综合原因有两点，他承认第一个问题确实是自己的清高。“第一，我一个做爵士和编曲的，一听他当时唱的那种都市流行摇滚，我不太能接受。第二，我当时对那种音乐也不感冒，没感觉也没怎么听过，无从下手。但谁能想到，我这一干就是十多年。但也是汪峰让我明白，实际上最优秀的爵士乐手和摇滚乐手，都是通的。”

秦四风是中国最优秀的乐手之一，他身上有特属于音乐人的自傲与清高，但他也有绝对的真本事，对于像他这样成功的音乐人来说，高姿态并不等同于空架子和真虚荣，这也许只是他身处浊世的一种自我保护。

在聊到这张令人惊喜的 *SEDAR* 时，秦四风表示对自己取得的成就并不意外。早在 *SEDAR* 之前，他就已发行过三张在业内小有风波的专辑《致佩妮》、《丹莫罗的天空》和《双生花集》。他解释说“致佩妮”这个名字就好比“献给爱丽丝”，“丹莫罗的天空”就好比“呼伦贝尔大草原的天空”，他喜欢用人名或者地名去命名自己的音乐，他的音乐也是以这种风格所闻名的，但他就是一直没有一张属于自己的专辑。

直到 *SEDAR* 的出现，它既是专辑的名字，也是秦四风的笔名。

音乐财经：专辑入围了演奏类最佳专辑、最佳作曲人、最佳专辑制作人、最佳演奏录音专辑四大奖项，如果一定想拿一个证明自己，你最想拿哪个奖呢？

秦四风：最佳演奏录音奖吧。

音乐财经：为什么不是最佳专辑呢，这个比较有综合意义吧？

秦四风：可能我想拿一个技术类的奖吧。说实话，我能入围就已经是莫大的殊荣了，评审们能认可我的音乐就可以了。其他三个奖就是仁者见仁、智者见智了。你说徐静蕾和章子怡谁漂亮？莫扎特和贝多芬谁厉害？但我们这次的录音我真的觉得是最厉害的。

音乐财经：这次的录音工作有什么特别之处吗？

秦四风：太多了，而且还学到很多东西。这张专辑我找到了日本著名的混音师和制作人 Goh Hotoda，他已经获得过两次格莱美奖。为了这张专辑我一共去了日本两次，每次去都要在他家待上一周左右，所以他给了我太多综合性的帮助，不管是对音乐还是对人的观点，他都给了我很多不同的意识。

就像在混 *Sleeping Snow* 这首歌的时候，因为它的吉他部分我是找了约翰·斯科菲尔德（John Scofield）录的，世界爵士吉他三巨头之一啊，弹得真是太棒了。但在混音的时候 Goh Hotoda 一直强调吉他的声音要小一点，可是你想啊，很难得找到这种级别的大师给我录音，我肯定希望吉他部分能突出。但 Goh Hotoda 不同意，他说不管吉他部分是谁录的，钢琴部分才是最重要的，这是你的专辑，不是 John Scofield 的专辑，他只是来衬托你的。从我对声音的角度和对这张专辑的负责任程度上来说，我都要把吉他的声音处理得比你的钢琴部分小。你是主角，别人都是配角。

最后我当然听了 Goh Hotoda 的意见，他的判断和决定都是非常冷静的，可能这点是我之前做不到的，但我现在学到了，有了一种新的大方向的逻辑。

音乐财经：和你一起为这张专辑工作过的音乐家们在得知你入围后有没有跟你说什么？

秦四风：没有，他们对金曲奖没概念，不过在专辑成品出来后，倒是有人跟我说过我应该去格莱美。

音乐财经：有这个打算吗？

秦四风：有，不过这事还挺复杂。

音乐财经：你觉得什么样的音乐算得上是好音乐呢？

秦四风：地球不爆炸，人们就会去听的音乐。

音乐财经：为什么等了十五年才决定把 *SEDAR* 这张专辑做出来呢？

秦四风：因为我终于攒足钱了，家里的一切也都稳定下来了，我就觉得这张专辑我必须做出来了，我等得太久了。

音乐财经：仅仅是因为钱吗？

秦四风：占很大一部分原因，各方面收支都能平衡之后我才能干这件事，毕竟我还要考虑到我的家人。我小孩 2017 年下半年就要开始上学了，你知道现在学费很贵的，我就盘算着，我必须在这之前把钱花了，要不就又没钱了，哈哈。我非常感谢我太太对我的支持，要是没有她一直以来的支持，我也不能很顺利地就把这张专辑做出来。”

音乐财经：这张专辑基本都是跟国外的艺术家合作，国内就没有你觉得合适的音乐人吗？

秦四风：我本来是想找国内的音乐人的，也联系了不少，但

有的要跟巡演、有的要录音，反正各种原因最后没谈成。最后就剩贾轶男、黄勇他们几个在我的邀请下鼎力相助。我一看，不如都找最好的吧，可能这也是当时一怒之下做的决定，但没想到还弄拙成巧了。

音乐财经：你和这些国外艺术家一般是怎样沟通的呢？

秦四风：这个事我的助理帮了很多忙，我俩一起配合给所有的音乐家们发邮件，介绍自己是中国的音乐家，我要做一张专辑，想请你参与其中的某个部分。我是谁、我要干吗、行不行、什么价钱、有没有时间，跟任何人都不卑不亢。百分之九十九的人在收到邮件后都会回复“好的，你先把你的音乐发来我听一下”。如果他认可了我的音乐，我们就继续合作。

音乐财经：也就是说你们没有过面对面交流的机会？

秦四风：大部分是没有的，我们多半用邮件沟通，如果恰巧他们在（录音）棚里就给我录好发过来。

音乐财经：和这么多国外的音乐人合作，你居然一年就把专辑做出来了？

秦四风：因为这些歌我早就写完了，也把自己的那部分录好了，等到做专辑的时候我自己那部分是一点都没动的，我没有对它们做任何修改或是重录，哪怕只是一个音。因为我想检验一下自己十五年前的作品是否经受得住考验。

音乐财经：这么看来专辑的录制还算挺顺利啊？

秦四风：顺利，太顺利了。

（文 / 李笑莹　李禾子　2017 年 6 月）

流行爵士男女二人组 Mr. Miss：用解忧爵士来造梦

> “虽然被贴上了爵士乐队的标签，但相对传统爵士的复杂调式与即兴演绎，Mr. Miss 更倾向于‘20 世纪二三十年代摇摆乐盛行时，老上海夜总会最流行的那种音乐’——解忧爵士。”

2017 年 7 月第一周的后半，北京连续几日下起了让人出不了门的暴雨，那些天几乎所有现场演出的艺人都会在开演前和观众道声谢，说一句：“雨这么大，今天来看演出的应该都是真爱。”7 月 6 日晚的 Blue Note 也是如此。虽然天降大雨，但 Mr. Miss 从晚上六点开始的两场演出基本座无虚席。

凭借 2016 年 11 月发行的首张专辑《先生小姐》，从第 28 届中国台湾金曲奖获得最佳新人、最佳演唱组合、最佳专辑制作人三项提名到最终拿下最佳演唱组合奖，这对贴满了“北大毕业”“为音乐放弃保研”“高学历高颜值”“获提金曲奖最佳演唱组合的第一组内地艺人”等标签的流行爵士男女二人组在短短的时间里获得了极高的关注，连共青团中央和人民日报都发了一条题为“厉害了！ 90 后学霸女孩入围金曲奖三项大奖”的微博。

吉他手和男生主唱杜凯是“80后”，北大历史系本科和艺术学院硕士毕业，音乐行业从业者，此次也担任了《先生小姐》专辑的联合制作人并获得金曲奖最佳制作人提名，此前在知名的独立乐队中担任过乐手；卡祖笛和女声主唱刘恋是“90后”，比杜凯小六岁，北大考古文博学院毕业，除了组合演出外目前有其他全职工作。

Blue Note后台，身材高挑的刘恋穿着旗袍，仿佛老上海香膏画报中的女模特，杜凯身着小马甲加衬衫，梳着“三七开”，戴着金边圆眼镜，也是老绅士派头，公司同事们将他团团围住，不停地帮他调整领结、喷发胶，二人在休息室同前来探望与祝贺的朋友们聊了两句便走向登台前的准备房间，和在专辑中合作的爵士乐手们做完最后的调整，一起上台——7月5日二人才从台湾回到北京开始进行演出排练，日程的紧张从后台桌上堆满的散乱外卖饭盒便可见一斑。不过从音乐人到幕后团队，所有人的状态都十分兴奋，显然还没从刚获奖的劲儿里缓过来。

上台后的刘恋和杜凯就变成了大家熟知的Mr. Miss，二人配合默契一逗一捧，刘恋个子比较高，会在乐手们演奏时将手肘“哥俩好”地支在杜凯肩上，一同观望；在演唱之前，二人会为观众铺陈一下歌曲的相关背景和创作小故事，会根据歌词代入表演，例如《你怎么不上天呢》的背景是在一个电台节目里，刘恋和杜凯就现场来一段情感电台主播台词，翻唱老歌《苏州河边》“我挽着你，你挽着我”时，刘恋会强硬地拉过看似不情愿的扭捏的杜凯，营造老电影一般的恋爱喜剧效果。

这些互动的小细节总会引来观众会心一笑。当晚第二场演出曲目结束后，大家纷纷叫起了安可，玩得很嗨的Mr. Miss和乐手们也临时在台上商量歌曲结构，加演了一首Fred Astaire的经典

爵士曲目 *Check to Check*，男女对唱的模式让人想起了爵士名伶 Ella Fizgerald 和爵士之王 Louis Amstrong 在 *Ella & Louis* 中合作的版本，有观众在朋友圈录下了台上的热闹随性，写下了“下雨天最适合听 Mr. Miss”的评语。

“我们唱的是二三十年代摇摆乐盛行时的流行曲”

2017 年 7 月 7 日下午，音乐财经在朝阳大悦城见到了褪下老上海装扮的刘恋和杜凯。根据组合经纪人所言，在 6 月底获得金曲奖提名后，二人的行程就紧张了起来，一边上各种通告，一边去音乐节演出，一路辗转到台湾后的十多天里也是紧赶慢赶，白天去娱乐节目，晚上拍专辑的 MV 和宣传照。回到北京的第一件事就是 Blue Note 演出，不过在此次下午见面后，二人晚上还要去录节目，一边走一边商量上节目的时候应该说些什么：“台湾除了牛肉面还有什么好吃的？我记不得了。”……这样的忙碌让二人看起来有点疲惫，因为承诺了“不拍摄纯聊天”，刘恋在杜凯说话时甚至小小地打起了瞌睡，睁不开眼了就拿双手将额头上的头发撩开，再往后甩甩头。

“Ella 和 Louis 就是我们做男女二人对唱的范本，因为这样的组合现在太少了。”谈到前一晚的演出和喜欢的组合，杜凯兴奋了起来。他不时用手揪揪头发——说昨天的发胶喷多了，洗不干净，刘恋在旁边说一会儿可以去楼下买新的洗发水试试。

虽然被媒体说成爵士乐队，但相比于传统爵士的复杂调式和即兴演绎方式，Mr. Miss 给自己的风格定位是 Tin Pan Alley，即二人在演出时都会提到的“二三十年代摇摆乐盛行时，老上海夜总会最流行的那种音乐”，这种在百老汇诞生的带有爵士和布鲁斯基因的音乐剧流行风格不像爵士那样复杂，却非常适合作为舞

曲，题材也很直白，贴近生活，而这种风格在国内几乎没有人做，所以 Mr. Miss 以“解忧爵士”来命名自己这种为人们带来快乐的老派“流行音乐”。

“其实杜凯那时候已经做了很久的音乐，民谣、布鲁斯、Hip-hop 都做过，我们组队开始做这个（Tin Pan Alley）是因为我的声线合适，但是其他的我们都不懂，不知道这方面该怎么写词、作曲，怎么演唱。”刘恋说二人组队的时候她还在上学，杜凯正在音乐圈“挣扎”找活儿干，二人靠去咖啡厅演出赚一些钱，在咖啡厅里演出不能把人家吃饭聊天的声音盖过，于是爵士和小清新风格的歌曲成了演出的选择，“也会一起唱点披头士之类的，但是我们发现唱这些不如我们唱爵士的效果好，但是演出风格更倾向于民谣和舞台演出的形式。”

于是二人开始往这个方向发展，学习时参考了很多百老汇的音乐剧资料。不过正是因为做的人不多，二人走的弯路也不少。

首先是为了配合歌曲性质的场景设计问题。

2013 年，两人参加了《中国好歌曲》，演出曲目是原创曲目《先生小姐那些事儿》，杜凯说从那时候开始就已经一点点在渗透音乐剧的感觉了，不过当时杜凯特别喜欢的导师周华健没有为他们转身，周华健向二人解释了这种音乐风格存在的局限：虽然歌曲已经有了《雨中曲》的感觉，但是他没有看过完整的电影，如果看过这个电影会觉得很好听，但是没有电影直接听歌，凭空想象歌曲传达的场景就会很难。

杜凯十分在意这个细节。“回来以后我们认真思考过，因为特别喜欢这种音乐风格，我们不想因为这个原因（受限）就不做这个了，所以想了一些办法。”

为了让大家都能听懂在唱什么，Mr. Miss 开始弱化爵士乐的器乐即兴内容（“他们强调纯音乐化的表达，有些爵士歌手的专辑不唱一个字”），相反地在早期传统爵士乐中着重强调了歌词的口语化倾向。

“这个其实很冒险，因为中国人从小学诗词歌赋，都要求写的东西有深刻含义，要有成语、有修辞，而且大家觉得爵士就应该是很小资的东西，最好还能配上红酒，你写太白话的东西就是毁了音乐。但是其实我们写得最接地气的那几首歌反响是最好的。”刘恋毕业后在奥美做广告方面的工作，文字的锤炼能力强，对当下年轻人喜好的敏感度也非常高，她和杜凯并不认为写白话歌词就是一件特别简单的事，二人回溯早期百老汇音乐，尝试让中文歌词严格遵守格调规律，在什么样的题材使用什么样的语言，在严格的字数限制下用大白话传递精准的含义，这和一般的口水歌想到哪写到哪有本质的区别。

“中国的摇滚、民谣包括现在嘻哈，都是在将西方音乐和中国文化做一个咬合，我们的独特性也就在于把百老汇音乐做得更加接地气，符合中国当下的语言和生活习惯吧。”杜凯说。

另外，为了给观众铺垫场景以及解决周华健当年提出的那个问题，二人还想过说要不就做一个“假”的OST，把专辑做成一部音乐剧的原声音乐的形式，但是这部音乐剧不存在。不过后来二人发现难度也很大，因为硬要把一些歌连起来，效果也不是特别好。

后来，Mr. Miss想到了要在音乐里讲故事。“我特别喜欢传统的京韵大鼓，里面有一种鼓书形式，就是评书一样讲一段故事，接着开始敲鼓，这种讲述和唱结合的形式和百老汇音乐剧是有共性的，唱歌的人既在唱歌也在表演角色，这就让歌曲立体起来了。”杜凯说，于是二人开始琢磨如何塑造歌曲与角色。Mr. Miss

签约了唱片公司后，公司为二人介绍到直播平台去做直播，于是二人就尝试在直播中“做”出自己的性格，把相互聊天、和网友的互动等融合到表演中，虽然受到了很多直播流程的限制，但是这次经验让 Mr. Miss 的表演人格越来越明晰，“找到了在舞台中讲述故事、聊天营造气氛和唱歌时表演角色的感觉”。

另一方面是音乐制作遇到瓶颈的问题。杜凯将这个问题形容为“爬了一个陡坡”。

根据杜凯所言，目前国内大部分爵士乐手是专业科班背景，演绎方式都倾向于即兴演奏，但是二人对即兴毫无兴趣，他非常直白地说：“我们听不懂，我们的歌迷也听不懂，我们花很大力气也做不好。Mr. Miss 想做的二三十年代音乐在当代找不到适合的样板，当今的工业制作对我们想要的感觉没有任何借鉴——新唱片不管是音乐风格还是制作风格越来越有工业冷感，所以我们只能自己摸索。”

杜凯在编曲时参考了许多百老汇音乐剧的原始管弦乐总谱，但是一直无法编出合意的感觉，这让他一度丧失信心，回山东老家反省。在首次担任制作人时，也遇到了怎样让专业爵士乐手与二人风格相配合的交流问题。当然，他的努力最后得到了回报，和公司老板戈非一起得到了金曲奖最佳专辑制作人提名的肯定。

“我们没成功，我们才刚开始”

获得金曲奖提名，从行业眼光来说，其实是让 Mr. Miss 比其他音乐人站上了更高的平台，当然这和他们的经纪公司草台回声的运作不无关系。拥有丰富媒体与音乐行业经验的老板戈非并不是第一次为音乐人申报金曲奖，曾经在光线传媒为音乐人在台湾进行运营的经验，让草台回声没有错过任何机会。其经纪负责人党宁说，草台回声旗下的每一位音乐人都会按照当年申报奖项的发行条件进行发行并且及时进行申报，这也确保了此次多项提名的出现以及最后的开花结果。

“很多独立音乐人不了解自己有没有资格进行申报，甚至根本不关注，白白错过了很多机会。我觉得这个应该让大家都知道。”党宁说。

这一点在刚举行的唱工委 CMA 音乐盛典中也被提及，主席徐毅在接受音乐财经采访时说到了“行业并不真完全了解行业本身”，希望督促行业内公司发片时准备好资料，确保能够申报奖项，不要白白错过机会。

不过，金曲奖对于 Mr. Miss 来说能否算是吃了一枚音乐生涯的定心丸呢?

“我们没成功。我们才刚开始。”杜凯摇了摇头。

2012 年，杜凯和刘恋离开学校，刘恋放弃保研开始上班，杜凯则专心从事音乐行业工作，但他很不容易才能接到一两个做配乐之类的小活儿，一个月只能挣到一两千,一度穷困到交不起房租，不过二人还是决定要继续做组合。2012 年底，二人得到了一个去咖啡厅驻唱的机会，一周两次，每次给六百块钱，一人一半，每个月能有两千四百块的收入，杜凯这才能交上房租吃上饭。

杜凯在说这些的时候手指在桌上画着圈，把做全职音乐人的决定形容为“破釜沉舟”，“随时都会有穷的危险，甚至会有生命危险，真的，不是没有过。做音乐就是产业底座非常大，金字塔尖小，会存在大量失业的人。”他在演出时也会自嘲从来没有交过社保，言谈间透露出些许不安。

所以就算签约了草台回声后获得了金曲奖，演出机会变得越

来越多，吃过苦的杜凯还是对音乐行业的赢利能力持怀疑态度。他劝刘恋不要放弃在广告公司的全职工作，因为自己受过这个罪，女孩子还是有一份工作比较安全，“别受这个罪。万一她辞职了我们又不赚钱了……”

在签约后，Mr. Miss也得到了一些收入，例如为OPPO和支付宝等产品写歌，刘恋也因为广告公司就职的关系能得到一些合作机会，她说其实这方面目前是Mr. Miss最大的收入来源之一，虽然二人说不抵触，但会有些疲劳，因为要根据客户的要求来写，杜凯很直接地说自己不太好意思在外面唱这些歌，因为不是自己主动的创作，没法像自己的作品一样进行人物代入表演，会很尴尬——从这方面来讲，杜凯带了些许音乐人特有的坚持。而在被问到今后对于Mr. Miss的规划时，他也很明确地表达了自己只能进行“艺术方面职业规划”的想法：

“从在咖啡厅驻唱开始，那才是我们真正走向社会的两年，我发现职业规划是没办法做的，比如就像我当时规划找个经纪公司，但是我一直找不到满意的。那我能规划的只有我这周唱的歌不太好，我下周换一些歌。2013年底我们参加了《中国好歌曲》，状况稍微好了点，所以2014年我们又签约了公司，这些都不是职业规划来的，而是我们在艺术上规划后获得的。我们努力创作有了新的作品，会给我们带来新的商业机会和挣钱机会。”杜凯认为Mr. Miss的社会角色更适合做艺术规划，让经纪公司负责其他商业规划才是最好的选择。

“我那时候发现职业规划做了跟没做一样，我规划每年得个格莱美，但是得不了。”最后，Mr. Miss以一个包袱结束了对话。

音乐财经：制作过程中还遇到了什么具体问题可以和大家分

享一下经验教训？

刘恋：最后混音环节还出了一个问题。因为我们是第一次做专辑，在棚里听的时候还觉得挺好的，但是在母带处理之后我们重新听，发现听着不怎么舒服，不是技术问题，是我们和混音师没有很好地进行理念沟通。那时候其实整个项目已经快要结束了，我就自己又掏了一笔钱重新退回到混音的步骤，找了各种参考曲进行人声、吉他等部分的感觉参考，最后做出来现在的效果。

杜凯：其实到母带的程度，行规是不能再修改了。这也是因为我们和工作人员是好朋友，又觉得第一张专辑要做到最好，所以“欺负”了他一下才修改的，也是我们自己的问题，没有太多经验。

音乐财经：有人在你们的歌曲下面评论说曲风听上去特别耳熟，你们怎么看？

杜凯：因为大家听这方面还是比较少，大家听过的百老汇曲目就只有《雨中曲》《芝加哥》《红磨坊》等里面的一部分，如果他们小时候看过《猫和老鼠》，也有可能说我们的音乐像《猫和老鼠》里面的（《猫和老鼠》里用了许多音乐剧元素音乐和经典曲目）。

刘恋：有人说我唱歌像王若琳，那也是因为华语乐坛唱爵士的不多，要是有几百个唱爵士的女生，就不会说我特别像一个谁了。

音乐财经：关于你们的学霸标签？

杜凯：这件事我俩想法不一样，我觉得北京大学改变了我的人生，尤其是从个性和价值观等各方面。我觉得对我现在能拿到金曲奖也是有决定性影响的，因为北大历史系的教育给了我看待事物的眼光，学习新东西的能力，独立思考的判断和钻研一件事

的耐心。大家都觉得学霸意味着毕业后能在简历上让人找到一个好工作，挣很多钱，有社会地位，这个逻辑在我这里没有，我毕业做音乐就是失业，所以教育给我的影响是我在音乐中遇到问题时能够去钻研和学习，在表演和创作中及时反思，我觉得这是我在音乐行业中的优势。

刘恋：我在学校其实没有做太多学生的事情，就是在玩，北大给我很多资源，但是我那时候没有特别好地去利用，一直在靠自己的自学能力和小聪明在学校里混得比较好。但是认识杜凯之后我才重新思考一些事情，看问题的方法更多元化一些，所以我觉得北大对我来说没有（像对杜凯）那么大的影响，但是确实会给你一些情怀，你会判断哪些事情该做哪些事情不该做。

音乐财经：来说点轻松的吧，听说去台湾参加金曲奖的过程很曲折？

刘恋：23 号我们在南昌参加音乐节遇到暴雨，演出时间推迟了一个小时，就错过了本来预定演出完就飞深圳的航班，我们就改了一班，结果到最后第二班也因为下雨取消了，我们就被困在了南昌。但是因为必须到深圳去香港走商务签证才能到达台湾，在晚上十一点的时候经纪人好不容易联系到车——原本说好的商务车，来了之后却发现是一辆破旧的金杯——我们就连夜冒着大雨像难民一样坐了十多个小时的车往深圳走，到香港已经是 24 号中午了，错过了原本早上七点的飞机，所以只能坐两点的飞机走。我们原本的计划是在当天中午就到达小巨蛋化妆走台（拿了新人奖的音乐人要演出），下午五点走红毯，但是我们到台湾已经四点半，取完行李从机场到酒店洗澡加化妆花了二十分钟，到现场时被告知红毯已经走不了了，心里还是很失落：这次要是拿不到奖，也没走红毯，就像白来了一趟。

音乐财经：当然最后还是拿到奖了！现场还发生了哪些趣事？

杜凯：金曲奖在直播的时候主持人会说进一段时间的广告，我们以前不知道广告时间在干吗。但是在现场就会发现，一到广告时间，我们周围坐的萧敬腾、动力火车等等艺人，他们的化妆师就围上来开始给他们补妆，就像拍电影一样。

刘恋：然后主持人就提醒，还有六十秒，三十秒。

杜凯：主持人就说，艺人的经纪朋友们，还有十秒倒数，工作完了吗？九八七六开始读秒，然后所有人就呼啦啦闪开了，一晚上都是这样。

（文／赵星雨　2017 年 7 月）

“神曲歌后”龚琳娜：“那一刻我委屈极了”

> “　　我明白了，我们文化的根是中国音乐，我们做的新艺术音乐就一定要受到中国观众的认可。我们走出去了，我现在要走回来，得到中国最广大观众认可的时候，我们才可以再走出去。老锣说靠外国人欣赏的时候该过去了，中国人要热爱自己（的文化），这样才能代表中国。”

【一】

这是一个非常有魅力的女人，也是一个心里装满了故事的女人。说到艰难处，她潸然泪下，却克制着情绪，用手指抹掉眼泪，转瞬说到了高兴处，立时神采飞扬，对我们“咿咿呀呀”哼唱起她最近悟到的歌唱心得。

她是一位唱歌的“痴人”，曾受困于不懂商业，处处碰壁；她被称为“神曲教母”，面对争议，她越挫越勇，在这些年成为电视节目的“当红炸子鸡”；她不排斥在电视上扮丑、扮怪、

PK，她觉得只要能传播她的音乐，就是值得的。

她是龚琳娜，唱歌时眼睛瞪得又圆又大，舞台上的妆容怪异、有趣，表演格外放得开。当她脱下舞台上的“战袍”，换上瑜伽服坐在沙发上与我们聊天时，眼里退去了凌厉，简直是两副完全不同的脸孔。生活中的龚琳娜眼角含笑，十分温和，只有在愤愤不平时，才会瞪大眼睛，翻个漂亮的白眼。

龚琳娜和丈夫、知名作曲家老锣的工作室位于奥林匹克森林公园附近一处小区，那里入住率不高，他们在一层，十分幽静。屋内陈设古色古香，木板凳弯曲不平，旧柜子上放着一块苗族风情的长布，墙角处矮木柜上放着一块南方农村的木窗棂，菱花图案含四方形和菱形，较为少见。木窗棂旁边还竖立着一架印有“高山流水”四字的古筝。

“都是老锣从四处淘来的宝贝，他非常珍爱。你们真该和老锣也聊聊，他在商业方面的思考非常多。”一位工作人员对我们介绍，目前龚锣工作室处于小团队独立自主的状态，全职员工并不多，“龚老师没有经纪人，我以前是一名化妆师，后来才转为全职，现在也帮着打理一些宣传上的事情。”

这是一个到处都是忽悠的时代，在龚琳娜看来，真正在踏实做事的人却步履维艰。龚琳娜已经成名，她和老锣也算同时在娱乐圈和音乐圈“扑腾”出一定地位的名人。即使这样，龚琳娜也在感叹“经济压力”，回国这6年，夫妻俩一路走来摸爬滚打，没遇到能做艺术管理的经纪公司，也没遇到一位懂“商业”又有“情怀”的经纪人。

龚琳娜是一位艺术家，她痴迷的是如何唱好歌，如何做好音乐，在艺术与商业之间，她疲于奔命，并没有找到更好的办法去平衡。龚琳娜曾天真地提出或许资本能帮她搭建起一支懂商业懂

执行的团队。毕竟，她有名气、有资源、懂音乐，缺的只是管理团队。

2016 年 5 月，龚琳娜在北京连续办了三场《爱·五行》音乐会，票卖光成本也收不回来，她去找赞助商，也没有赞助商愿意赞助艺术，所以到了第三场她干脆做了公益演出，让不能进入剧场的小朋友进来看。

前一段时间，龚琳娜见了很多资本方，但同样的困难让她处处碰壁，她是艺术家，并不懂得如何与资本的回报率打交道，她不懂商业计划书，咨询了很多朋友，一些懂行的朋友写出来的 BP 却不是“她”，她很苦恼、无措却也无可奈何。

见过龚琳娜的人经常会被她身上那股子生命力和嗓门给震到，或许正是这股力量让她在困顿中也能保持勃勃生机，突破人为设置的各种框框，找到自我。如今，她家庭幸福，在从“小我”到“大我”的思考中，她更是充满了战斗力：要让中国新音乐走出去……

【二】

2002—2010，五行乐队做不下去，小型音乐会也到头了……

我们不懂商业，2002 年的市场不像今天，那时没有网络、没有融资、没有所有的这种投资艺术。我们在国内找不到舞台，找不到艺术经纪人，没办法去把我们的东西展现出来，不得不离开中国。

2002 年 7 月份，我应老锣的邀请去德国参加了一个音乐节，只有三天的音乐节却让我眼界一下子打开了，这终于让我当时下定决心组建了五行乐队，后来我们乐队在德国做了三场音乐会，都是老锣在安排。第一场音乐会在Ingolstadt，是一个音乐酒吧，老锣联系了在巴伐利亚广播电台的朋友，他们答应来录制这场音乐会，这样这场音乐会就有一些固定收入了。第二场音乐会在法兰克福，可以拿到一些固定的演出费用，可惜500人的场地只来了80多个人。第三场我们就只能靠卖票了，来了150多个人，还挺成功。三场音乐会做完了，也没有什么收入，也没有赞助商。2003年，五行乐队又去参加纽伦堡的夏天音乐节举办专场演出，台下9个观众要演满90分钟，那个时候我明白了，可能人家真的对中国音乐没什么兴趣。

和唱歌需要突破一样，乐队也需要突破，我们乐队在纽伦堡和斯洛文尼亚演出之后，老锣跟我说："你该给我们在中国联系演出了。"我的天哪！我原来永远都是团里给安排好的，而现在我要自己去联系演出，变成制作人，自己搭台了。

那时候真的觉得很难，同时我也开始思考商业和艺术的关系，因为我已经不光是在唱歌了嘛。我做任何事情都得想明白。当时我也跟老锣交流，他说："我们要有商业化，因为商业化了才能发展。有了钱，有了基础，才可以选择。"那次的演出最后谈成了，第一次体会当经纪人的感觉，那个时候我明白了，以后再联系演出，我需要从头到尾考虑这些事。

五行乐队迎来了成长的一年，甚至被世界音乐博览会WOMEX选中。WOMEX是总部设在柏林的一个国际化的

世界音乐项目，2002 年老锣就给 WOMEX 送过我们的资料，但那年我们没被选上。2004 年，我们很幸运地被选上了，但是组委会只负责食宿，所有的路费需要自己出。几万元的路费呢，后来贵州毕节地委宣传部出钱给我们安排了一次演出。给了我们几万块钱演出费用，正好够去德国的路费。

没想到的是，在 WOMEX 演完之后，我们几乎没有收到一个邀请。而且来看音乐会的人特别少，对我来说，这也是一个转折和失败点。我们在 WOMEX 的演出并没有获得期望中的机遇，五行乐队就卡那了。

2004 年以后，我和老锣重新开始，回到欧洲做小小的音乐会，在这段时间里，我无数次站在小小的舞台上，与观众近在咫尺。在德国，老锣本身有自己的经纪人，经纪人会给你推荐到各个音乐节，或者是每一座城市的固定音乐会，你就在各种各样的小型音乐会里演出，所谓小，有的时候观众只有 20 多人，多一点就 50 个人，最多就 80 人，那种环境是适合我们音乐的。

刚开始其实是老锣的独奏音乐会，德国的经纪人给他联系的。当时老锣的收入就是靠这个，他去弹琴，做一场一场的专场音乐会，要演 90 分钟。后来我唱，老锣弹琴，就两个人，没有别的乐器，也没有豪华的舞台。

在这之前，我没有（小场地演出的）经验。因为中国小型音乐会特别少，我（民歌）没有上小舞台的机会。而在西方，这种音乐会很普遍。过去西方的室内乐就是这种方式，现在欧洲没有贵族的概念了，但是这种小音乐会保持了下来，在每个城市、每个村镇都会经常举办小型音乐会。我们当时的收入就是靠这种小型音乐会。

但是慢慢地，我们就觉得这个舞台不够大，我们想进入更宽更大，更注重艺术的音乐环境里演出。不是说你唱得好不好，我们都请你，因为他们需要中国的特色。现在中国的民谣音乐节，不管你唱得好不好，反正我们现在需要节目，那么当时我们也是因为人家需要中国的音乐那我们就去。我就发现在世界音乐的环境里，并不是第一重视艺术，而是重视特色。

所以我们想进入更高雅的环境，高雅的意思是说更注重艺术性。当时在欧洲更注重艺术的环境就是音乐厅。但是当时进入音乐厅遇到的最大困难就是没有经纪人，因为德国的经纪人只能帮我们联系这种小小的音乐会，国外往上的话会有更高层的经纪人，再高层一些的经纪公司他们只管理古典音乐。

没有经纪公司愿意帮助我，因为他们觉得你是中国人，你就应该放在那个世界音乐的环境里。古典音乐厅里演的要么就是贝多芬、莫扎特这种已经去世了的大师，要么就是那些音乐学院的教授，就没有我们的机会了。而别人觉得中国音乐没有什么了不起，他们不了解，所以他们听都没听你的音乐就把你排斥在外。所以那个时候到我们只能靠自己整理资料递资料，没有经纪人了，一切都自己联系。

我想说的是，如果有一个好的艺术经纪公司，他们把这些东西沟通好，就不再存在这些问题，经纪公司会去帮你找到合适的合作。但是我们非常辛苦，因为我们为了能够“上”到被人尊重的艺术环境，在欧洲遇到了挫折，发现欧洲上层的音乐环境没有给中国音乐空间。

2009 年的时候，我们得到一个机会，因为 2010 年世博

会在上海开，这对中国来说是一件大事。葡萄牙政府就邀请我们和他们的吉他大师合作，做一台节目放到上海世博会。老锣分别给葡萄牙的歌手和我还有吉他大师，写了一套的专场。然后又到了北京中山音乐厅演，到了深圳保利剧院演，又到了澳门的音乐厅演，就很受欢迎。

那一次是我 2002 年选择做新音乐以来，正儿八经专场走进中国的音乐厅。2010 年是我和老锣非常重要的一年，这一年里的演出对我们的事业有着非常大的影响。

那时候我明白了，我们文化的根是中国音乐，我们做的新艺术音乐就一定要受到中国观众的认可。我们走出去了，我现在要走回来，得到中国广大观众认可的时候，我们才可以再走出去。因为我们不是靠外国人多欣赏我，老锣说这个时代该过去了，中国人要热爱自己（的文化），这样才能代表中国。

《忐忑》火了之后，团队在哪儿？

2010 年 10 月回到北京，我本来准备从头开始，联系各种音乐厅做演出，然后卖票，跟他们分账。没想到那个时候《忐忑》火了。2010 年 1 月我参加了国内的“北京新春音乐会”，那天电视台也录了节目，那么一个《忐忑》的视频就在网络上传播了，这一切都不是营销的，我没有花任何一分钱。这种成功完全是一种偶然。但是有互联网渠道，任何的偶然又有它的必然。

《忐忑》不火我们也会回来，但是这个预感是对的，说明我们的选择正好合拍。《忐忑》火了以后，对我们来说面对的下一个问题就是要寻找中国市场的经纪人。可是大陆市场根本没有，有的都是电视台选秀节目建立的这种经纪公司，或者是台湾、香港过来的唱片公司，基本上都是流行音乐。

这些公司要的不是改变中国的什么音乐艺术，它们要的就是快钱，就是流行明星赶紧包装赶紧赚钱，这样的经纪公司肯定愿意签我们，因为我们当时最火。但是我们一看那个条款都不对啊，我们要的是如何把中国音乐放到国际上受到尊重，我们要的是如何打开中国新音乐的门，做高级的、有技术和艺术水准的音乐，为了钱我不会回中国的。

我们在商业上很有名，但是我们并没有赚到跟我们一样有名的这个钱，因为我们发现在中国根本没有这个渠道。本来我在民族乐团已经走到了大奖赛，走到晚会这一步了，我不要了，我又去到德国从零开始，那边走八年以后，我走到一定阶段又不要了，我回国又重新开始。重新开始的时候，我突然发现没有人帮我们做经纪、做通道、做管理。这是我们一直到现在最大的困惑，从2010年我们回来到现在已经6年了，根本没有艺术音乐的职业经纪人。

我们还在寻找艺术经纪的时候，在路上也会遇到一个经纪人说，“我要当你的经纪人”，然后骗你一些钱就走了，我们遇到了很多次骗子。我们后来就想说培养一个年轻的有想法的经纪人，可是当他觉得别人去求他的时候，马上就“飘”了。不知道工作专业性在哪儿，以为别人来求你，你是经纪人就飘飘欲仙了吗？所以我们培养了好些年轻人，但一旦到经纪人的位置，也不行，一路走来就没遇到真正合适的人。

我们（龚琳娜和老锣）这部分是可以有商业价值的，但

是谁会看到、谁会运营我们？我们也需找到合适的团队，不是只为了钱。因为对我来说经纪人必须要有情怀，只为了钱他肯定就不能长久。所以我需要的人是既懂运营商业，也要尊重艺术。因为中国的声音太多了，我也需要我的投资商，拿钱让我来研发，我要去各个地方采风，我要去培养很多老师，我要有研发经费的，而到现在为止所有音乐研发是靠我自己的钱。

这个产业链哪里去了？前一段我谈了无数的资本，包括像一些大型的企业集团老总我也谈过，最后他们都要统一的商业计划书，这也很正常对吧？你要告诉我我投了多少钱我这一年能赚上，人家还跟我分析，你看迷笛音乐节是怎么赚钱的，你看摩登天空的模式……

我想我又晕了，我说我不会做商业计划书，我只会跟你说我有这些资源，然后你找专业的人帮我做行不行？你看你是做财经（记者）的，你懂。可如果我什么都懂的话，我就没法做艺术了。因为如果我说这首歌我一定做来卖钱，我的歌就写不好了，但你是搞商业的人，你告诉我说你怎么帮我把这个歌找到这个人群，你怎么帮我把这个歌的故事讲给市场，对不对？

那段时间我又找了好多朋友，说：你帮我做个商业计划书，但他们毕竟不是做艺术的，又不能从我的作品本身里去找，他们只是找一些市场规律、大数据，一看那个模式好像还可以，可好像又不是针对我，我就遇到了困难。

我们的商业收入不足以去支撑我们的产出，因为我们是靠一场一场演出赚钱，这能有多少钱？你要养家你要养团队，我还想投入去培养人才。比如说老锣说他想把《屈原》

的很多作品写成中国一个大型的合唱作品。如果不写这些，不去把古诗词和中国文化挖掘出来，那我们的文化尖端没有作品，可不是就让西方音乐占据了吗？

因为西方人有大量的作品，我们的问题就在于没有作品，不是我们东西不好。所以老锣觉得这个尖端的金字塔尖他得做，可是他做这些不赚钱，所以就是说我们一定要有商业模式，比如说如果我们做教育培训，教育模式挣的钱来养他可以做那个不挣钱的事情……

老锣有时候就很伤心，他说德国柏林爱乐场场都卖满座，也养不活柏林爱乐对不对？他们靠的是政府和企业家，宝马奔驰都会赞助，企业排着队赞助柏林爱乐但不会跟柏林爱乐要回报，人家要的回报就是面子。现在哪个大剧院不是大量的古典音乐，你花那么多钱请国外的古典音乐来，在你最好的舞台宣传他们的文化。老锣本身就是一个国际作曲家，他在他们原来德国的世界音乐环境里也是评委会主席，他也有他的地位，但是因为他做的是中国音乐，他在国外得不到地位，他在国内也得不到尊重。

面对资本，我说肯定是流行乐比我这个音乐更赚钱，肯定是那些音乐节比我的音乐更赚钱，那我们还是要做尖端的艺术怎么办？我们去申请国家艺术基金行不行，我一看艺术基金的要求，完了，艺术基金给你限制，说你一年必须办多少场演出，一场补贴5—10万元，可我办一场演出的成本就不止10万元，这一年如果办40场，钱从哪儿来？所以这条路一看，又堵了。

马云也说了，我们缺的是美育教育，那么既然是美育教育，如果你纯粹想拿美育教育来赚钱的话，它还是低俗。高

雅的东西必须养，所以说在这个环境里，我有时候觉得我和老锣行走起来，真的特别难。

因为我们不是商业里面的人，我们没走这个江湖，不和这些人去争，也不去做什么关系。当然，我觉得这些困难是一个非常好的训练，我和老锣的初心是希望给中国音乐一个春风。

我们不说整个产业链，至少我们自转的时候会吸引一帮真心做音乐也有才华的人。我们能不能给他们提供更多的平台和机会？我们能不能让他们看到好好唱歌好好做艺术的人还是有希望的？他们可以有名也可以获得尊重，也可以有收入。你至少给他一个希望的时候，那么很多人就会相信他也可以坚持，否则只有他一个人的时候就会很累，但当他看到有人在坚持的时候他也会坚持下去。

我觉得中国音乐未来还是非常有希望的！现在每天国外的报纸都在报道中国，十年前不会的，现在中国是被全世界关注的，可如果中国没有自己的文化，一定得不到真正的尊重。所以，第一，我认为世界对中国文化有要求和需求；第二，国家也意识到了这个问题，现在很多学校非常重视中小学生的古诗词教育，要回归中国文化。可能五年前没有人知道古琴是什么，而现在大家都开始追捧古琴了，茶文化在这个大环境里也开始有更高的关注度了，这很重要。

这是眼前的一个问题，行业开始有机会了，可是这个产业链的各种问题也出来了，站在上面的是哪些人？还是老江湖。老江湖肯定有他的关系，懂商业，肯定懂商业计划书怎么写，那么大佬不懂音乐，他只能相信眼前看到的人，这是我们遇到的各种问题。前一段时间老锣参加产业里的论坛，也直言不讳，这里面没有个人的问题，在这个环境里，没有人指出来你对中国音乐发展做了些什么。你做的对个人利益也许是有用的，但对音乐行业的整体长远发展无用，你们到底做了哪些作品，这些年推出了哪些人才？都没有，大家就是在玩资本。

谁能看到作曲家的重要？

现在民乐的环境很糟糕，原因是没有原创作品，大量的作曲家已经不会写中国音乐了，他们是西洋派出来的。西洋派出来了以后他们甚至还看不起中国音乐，而学院派基本都是这样。要看到眼下的问题，没有人为中国作品写东西。

你看前几年女子十二乐坊，在台上扭，穿的很少，都是假拉假弹，用点西方的爵士乐过来，把自己的旋律音乐拉一下，这算是好的中国音乐吗？她们曾经在日本很火，后面也没有作品，所以她们也很短命。因为你没有在内容上出发，你光靠夺人眼球必然短命。

我们看到现在的国人对自己的文化完全没有方向。为什么不久前大家在抓李安的一句话，说讲故事只是个幌子，大家都认为电影就是讲故事对不对？但是李安告诉你讲故事只是一个幌子，电影是要让人看到你自己的心。我们现在只重视这个幌子，把这个幌子做得多耀眼，把钱都花在这个幌子上。

我们的音乐教育捧的全部是西洋音乐，演出市场捧的也全是西洋音乐，流行音乐也在向美国学习。好声音出来的歌手唱英文歌会觉得更高级吗？吉克隽逸本来是少数民族，她唱彝族歌唱得那么好，可是她要变成玛丽亚·凯莉或者碧昂

斯，那我还听她干吗？

现在国内的民乐也以西洋来作为理论基础，这不光是边缘化的问题，是变质化。我认为结合西方的东西没有错，就像老锣说，他用西洋的乐器来服务中国音乐，他非常明确，是服务。

但我觉得现在国内是倒过来的。现在国内是西洋的模式，最重要的是我们给所有观众听到的是“洋”的，我们拿点中国音乐来点缀，点缀是觉得有点特色，但是中国音乐仅仅是边缘化点缀物，去掉中国音乐是可以的。可是在我们的音乐里，你把中国乐器去掉后它就不可能存在了，因为其他的服务是“托”。

表面上看起来音乐环境似乎很繁荣，但我觉得目前来看有水平的人是非常稀缺的。如果再没有这些真正在做内容的人，不被利益卷走的人，那中国音乐真的就没有希望了。现在的问题不是钱投多少，而是现在没有人踏踏实实地做事，没有人负责任。

现在非常根本的问题是缺乏对作品的保护、对作曲家的尊重！作曲的人特别重要，举个例子，一首《最炫民族风》，凤凰传奇可以唱一辈子对吧？一直都很赚钱，但是作曲的张超，贵州的，可能给了他一笔钱就没（下文）了，他还要在西江那边开酒吧来赚钱，他写的《荷塘月色》那么火，这些歌都不足以养活他，那他还愿意写吗？知识产权得不到保护，也没有人知道他张超是谁，人家只知道唱歌的人是谁。可是为什么人家欧洲都知道重视贝多芬、莫扎特呢，首先是作曲家莫扎特，其次才是谁是指挥，谁是交响乐团对吧？

作曲也真的需要得到更多人尊重，忽视这些原创的人，没有给他好的回报，他们哪还能好好作曲？就像老锣经常说是我养他一样，《忐忑》这首歌那么火他都得不到版权费，如果不是我他就饿死了，但实际上，没有他的歌怎么能有我呢？

我这几年在娱乐环境里看到的现象，比如我的同行，你能不能每天练一个小时两个小时唱歌？哪个人不是早上都在睡觉，中午以后再起床？我看到的就是怪不得原来很有水平的人现在都唱不了，没有老，就是不用功，不练了，但还可以赚钱啊，还可以坐在那高高在上地当评委，要换我都害臊，什么新作品都没有出来，连演唱会一年都搞不了一个，我还在这当评委去说人家。

娱乐要有度，不管怎么样，你都不要改变自己的初心。我们现在面对电视节目就是，如果是跟音乐相关的内容我就做，如果可以赚钱，但要耗太多力量跟音乐也没有什么关系，那我们就可以回避。

如果说我个人，我更愿意住在森林里过一种自由自在的生活，不需要去做什么明星，因为对我来说每一次在舞台上唱好音乐的时候，那一分钟就是最幸福时候，而不是你拿到多少钱出多大名，被多少人追捧。你被人追捧是很危险的事情，因为你会丢掉自己，我们之所以能够愿意留在这，还要跟各种势力去抗争，是因为如果说我们这些人都不能在北京活下去，那整个市场就被那些忽悠的和短浅的事情占领了。

2010 年的时候，很多场合还是假唱，即便不假唱也是伴奏带，我要用的是乐队，没有人懂，你一首歌干嘛用乐队？有时候商演，没有麦克风，所以我赚的第一笔钱几十万元就买了乐队所有的麦克风。第一、我不依赖对方的硬件条件；

第二、我培养调音师，传媒大学每年毕业那么多调音师，没有人会调民乐（乐器），他们没有机会练。所以我得重新培养调音师，经常我们在一个大舞台上演，人家流行乐放伴奏，我们就那几个民乐，你调不好你就死菜；第三、我还培养音乐家。

我希望能够把艺术教育和公益合为一体来做。就像我这次做音乐会，我做了艺术，但是我又把孩子们请来，跟他们一起上台唱了歌，那么公益同时也做了。我做“声音行动”的研发，我会做成商业的模式，比如说肯定会有各种各样的教育培训机构，或者是学校会用我的这个教学法去教，这都可以。

我每个星期一都在小区教这些老头老太太合唱团唱歌，但是我一个人做不了那么多事，我最重要的是要把这个“教学系统”弄出来，怎么教，然后老锣要把这些曲弄出来。民间合唱团自然和声不会由我来做，民间合唱团是靠野生的，但是我认为儿童合唱团比较重要。因为只有孩子从小唱这个，中国音乐才能够传下去，所以我觉得要做这样的事情，必须研发出这样的一套能够推广的教学法，不能每一个培训中心就拿这个模式纯粹去赚钱了，我希望他们一定要做公益，这就是条件。我们也可以培养童声合唱团，然后培养出更多唱歌好的（流行）组合。

我觉得国家要支持这样的研发项目，教育培训的项目我可以自己来做，因为教育本来是可以盈利的。但是我认为国家最需要的是自己的代表作品——艺术类的作品。这么多学民乐的人，没有一支民乐乐团是高级的，就是因为你没有文化自信啊！

为什么我从小就有自信心？就是因为文化——我会唱那些歌你不会，我一唱你就会觉得自己是发光的，那我可不就有自信了吗？所以我认为只有文化能给一个民族带来真正的自信，而不是钱。

全世界的华人都没有自信心。国外文化圈不是你从耶鲁读书出来就可以融入的，（很多人）不懂你的魅力其实来自于自身文化的独特性。我们家就是以中国文化为主的，我老公爱的是中国文化，我们家请人吃饭都是吃红烧肉，炒土豆丝，喝功夫茶，所有的邻居对我的文化都很有兴趣，所以我婆婆公公也以我为自豪，他们也喝功夫茶。

（音乐财经根据龚琳娜《走自己的路》一书整理）

（文／董露茜　2016年7月）

彩虹室内合唱团金承志：荒诞之余，他是一名艺术家

> “在金承志笔下，顾连山的目光无法穿越迷雾，只好大梦一场，在梦里追问：‘拥有更多’还是‘不要更多’？顾远山最终选择了退隐乡间。”

过去大半年，彩虹合唱团团长金承志的身体状况不太好，肠胃病、头疼、感冒、发烧、颈椎病齐齐上阵，终于在 8 月份病倒了十多天。

“太累了，工作强度太大，也没有休息，突然之间就不行了。”这正是中午饭点，我们坐在上海音乐学院附近一家杭帮菜餐厅吃饭。周围人声鼎沸，坐在对面的金承志看上去还是有些疲惫，前一天晚上是他的作品《白马村游记》在东方艺术中心的“封箱之演”。

“昨天梦见我的猫变成了人，站在我床头一直跑来跑去，到处跑。”金承志爱做梦，演出前会习惯性喝上几杯咖啡，即便第二天演出休息也不会太好，还是会做各种各样的梦。因为这一次演出在周中，不是双休日，团队没有安排庆功宴，大家演完了就散了。签售、整理完行李后金承志到家就夜里 12 点

了，父母还在沙发上等他，一起坐下喝了点酒，聊了聊作品，凌晨两点才睡。第二天早上他和父母一起去吃了广式早茶，没想到竟然是甜的，“哇，超级难吃。累了，脑袋现在还沉不下来。”

当天金承志穿一件印有摇滚乐队在街头演出的白色套头帽衫，一顶白色鸭舌帽，咧嘴一笑，标志性地齐齐露出上下一共 16 颗牙齿。帽衫来自日本新宿一家潮牌店，他最喜欢的旅行目的地是不过两三个小时便可到达的城市，譬如大阪和台北，但他已经一年没有正经地出去旅行过了。他喜欢安静的地方，北欧挪威是他一直想去的地方，但他又不喜欢坐很久的飞机。

体重问题一直困扰着金承志，他不怎么吃肉，但容易发胖。他形容他的体型属于“波浪型”，胖 30 斤，瘦 30 斤，来来回回折腾。今年上半年，金承志又突胖了，加上日程密集，遇上创作和巡演压力大的时候，他没办法自控，净想着吃。小状况累积下来的结果就是病来如山倒，但他把这视为赢得了十天的休息。“以前觉得随便来怎么都可以，现在不能这样了。”

金承志的父亲曾经是一位生意人，后来退隐归于山野。小时候父亲严厉，金承志打游戏被骂、看漫画被骂、贪吃也会被骂，所以后来出了一首《肥宅群侠传》。现在金承志回温州只能吃糙米，如果父亲来上海，会带来他自己在山上种的菜钓的鱼，金承志形容，“每天真的跟吃草一样，没有任何味道，跟喂马差不多”。

指挥家的“正面”

“我们指挥家，是有很多面的，今天就给大家带来一个最重要的一面：正面。”

2018 年 10 月，金承志团队接到《吐槽大会》邀约“吐槽杨

超越”的时候，他犹豫了几秒钟，后来还是去了，“说李克勤也在，我觉得可以去向前辈学习一下”。

节目组写的稿子金承志改了好多，他称自己可能是在文字上最作的一个，有一些偏执，就算真的已经很完美了，也想变成自己的语言去讲。池子的语速很快，在现场会接很多梗，李诞是一种很坏又撒得开的感觉，和王建国坐在一起讨论，王建国的语速也非常快，金承志觉得如果自己要进入到脱口秀的节奏里，“要找寻哪一个节奏是适合我的，未必讲得快就是对的”。

得益于金承志的“段子手”特质，彩虹合唱团在成为网红之前，就是圈内出了名的“相声团”。走红后在音乐厅举办的演出场场爆满，观众席不时爆发出的哄堂大笑算是为古典音乐厅开了先河。

在东方艺术中心演出的互动间隙，不时就有粉丝在台下大喊，“做你自己——”，金承志随即接梗，“我会的，妈妈！”风格不拘，性情使然。

团员评价金承志的幽默“浑然天成，自成一体”。他的发音听上去有时会前后鼻音分不清，翘舌平舌有时也分不清，特别是站在台上讲话过快、着急或者累了的时候。在台上一说错话了，金承志就会特别快速地反应过来，吐槽自己。

“我说话不带梗，就是比较生理性的好笑，笑点都很奇怪，会直接一点。”金承志说。

金承志在温州长大，遇上“85后”一代的学琴潮，做了一名琴童，后来考上中国音乐学院，专业学的是指挥，大二时交换到了上海音乐学院，习惯了西装革履和严肃音乐的氛围。2007年他开始作曲，以人声音乐为主，2009年担任复旦大学合唱团常任指挥。2010年，金承志读大三，他联合8个指挥系的同学成立了彩虹合唱团，原因是当时的指挥系没有自己的合唱团排练试手，只能自己排练自己。

那时金承志造型清奇。一个留着大波浪一脸大胡子的胖子走在校园里，大多数情况下，同学老师们分不清他到底是18岁还是45岁，会称他一声“老师”。一开始彩虹合唱团的路走得十分艰难，想一年办一场音乐会都希望渺茫，金承志刚毕业的时候，靠着帮人编曲排练合唱养活自己。

2016年1月19日，一首原本是在上海音乐学院举办的“双城记——崔薇　金承志作品专场”的返场安可曲《张士超你到底把我家钥匙放在哪里了》（以下简称《张士超》）刷爆网络，这首“一本正经胡说八道”的作品，只花了他三个小时，是临时写来凑数的，却给彩虹合唱团的命运带来了根本性的转变。当时社交网络到处都是彩虹那张“油头粉面戴着大墨镜”的集体照。随后于同年7月推出的作品《感觉身体被掏空》相关话题4天阅读量超过3.6亿，视频播放次数超过3000万次。

一夜爆红后，彩虹合唱团收到了100多份入团申请，到秋季招团员时，已经是要面试800多人的规模了。焦虑、加班、结婚、还房贷……很热闹、很外向的一批神曲《张士超》《感身空》《春节自救指南》相继诞生，严肃作品《白马村游记》《落霞集》《泽雅集》，以及《净光山晨景》《玉门关》《小沙弥》《扶摇》等也渐渐走入大众视野。

在市场上，彩虹提供了两种较为“极端”的音乐类型，一种是应景的、戳痛点的神曲，能够获得大规模的线上传播量和出色的社会回应度；一种是严肃音乐作品，既是严格意义上的古典音乐作品，又融合了传统文化元素，这两种音乐的供应也是彩虹合唱团长久以来给外人的一种“冲突感”。叶澄波说，虽然两种类

型的线上传播量数据有很大区别，但严肃作品和用户之间的关系更深，“两种音乐都要去面向市场，都需要被大家知道”。

彩虹合唱团的排练十分高效，每周排练一次，一次三小时，排练计划上甚至细分到每五分钟该做什么，60名团员职业五花八门，有教师、科学家、律师、金融从业者、全职妈妈、程序员、美食博主等。“团员时间有限，排练的时长只有那么一点，却要消化那么多任务。”金承志需要在“词曲作者”、“指挥家”和“团长”的角色之间切换。

金承志一年要写20—30首作品，产量大。思路如果一直在线的话，他习惯熬夜一口气写完。

“写到三分之一处是不可能停下来说我先睡觉，明天再继续的，我不是这样的习惯，我要一气呵成，我落笔的那一瞬间就要保证一口气写完，那一下子是很潇洒很舒服的。”

2017年11月，金承志还与作曲出身的田汨、唱作人出身的刘胡轶组建乐队“金承志与外来鱼回收Box”，先后发行作品《亲亲我，我的小猫咪》及《新年》，用音乐表达自己捕捉生活细节之后的感受。

现在金承志几乎两个礼拜就要写一首新作品出来，有计划性地协调各种内外部关系。这些内外部的事情，也是一种精力的消耗。走红之前，金承志吸收了二十八年养分才开始释放，现在每十五天就得释放一次，“你就会感觉要拼命地吸氧，往外吐的速度比吸氧的速度快，所以喘得就很快”。

这段时间，金承志重新看了一遍美版《午夜凶铃》，在看一本书叫《非理性的人》，一直没看完，“我就看了大概十分之一，灵感来自吃吃喝喝吧，比如我跟你们聊天就很快乐，能吸收到很多东西”。

“不喜欢录音”

投资百万元做严肃作品的录音室版本，明显收不回来成本，金承志带领的彩虹合唱团还是这么去做了。

年底，录音室版本的《白马村游记》面世了，CD 每张 160 元，黑胶唱片是 45 转高保真，260 元 / 张，数字专辑的定价是 20 元，目前数据显示已售 5577 张。

《白马村游记》被认为是金承志作品生涯中的一个重要节点，他尝试将“合唱与故事”结合起来，记录他真实的内心世界。上海音乐学院教授陶辛就表示：《白马村游记》套曲的发布，从“轻合唱”“通俗合唱”进入“现代合唱”，标志着彩虹由表演者开始向艺术家转变。

在写《落霞集》的时候，金承志处于一种濒临崩溃的状态，当时他从本来不被人所认知到突然大红，他有一点无所适从，想找到一个地方躲避。后来，金承志在《落霞集》里亲自杀死了主人公，似乎很快意恩仇，得到了解脱，但之后心理依然处于不稳定的状态中，终于病倒了。

金承志在温州养病期间，有一天看到窗外绿意盎然，他感受到新的生命在心头开始发芽的力量，于是坐到钢琴边弹了几分钟，把这一段旋律记录了下来。这就是顾远山的开头，一个投射了自己心境的故事，一个他写着写着完全停不下来的作品，给了他一种方向感的确定性，让他在整个过程中感到安心。在整套作品中，他一直处于十分克制的状态，少有戏谑调侃。

《白马村游记》完成后，金承志仍念念不忘这个故事和人物命运，后来他创作了一首交代顾远山晚年的歌，但没有收录在专辑里。金承志以书信的方式写了后记，在信中顾远山告诉母亲：“大哥是对的，还是回家种田好。我还想吃姜母鸭。还有烤山猪肉、

溪鱼面线、炒马兰头、芋子包。”

金承志的解释是，周遭世界的大环境下，个体的价值判断是“放弃你为之努力的东西是很可耻的事情”。顾远山也是矛盾的，他的目光无法穿透迷雾，只好大梦一场，在梦里追问：“拥有更多”还是“不要更多”？他最终的选择是——回家，其实是更好的选择。

二十岁前在温州的生活是金承志最幸福的人生时光，他和周围的小孩们关系不错，拥有一定的群体号召力。在老家山上居住的时光，他一直念念不忘，小溪、湖上、海岸、山坡、竹林、夕烧等场景都写进了《泽雅集》里。《白马村游记》的曲目之一《渡口》中的一段要以温州话的形式演绎，彩虹合唱团运营总监许诗雨是《村口迎佛》一曲中的佛事官，他是杭州人，需要演绎大段温州话时，他那一口带着杭味的温州话，常常成为金承志和团员们的笑料。

书法家、资深乐迷梁源写了这张专辑里所有的字，这是他学书法这么多年以来写过的最棘手的作品。因为字实在太多了，梁源对音乐财经感叹，金承志对于字的审美苛求到了近乎变态的地步，为了一个部首的写法可以坚持很久，一定要改成他想的那种写法。为了让整张唱片更符合那个时代感，所有的原稿用的都是20世纪70年代中国出口日本的老的字画纸，是梁源在日本买回来的。

由于《白马村游记》已经开过Live版本，很多人并不理解为什么还要投巨资做录音室版本。金承志以《老人与海》举例解释他的想法，市面上有200多种不同的翻译版本，每一个版本都会融入个人的理解与想象，这才是《白马村游记》做录音室版本的原因——还原身处“音乐厅”的临场感，让乐迷听到更好版本的专辑。

但因此承担的成本也比一般的进棚录制要高很多。在上海的贺绿汀音乐厅，彩虹整体租借了音乐厅作为录音场地，专门邀请了资深音乐人林俊龙、黄宏仁从台湾过来，分别担任新专辑的制作人与录音师。黄宏仁甚至采用了“开盘带”来记录最真实的声音。由于成本和技术要求高，开盘带已经淡出市场，但很多顶级录音棚还是保留了开盘录音设备。

并且比起现场演出，录音带给团员的愉悦感实在是太少了。在一遍又一遍演绎的过程中，团员们不得不忍受枯燥的过程和长达 20 个小时对体力的消耗。由于合唱要求必须站立式演唱，保持声音的最好状态，录到后来，精疲力尽的团员们想了个办法，“跪着录”，以保持上半身的挺直。但在这个过程中，没有人对录制工作敷衍了事。

“录音是非常精准的，声部不整齐，可能哪个地方音差，哪个地方拖快，声音整个线条的流动突然快了，他们每个人的体力不相同的时候，呈现出的音乐音准就不相同。”林俊龙被这样一群非职业人士表现出的态度、专业度所感动，“现在大家都忙坏了，这种状态下能扎扎实实地对待每一首歌，我基本上听到都是有些惊讶的。”

“算上录音，给团员的钱都是小头，台湾飞过来两趟，音乐厅借两次的租金，加上我们飞台湾去混音，飞两到三趟的交通成本，再加上制作设计、印刷成本、举办发布会、宣传等。”许诗雨说，细算下来，成本肯定是超百万了，“如果最后做出来是一个只有粉丝知道的周边，我们觉得完全没有意义。”

其实与乐坛流行歌手制作一张专辑的成本相比，百万元并不算高。但是，一个古典乐团在作品以后不巡演的情况下还是选择

制作这张专辑，金承志和团队都下了一个相当大的决心。更难得的是，他们还表现出超强的执行力去完成这件事。

“喜欢巡演”

一段豪放的琴声落下，此刻的音乐厅陷入语言静默期，这里是 11 月 8 日《白马村游记》“封箱”演出现场，观众们竖起耳朵、带着疑惑的表情、再聆听、三三两两地发笑，再到全场大笑，钢琴师吴经纬的琴技在此时得到了充分展现。

在《萤火虫》中段加入的是柴可夫斯基《第一钢琴协奏曲》的华彩乐章，这段乐章描写的是初次接吻那种石破天惊的感觉，这是金承志的主意。他觉得应该用一个非常宏大的叙事去描写那种感觉，“你的内心世界，哇，就是在这种感觉，用音乐去形容人的一种情绪”。

那是一首出了名的艰深难弹的作品，当晚演出前，吴经纬特别紧张，周一临时定下来，周二、周三才开始练，很怕露怯，好在还算完美。吴经纬的发际线从十二岁开始后移，后来他干脆剃了光头，每次演出途中会配合大家，突然戴上一顶造型怪异的发套，坐在金承志指挥台一侧的钢琴边，也成为喜感的重要来源之一。

从 2017 年 12 月开始，彩虹合唱团陆续在杭州、北京、上海、台北、深圳等城市的巡演中表演了《白马村游记》，今年 10 月在上海共青森林公园，彩虹合唱团还演出了《白马村游记》的森林版音乐会。从简单生活节、插电音乐会到五城巡演，金承志每到一个城市都很快乐，他做巡演其实不累，但是也常常犯难，因为合唱团没办法全国跑，每次演出 3 小时，上班的人周末跑出去跟着巡演，最后体力受不了，会影响团员工作。

“我喜欢巡演，但我们的团员是非全职的，所以档期很难敲定。”金承志说，如果是一个职业的团，按理来说，完全可以出一张专辑做一轮巡演，巡演半年跑一跑国内三十个城市，再休息一段时间，再出专辑再做巡演。

金承志团队正在规划2019—2020年的巡演，主题刚刚公布——“我有一个装满星星的口袋”，会带着全新创作的曲目首先登陆西安和上海。他表示明年场次不用安排得那么密，因为团员们挺累的，可以在中间找到一个平衡点。

巡演的票房很好，定价也不算低，但彩虹的巡演场次每年开得不多，许诗雨说，“为了保证品质，我们自己带摄影灯光到不同的地方演出。这么庞大的一个团，交通差旅就是非常大的一笔支出。但我们尽量能多去就多去，因为作品有些东西要传达需要足够的人才能把你的声量状态去表达出来”。

今年4月，《白马村游记》在台北中山南路的“两厅院”音乐厅举行，满场观众都是第一次看彩虹的演出。据古典音乐爱好者、乐评人焦元溥在演出现场的观察，“当《灯花》中段的字幕一出，偌大的场馆中啜泣声竟此起彼落，更有人哭到失控泪崩”。

在台湾，古典音乐演出团方通常能拿到补贴，当地观众习惯不太高的票价，彩虹定了一个对当地团体来说“大胆冒进”的票价，相当于人民币800元左右的价格，即使如此还是不能打平成本。许诗雨说，“我们被评为仅次于柏林爱乐乐团的B级，对这段体验我们还是非常开心的”。但因为团员档期难凑，并且交通差旅费支出高昂，迄今彩虹还没能完成一次国外的演出。

彩虹合唱团背后的运营公司西瓜山文化传媒注册于2017年1月，获知名学者吴晓波旗下头头是道基金天使轮投资。以金承志为主的创意和思维的核心开始企业化运营，但合唱团还是定位成

了兴趣社团而非职业化的合唱团。

“巡演是我们最基本业务板块，让老金的作品以他特有的方式定期出现在粉丝面前。”公司 CEO 叶澄波介绍，音乐作品、巡演、商演和商业品牌跨界合作是目前公司的主营板块，巡演一年的量不具备场次迅速增长的点，音乐版权方面的收入还未打平成本。在商业合作方面，红星美凯龙、肯德基、维他奶等越多越多商业品牌接受了彩虹的创意和一本正经吐槽的表达方式，这一板块也成为彩虹优质的收入来源。

彩虹公司的办公地点位于徐汇区龙腾大道，路过一大片绿色的草坪，这里是体育赛事举办地，也曾是风暴电音节的举办地。一栋两层白色小楼矗立在草坪一旁，一层是办公区，二层是排练厅，有时也会用作音乐圈好友的发布会场地。目前彩虹合唱团团队十多人，其中有 5 人同时是团员。

问起这两年公司战略思路如何规划，金承志绕过思量问话的意义，哈哈笑调侃自己：“我能站立就不错了，对不起，我的战略就是把身体养好，把肥减下去，肌肉练起来。”接着又长吁一口气，“说得自己都笑了”。许诗雨笑着摇摇头，“他开玩笑的。其实在公司里，他是最推崇有计划有系统地运营的，就像他的排练计划一样”。

接受采访这天，叶澄波刚从杭州回到上海。第一天是头头是道的论坛，金承志做了一个论坛板块的主持人，和大家一一寒暄握手，听了会场专家们对于知识付费、文娱大势和内容投资的见解，接着赶去乌镇参加陈丹青在乌镇策划举行的“他们都唱从前慢”的音乐会演出，叶澄波则留在杭州参加了第二天举行的闭门会。

“视频化和音频化的付费内容是我们应该去摸索的方向。”叶澄波说，“打开的局面会非常不一样。”一方面，彩虹具备态度和表达的娱乐性，可以在一种价值观的传达上在市场上更受欢迎；另一方面，硬核知识的传递，比如线上视频化的表达，音频内容的沉淀。叶澄波说团队也在探讨古典音乐节的内容形式，如何找到一个合适的地方，像美术馆一样带大家进入一个沉浸式的空间里，能吸引大批的年轻人走进古典音乐节现场。

“他的多样性”

叶澄波投行背景出身，是一位理性的管理者，是金承志的中学同学。在实际运营中，叶澄波的思维方式是要求一件事逻辑完整，推导出来的答案是可行的才去操作。当一个形容词或者名词从他嘴里冒出来之后，又会很快被否定，“可能这个词描述不是很精确”。

许诗雨负责商务合作，毕业于上海音乐学院艺术管理专业。在涉及内容创作的部分，会介入得更深一些，许诗雨同时也是一名需要上台演出、参与日常排练的团员。金承志想到什么就想去干，但在所有产品的打磨上，他又要求“能做到80分”之前，不贸然测试一件“可能会到100分，但是实际只能60分”的事情。

金承志称自己是一名“内容工作者”，他让彩虹合唱团的可能性不仅限于是一个合唱团，还包括基于此衍生出来各种可能性，并且赋予这些可能性具有商业价值。与此同时，这种艺术和商业的不同特质在拉扯他。但叶澄波和许诗雨认为，这种拉扯很正常，因为机会来的时候，团队怎么把握机会，接住它？怎么发挥个人的特质，内容形式能有哪些突破？叶澄波说，“他一直在两者中间做平衡，在我看来，他的平衡做得挺好的”。

叶澄波这样评价好兄弟金承志，“他是一个音乐天才，幽默，

身上有一种荒诞感。”这体现在一方面，金承志特别愿意花费大量的时间、心血和精力去打磨一个作品；另一方面，金承志在商业嗅觉和做事方式上，天生就是一个商人，叶澄波说，“正因为他具有多样性，这个项目才能成立发展”。

通常，金承志和朋友们相处的方式是在相互调侃吐槽中度过的。室友张士超对金承志的评价是，“投资过多家健身房，但因为根本不去所以比我还胖”。体重一直以来与金承志不相上下的好友、Echo 合唱团指挥洪川这样看金承志，“特别招女孩子喜欢，每次都会把雪茄抽得支离破碎的。有钱，家里有山，段子手，脱口秀大王，但对音乐是严肃的”。2011 年，金承志曾在 Echo 合唱团担任过指挥。

团里的钢琴师吴经纬，被吐槽的点是“永远是一个特别容易满足的人，到哪儿都会觉得这是全天下最好的地方”。从海外留学回来后，吴经纬选择去一家神学院弹钢琴，一个月 6000 元的工资。刚回来时，吴经纬没事就对金承志念叨，觉得没有比神学院更适合自己的工作了，金承志听蒙了，“为什么神学院是最好的地方？”之后，吴经纬就会用各种各样的理由来证明为什么这是最好的地方。

半年后，吴经纬快憋疯了，终于下决心离开，全职加入了彩虹做钢琴师。现在吴经纬住的是金承志以前在复兴路上租的房子，“没有比这个房子更好的了，地段太好了，价钱也便宜，我真的觉得很好了”。吴经纬再三感叹，金承志便求他不要再说了。

平时排练，团员们不怕金承志，但他发起火来引起的生理性反应——“不要说话了”这种“递眼色”的威严还是有。有一回演出前，副团长发语音告诉金承志“不干了”，辞职的点是怪聚会喝酒没叫他，金承志蒙了一下，反应过来马上打电话骂，不接，发 60 秒语音骂，“啊啊啊啊啊夺魂狮子吼”。后来自己骂㞞了，又哀求道：“干完今年再辞吧。”金承志笑，“本来他是计划明年要走，但因为一个很奇怪的点大吵一架，居然互相没拉黑。”

许知远曾在《十三邀》试图找出支撑金承志的内核，但显然很难找到。金承志就像是一个新闻记者，身在局中，又游离疏远。但金承志乐在其中，他认为文学创作有一种很妙的时刻，就是创作者处于一种若即若离的状态，“你看着万家灯火，同时你不参与其中，你把它记录下来”。

接下来，彩虹要呈现给观众的，是用复原的宋朝汉语演唱南宋诗人辛弃疾的四首词作。辛弃疾是一位有性情有理想的文人，又是一位背负着朝廷军令状的豪杰式英雄。“哪个年轻人会对宋朝话感兴趣？”金承志认为这一次创作迎合的是他自己。

金承志生于 1987 年，从小生活在富裕的商人家庭，家庭生活遇到的最大改变是金融海啸影响父亲的眼镜生意后，父子回归家乡住在山里的那段时光。相对优越的成长环境，顺风顺水的“85 后”一代注定很难和“70 后：许知远成为同一类人。

采访那天饭吃到一半，讲了很多笑话的金承志突然开口，“不好意思，我出去一下”，他起身离席，坐到餐厅窗外的天台上点起一根烟，眼睛望向天空，像是在思量，又像是什么都没在想，从背影看去，直觉这短短片刻能够暂时舒缓他紧张多日的精神。回席的一刻，金承志带给大家的又是一个自在呆萌的微笑。

他贪玩、贪吃，也热爱音乐、敬业、会回复微博上每一个粉丝的留言。金承志有矛盾的地方，熟人在的时候话特别多，人来疯，不熟的时候，怕生，面露尴尬，一句话都不说。今年 9 月底，

叶澄波女儿出生。金承志给刚出生的小侄女安安写了一首歌《九月的摇篮曲》，叶澄波当时特别地感动，“他事先都没和我说过，等女儿出生了，给我发来一段 Demo。”

“下一次我想去新西兰，”自比为霍比特人，金承志笑了笑，慢慢地说，“想去夏尔的村庄，去当一个透明的人。”

（文 / 董露茜　2018 年 12 月）

叶蓓 ♪ 陈鸿宇 ♪ 李志 ♪ 赵雷 ♪ 谢春花

鹿先森乐队 ♪ 麻油叶&马頔&宋冬野 ♪ 小娟&山谷里的居民乐队

民谣

FOLK

制作人叶蓓：走过“纯真年代”的女神

> 叶蓓说：‘我觉得音乐就是用来传递美的’。

1996年，毕业回国后的宋柯创立了麦田音乐公司，他决定为同为清华大学的学弟高晓松出一张音乐作品集。在这之前由高晓松创作、老狼演唱的《同桌的你》已在各大高校间流传，影响波及整个华语乐坛。

高晓松曾自豪地说：“我开创了一个文人来做音乐的时代”，而这个时代通常被认为是内地“校园民谣”的鼎盛时期。

当时，叶蓓还只是中国音乐学院大一在读生，课余时间去酒吧弹琴唱歌，赚零用钱。当高晓松找到她，想请她唱几首小样的时候，她问：小样是什么？高晓松回答她：给大腕听的。

在叶蓓为“大腕”录制完《青春无悔》《回声》《B小调雨后》《白衣飘飘的年代》四首小样的一年后，高晓松再次找到她，确认这四首歌的正式版本也将由她来演唱。在这期间，高晓松也找过几个歌手来试唱，听来听去都觉得还是叶蓓演唱的感情最丰沛，而且这几首听起来简单的歌并不容易唱。

音乐合辑《青春无悔》发行后持续热销，叶蓓签约麦田音乐，并逐渐成为真正的大腕。那些年，在宋柯、高晓松、老狼、郑钧、朴树等人的眼里，叶蓓就像涉世未深的小师妹，要保护又要宠爱，他们常说：叶蓓你就是有个好嗓子。

随着麦田音乐与华纳音乐的合作以及内地唱片市场行情的不断走低，宋柯、高晓松、老狼、郑钧、朴树、叶蓓这些人不再征战同一江湖，他们有的转行拍电影，有的半退半隐，叶蓓则回归闲适，过着平常无奇的生活，看书、弹琴、赏影，偶尔和好友一起旅行。

2017 年，九年未发新片的叶蓓再次出现在大众视野。在新专辑《流浪途中爱上你》发布会上，她一袭白色礼裙，身边站着高晓松、老狼、朴树、郑钧、小柯、张亚东……这些“纯真年代”的一众男神。

高晓松算得上叶蓓的伯乐；《青春无悔》成为老狼与叶蓓的经典合唱，新专辑中《我最爱的人》叶蓓又再一次邀请到老狼与自己合作；朴树的经典歌曲《白桦林》由叶蓓伴唱；张亚东是叶蓓专辑《我要的自由》的制作人；叶蓓为电视剧《咱们结婚吧》演唱的片尾曲《我们好像在哪见过》由小柯创作。这些人曾共同经历过校园民谣的辉煌，也见证了叶蓓的成长。

当天的发布会由林海主持，而林海上一次主持唱片发布会还是 2003 年王菲发行专辑《将爱》的时候。这次接到叶蓓的邀请，他没有任何犹豫，一口应邀。包括高晓松、老狼、朴树、郑钧、小柯、张亚东这些人，每次接到叶蓓的邀请他们都会尽力到场支持，大家会觉得“为什么不来呢”？二十年前，叶蓓发行个人第一张专辑《纯真年代》，清纯简单的外形与清澈朴实的演唱让她成为一代人心中的“校园女神”。随后《双鱼》《幸福深处》等专辑一张接着一张地出，她的身边一直有“男神”师兄庇护，直到

叶蓓自己感到厌倦想要改变。

与过往发行过的专辑不同，这次新专辑《流浪途中爱上你》中的所有歌曲都是由叶蓓一人完成，她也首次担当了专辑的制作人。老狼说，在他本以为大家对做音乐这件事看得比较淡的时候，却发现叶蓓还能在家自己写歌。她能用歌曲来表达自己内心所想，证明她的人生又开放了一个层面。朴树也说，叶蓓的音乐是晚熟的，但终于成熟了。

发布会上，这些平日难得一见的大牌明星在叶蓓面前永远是一副青春洋溢模样。最后的自拍合影时，谁也不想在最前面举手机，“让晓松来，他脸本来就大”，“让小朴来吧，他最瘦，不怕显胖”。

“我们之后有说那天就像回到了幼儿园，都特别天真活泼可爱，是不是？”叶蓓说起这些人的时候仿佛自己才是姐姐，她有着世界上最可爱的家人。幸福地笑了笑，叶蓓接着说：“其实这次的发布会也有遗憾，就是宋柯没来，他去塞班岛了，但送来了花篮，不然我们这群人真的就都聚齐了。”

“你还真是这群男神中唯一的女孩啊！”

“是唯一的女歌手。”

会唱歌的“小师妹”与民谣的黄金年代

叶蓓从不否认自己的幸运。她也没想过如果没有遇到高晓松这帮人她的生活会是什么样。她说自己年轻时总是太过开心，她担心这种快乐会被透支。

出身音乐世家，从小学习钢琴，一路从中国音乐学院附中到中国音乐学院学习声乐，成为职业歌手。叶蓓说这好像是老天的安排，自己有一副好嗓子，又能一直做音乐，一切的一切都是自然而然。

“其实我觉得我是一个顺着茬在走的人，唱流行歌唱民谣都是自己没想过的，但机会就是来了。”

大学时期的叶蓓从没想过太过遥远的未来，上课、唱歌、打工，除了眼前的这些事，她甚至不愿动脑多想想其他。作为参照，同校的师哥师姐毕业后都选择进文艺团体，表演欲望不太强烈的留校当老师。而像叶蓓这样能在大三就签约唱片公司的，寥寥无几。她成为众人眼中幸运又快乐的“小师妹”。

采访过程中，叶蓓回忆了一段大家以前在一起时的趣事：当年叶蓓他们所签约的麦田音乐在汇园公寓办公，那是宋柯早年的房子，他们去不用租金。有一年的除夕夜，大家约好要去公司一起吃饺子看电视打牌。宋柯、高晓松、郑钧他们都去了，叶蓓也去了。结果她一进门，郑钧就跑过来问：你怎么来了呢？叶蓓说：“我怎么不能来？”等她抬头一看，发现屋里都是他们这些男的，还有几个女孩，应该是宋柯清华时的同学，他们后来去了美国，今年过年回来一起聚了聚。其实也没什么，但在郑钧眼里叶蓓就是小孩，他们平时开的玩笑叶蓓永远也听不懂。“我听不懂，也反应不过来，我就跟着着急。你想，他们那时候长得都不太好看，还是那种表情，多逗。”叶蓓说着这些往事自己还开心地笑了几声。

在郑钧眼里，叶蓓永远是完美的小妹妹。他说自己看到很多人都会有邪念，唯独看到叶蓓不会，因为她太单纯了，大家根本舍不得骗她。

虽然叶蓓有着每个人都羡慕的青春，但她却“特别不怀旧，一点都不怀旧”。

本来她没什么感觉，但说的人多了，她也会回想，想到那些

与她一起成长的人，现在他们依旧还在她身边，宠她关心她。而叶蓓也会真诚、负责任地对待着每一个人，“那些精彩的时间我都是认真地度过了，在这段我们一起成长的过程中，我们每个人都能够意识到自己的问题，到现在为止还依旧不断前进、成长、丰盈自己。大家都还在，为什么要怀旧？”

郑钧说，这些年他见叶蓓的机会挺多，以前在一起玩的时候看她就是懵懵懂懂的小孩，但这些年她变得越来越不一样，从变得稍微有点“心智健全”，到现在一下把“智慧之门”打开像“醒过来”一样的感觉。

“以前确实知道她会唱歌，而且也是发自内心地在唱歌，但就觉得她是一个歌手，现在看来，她不仅仅是歌手，还是一位非常优秀的创作者。”郑钧在听完叶蓓的新专辑后感到惊喜和感动。

暂别九年：“我们的乐坛不会没有希望”

叶蓓经历过内地音乐的黄金年代，她也是那个年代最具代表性的女歌手。虽然九年未发新片，但她一直在做音乐，用自己的方式延续着对音乐的坚持，歌唱被她视为终生的职业。

虽然跟别人约歌是省力的做法，但唱片市场的不景气使得没有多少人想要再去投资花钱做高质量的音乐。好音乐的成本是降不下来的，所以叶蓓想给自己一个机会，独自创作专辑，就当是送给自己的一样礼物。

签约主流唱片公司时，叶蓓每天最多要接受四家媒体的采访，连出席活动说什么都不用自己操心。这次新专辑《流浪途中爱上你》的发布会是她和自己的团队第一次落地执行，从邀请嘉宾到环节设置，亲力亲为。虽然在距发布会开始前的几天她还没搞清楚发布会到底怎么弄，包括对林海的邀请也是临时发出的，但这次摸着石头过河的经历对她而言特别有意义，每个人都能真心实意地投入其中，表达自己的需求和贡献自己的想法，“自己参与真的很有意义”。

不想过追名逐利的生活，加上音乐市场的持续走低，叶蓓的一个判断愈发笃定：音乐的成功与否跟市场氛围的影响并不大，音乐不是被设计出来的，也不是有大牌来站台就能被传播出去的。音乐需要有真诚的内容，才能得到大家的共鸣。

高晓松算是叶蓓音乐创作的启蒙人。他曾经问叶蓓：“你既然是音乐学院的，为什么不自己写歌呢？”在叶蓓的理解中，写歌是一件比较专业的事，不是随随便便就可以完成的。但高晓松告诉她，写歌需要量化，一直坚持写总会写出好的东西。他还教叶蓓从自己家的门牌号开始写起，写这个门牌号发生的故事，每天这个门被推开后会发生什么样的故事，从今天递进到明天。

虽然到现在叶蓓也没有写出高晓松的这首“命题歌”，但高晓松听到叶蓓的这张最新专辑后不自觉地说道：“我感觉仿佛时光从未流逝，不管大家现在喜欢什么样的音乐，小叶的音乐还是那么干净，我听完那首《红蜻蜓》，觉得北京雾霾里的云彩都不是野生的，而是纯净的，听她的歌就会让人想到美景，感到幸福。”

叶蓓认为，“音乐就是用来传递美的”。美好的东西总会让人心生羡慕，音乐如此，叶蓓与朋友间的友情也是如此。虽然这些年里大家在创作、生活、工作方面都会遇到一些低谷或是坎坷，但这就是一个人想要获得更大能量前的一种置换，是一定要经历的苦难和黑暗期，这是必经之路。

“我对自己说发布会当天一定不能哭。”叶蓓回想这九年来自己所经历的复杂变化有一点激动，所以对自己的要求和规范就是

“不能哭”。如今看来，她所经历的这些变化都是值得的，这不仅为她换来了今天所有的天时地利人和，也让她感到幸福不已。再次出现在大家的眼前，叶蓓希望自己可以在一个平静的、温暖的、如家人聚会的环境下与大家见面，让所有关心她的人都能感受到她的变化，也能让她更真实地直视自己。

虽然那个白衣飘飘的青春年代一去不返，但叶蓓和她的音乐就像一记印章，将我们每个人对美好与纯粹的记忆定格在脑海。就像她所说：“我们在一起就是音乐圈的一股美好能量。”不得不承认的是，当这种向上的能量能够集体出现时还是会引发一番巨大的波澜。原因在于这些纯粹的音乐人依旧有着纯粹的音乐态度和状态，叶蓓相信只有在这样的状态下创作才能继续做出好的音乐，“我们的乐坛不会没有希望的”。

叶蓓不认为她与高晓松、老狼、郑钧、朴树这些人的音乐和友情是那个时代的产物。“好的音乐与时代没有关系，物以类聚人以群分，我们这群人的态度和状态不能代表整个圈子都是这样的。我们之间能一直保持这样良好的关系，是因为我们能包容彼此的问题，其实我们都没花太多时间去维系这份感情。朋友间的友谊说不了谎、时间说不了谎、音乐更说不了谎。”

叶蓓相信福报，也相信做音乐作品最高的境界本性是慈悲，如果丢掉了慈悲，音乐依然可以有美的旋律，但却不会有能量的渲染。

幸运的是叶蓓最终用九年做出了一张不为讨喜，只想送给自己的音乐作品，她说：“我们这些人，二十年前在一起，二十年后也要在一起。”

（文／李笑莹　2017年11月）

陈鸿宇和社群音乐品牌“众乐纪”：新民谣诗人的商业未来

> “环境就像一个浪潮，在进入浪潮之前没有理想或进入之后没有反思便会被卷走，再也记不起曾经因为爱、因为年轻而诞生的种种想象，成名不必趁早，分得清哪里是浪哪里是我的时候就刚刚好。”

【一】

陈鸿宇，创过业、打过工，还很巧地在音乐财经短暂工作过几个月。刚认识他的时候，他的微博粉丝只有小几千人，从 2015 下半年到 2016 年初，他的微博粉丝就迅速涨到了 3.9 万，每一条微博下面都有女粉丝喊着“陈叔”“老公”。

作为独立音乐人，他红的速度比自己想象中要快很多。2016 年 2 月，陈鸿宇的社群品牌“众乐纪”获得了十三月唱片 200 万元的天使投资。

突然就小红了

2015 年 12 月，在音乐财经的一场活动上，十三月创始人卢中强和陈鸿宇相识。卢中强当时就觉得这个孩子很聪明，有备而来，知道在一个场合该以怎样的方式引起关注。

“其实我觉得民谣音乐是缺这种东西的，称之为包装推销吧。所以我当天晚上回去就听了他的音乐。在此之前，他给我发过微信，推荐过他的作品，我都没听。”

卢中强当晚听完他的作品之后，立刻上网搜索陈鸿宇作品的相关数据，他发现，“他真的有粉丝”。到了年底跨年，陈鸿宇和朋友们在一家名为 DDC 的 Livehouse 演出，卢中强也去看了，当晚的票卖得还比较贵（150 元 / 张），居然全卖光了。主办方对老卢说：“要是再开放卖的话，卖四五百张没什么问题。”

现在，陈鸿宇正和搭档马雨阳在“折腾”搭车巡演的途中。在巡演开始前，其预售票房就已经达到 50 万元，在一些略偏僻的 Livehouse 也能卖出 400 多张票。某 Livehouse 老板看到一个不认识的民谣音乐人陈鸿宇卖出如此多的票后，也不禁感叹“太诡异了”。

尽管陈鸿宇离走上主流还有很长距离，不到 4 万的微博粉丝也不算什么。但其实他在各音乐播放平台和一些圈子内已经形成了一定的影响力。豆瓣上《早春的树》播放次数已突破 10 万，带许多人进坑的《理想三旬》在 2015 年 12 月底 QQ 音乐的播放次数也突破 200 万，网易云音乐上陈鸿宇首张专辑《浓烟下的诗歌电台》8 首歌曲评论数全部实现了 999+，这种整张专辑都受乐迷欢迎的情况还比较少见。

陈鸿宇的粉丝们还愿意为他消费。根据乐童音乐众筹的数据，陈鸿宇首张个人专辑的众筹项目最终筹集了约 28 万元，是其最初设定目标的 1000%。根据支持人数 3226，可以算出平均每人花费了 86.1 元支持他。其中 2777 元、1777 元档的众筹回报，也分别有 3 人、4 人支持。

2015 年 7 月 7 日才开始筹划第一张专辑《浓烟下的诗歌电台》，短短几个月时间却拥有了不少埋单的忠实粉，如果从过去的独立音乐圈角度来看，陈鸿宇绝对是幸运的。papi 酱一夜爆红，如今的“移动互联网”在传播上给很多年轻音乐人带来了机会。

卢中强则称他在陈鸿宇身上找到了“中和”，也就是音乐人同时具备音乐创作能力和对音乐传播的商业头脑。“因为他有一套非常成熟的想法，就是说我想怎么干，我想怎么运营，而且他上来就跟我说我有团队，这个让我特高兴。”

对于音乐内容，卢中强说：“我特喜欢陈鸿宇的唱，不像他这个年纪的孩子唱歌传递出的感觉，我觉得他比较像民谣那种偏行吟的方式，从行吟的角度来说他挺极致的。而且他对唱歌的认知特别好，他和乐手鹏鹏，演出的过程都是设计过的，虽然这个设计跟职业者相比还差一点，但是他们在前奏、间奏、整个编曲的主动机上的设计，是难能可贵的。”

李志从 2005 年至 2014 年一共发表了 8 张原创专辑，现在到哪里都是被追捧的“前辈”。但早期李志却如“丧家之犬”，因为没钱，把前三张专辑的版权都卖给了口袋音乐，据回忆“十年版权也就卖了几千元”。而曾经被李志喷的“麻油叶”和“好妹妹乐队”，也是经历了四五年的时间，以及每个人持续的作品创作，才在 2015 这个“民谣年”从小红走向大火。

再回头看陈鸿宇，2015 年 1 月众筹众乐纪合辑的时候，歌曲的名字还暂未确定，陈鸿宇还在为生计和前途发愁，2016 年 1 月就已经卖出了 50 万的巡演预售票房。

众乐纪：不要偶像，要众创，玩社群

陈鸿宇生于1989年，高中就组乐队玩音乐，写了不少歌曲，但都没有发表。他的职业经历丰富：餐饮、打工送外卖、电台做策划，从内蒙古大学新闻专业毕业后来北京的他和其他北漂一样，对未来充满希望又时常感到迷茫。

于是在2015年1月，陈鸿宇凭兴趣创建了众乐纪。据陈鸿宇表示，众乐纪的创建是在其成为音乐人之前，那么众乐纪究竟是要做什么呢？

众乐纪大体思路分为两部分，一条线是音乐人，一条线是社群。

社群部分有一些像罗辑思维的玩法。众乐纪以这一次陈鸿宇、马雨阳搭车巡演作为契机，建立了27个地区QQ群+2个全国QQ群，在巡演之前这29个群中大约有4000人，目前这些人活跃在QQ群中分享自己对音乐的喜爱。

不过众乐纪也不像罗辑思维，因为从陈鸿宇对于未来众乐纪的期望来看，相比于罗辑思维成员的获得什么，众乐纪更希望的是让成员创造什么。

比如做众乐纪合辑“听后感”的文字征集，或者做一个舞台剧的各部分人员招募，以此来让社群成员参与众多有趣的活动，同时通过成员完成项目后的每一次主动分享，达到宣传众乐纪以及扩大众乐纪影响力的目的。

虽然目前社群的活动都围绕众乐纪的项目，不过这并不是陈鸿宇对众乐纪的最终期望。

“我希望能达到这种效果，一个普通人进了社群，可能也不喜欢我们的歌，但是他有能力，比如说会写报道或者会摄影，他在社群中能不能组成一个二三线城市演出策划小团队，策划外地的一些人去当地演出，或者是策划一个当地的合辑。”

沿着陈鸿宇的目光看，虽然众乐纪是一个社群品牌，但其实更像一个提供聚合功能的平台。它为社群中的每一个人提供可能需要的素材以完成作品（项目），在作品生成后还能够通过这个平台推广、销售。

而且与其他平台相比，众乐纪的社交优势比较明显。因为以社群为活动中心，会使得人与人之间的联系更加紧密。先平台再社交与先社交再平台，对用户的体验来说一定是不一样的。

关于音乐人，虽然不是众乐纪的核心，但却是推动众乐纪的力量。

目前众乐纪有三位音乐人，分别是陈鸿宇、马雨阳、冯佳界。在众乐纪社群没达到理想状态之前，音乐人则是吸引受众的标志。比如现在QQ群中的用户大都是喜爱众乐纪三位音乐人的，因此目前也只有围绕三位音乐人的项目才能调动社群用户的积极性。

音乐人与众乐纪的关系并非传统唱片公司的签约式，据陈鸿宇介绍，众乐纪会与志趣相投的音乐人考虑深度合作。因此众乐纪音乐人数量的扩充会非常缓慢。并且，陈鸿宇希望在众乐纪中弱化偶像、强调“众”，只是将音乐人作为初期吸引用户扩大社群影响力的手段，同时通过众乐纪的活动为音乐人提供收入。

因此，综合了特殊社群和音乐人的属性，使得众乐纪与普通偶像粉丝群有了极大的不同之处。

首先它不是一个只围绕众乐纪音乐人的“粉丝群”，它是一个调动成员积极性去创造的交流社群；其次，假若社群部分达到陈鸿宇的理想状态，那么社群也将成为众乐纪的收入来源，以减

轻“押宝”在音乐人上的压力。

“众”才是酷

陈鸿宇从来不忌讳谈商业，他认为音乐人只要在创作音乐的时候不商业，当作品完成后，去推广、传播是再正常不过的一件事。陈鸿宇认为，只要做得足够好，稍微有点商业头脑总不会缺钱花。

在营收方面，目前众乐纪的社群还没有获得收入，“音乐人相关”产生的收入是众乐纪的主要收入来源。

比如通过众乐纪售出的专辑、组织的巡演，众乐纪和音乐人都会拿到相应的分成。据陈鸿宇介绍，众乐纪无论是专辑售卖还是巡演都会拿到三成的收入。关于音乐人的分成暂时没有统一标准，目前为每个项目单独敲定。

而关于深度合作的音乐人如何分成，陈鸿宇笑笑表示因为暂时还没有分红的问题，所以还未考虑。

如果未来众乐纪社群部分也开始了自主的内容生产，当这些产品成功通过众乐纪的渠道推广、出售，也将为众乐纪带来一部分的收入。

“这些小团体的作品能够为众乐纪带来新鲜的血液，良性的循环。但如果他们能够独立完成一个项目，那么收入就属于他们自己的。我希望最后每一个地方的社群都能成为一个‘五脏俱全’的小‘众乐纪’，那时候的‘众’才是真的酷。”

虽然众乐纪自带赢利能力，但对于陈鸿宇来说，他并不希望众乐纪变成一个赚钱机器。他认为能够实现“众”就已经足够。

“如果说以后的众乐纪可能会慢慢地稀释股份，或者有更多的人加入进来，这个公司不是我的了，但是它实现了‘众’的这个想法，我觉得就足够了。”陈鸿宇开玩笑说，“毕竟我自己就是明星，又长这么帅，代言一下或者演出什么的，我自己可以挣钱的。”

烦恼

作为管理者，刚上任的陈鸿宇也有烦恼。

虽然陈鸿宇的首张个人专辑众筹以1000%的成绩超额完成，但在乐童众筹的页面下，我们看到有2页的评论反馈了自己的不满。

“说好的手写信呢？就两张空白纸？”“延期那么久就发出来几张彩印纸，几个月的时间连几千个自己名字都写不完？”“CD里面没有文件？”“专辑到了，压坏了好伤心……”

造成上面结果的原因可能有许多，快递公司、团队、时间都是可能造成问题的因素。但对于这些早期的支持者来说，虽然是客观原因，如果一些细节没能做好，会影响到支持者的心情，进而影响对陈鸿宇以及众乐纪的信心。

在如何管理团队方面，陈鸿宇要从原本的“单枪匹马”变成团队的领导者，他仍需要学习和摸索如何提升覆盖到乐迷的每一个细节的体验。

另外，作为音乐人，音乐作品才是人们衡量音乐人的根本准则。2016年，陈鸿宇将会有半年的时间忙于巡演，接下来众乐纪的各个项目也将会牵扯其精力。相信很多乐迷也很期待看到他的第二张专辑，所以如何保障出产优质的音乐作品也是陈鸿宇需要平衡的地方。

卢中强也曾表示陈鸿宇还需要更多的积累，“李志能够有今天，与他已经做完的八张唱片（有关），积累的过程是重要的”。

目前社群的部分几乎还停留在假想阶段，何时才能真的达到陈鸿宇的理想状态？对于众乐纪，前方还有更多考验。

（文 / 于墨林　2016 年 3 月）

【二】

2018 年 8 月 17 日，众乐纪微信公众号和陈鸿宇官方微博发出第四张合辑的征集邀请，“一起创造，众乐纪的第四张合辑”，此次合辑中会征集一首原创作品，由众乐纪出资，陈鸿宇监制来完成作品制作。

众乐纪开始于 2015 年，首张民谣地图合辑《众乐纪壹 · 迷城行歌》里的 9 首歌曲和 9 张插画成为起点；2016 年，第二张合辑《众乐纪贰 · 浮生若梦》发行，音乐产生了更多地域性的联结；2017 年，第三张合辑《众乐纪叁 · 众声起舞》发行，全网征集封面创作，收录了更多元化的音乐风格。行至 2018 年，陈鸿宇希望这一次可以真正实现“众、乐、纪”。

2018 年 1 月 17 日，陈鸿宇发布了个人新专辑的同名歌曲《与荒野》，同时也宣布启动“与荒野”全国巡演计划，此次巡演是和 S.A.G 合作，在舞台设计上，邀请了视觉艺术家丁东担任音乐会总导演。

2018 年 3 月 16 日在郑州象剧场启动首场演出，5 月 26 日在南京太阳宫举行收官站，这是在 Livehouse 演出之后，陈鸿宇的个人巡演首次登陆剧场，是一次新的尝试，也是一次新的体验。陈鸿宇说：“你能知道你的音乐在现场给人带来的东西，更多的是一次立体体验，就升级到了一个像电影式的观感。”

音乐财经：媒体会给你一些标签，比如民谣诗人，下一个朴树，你自己如何看待外界对你的形容呢？时间久了之后会反感这些比较刻板化的定义吗？

陈鸿宇：每一个人都会被冠有一个标签，我指的概念是到了一个更多人知道的层面上，市场会给比较难分类或者还没有分类的东西一个名字、符号或者概念，所以我倒无所谓反不反感，可能大家对我的理解就是这样，自己具体做成什么样不受标签影响就可以了。

至于说第二个什么，或者诗人什么，你自己非往这上面靠，觉得符合大家的预期，我觉得才是违背内心的，才会让自己的路跑偏。

音乐财经：如果让你自己来决定用一个词形容自己的话，你更愿意使用什么呢？

陈鸿宇：独立音乐人。独立音乐人的感觉在我看来，就是一种独立精神的存在，这种独立精神有你自己的思考和判断，在这个基础上还有独立的审美，再去做什么事，可能会爆发出你自己独特的美学体验或者是独特的价值观。

如果说对自我认可的一个语言化的表达，我觉得就是这个，没有真正的独立，独立其实是相对的，是你尽可能地不去随波逐流、不去跟着大众的言论、不随网络的风向改变自己。

音乐财经：谈谈第三张个人专辑《与荒野》吧，这张专辑的灵感最初来自《荒野生存》，还记得当初看这部电影时的感受吗？

陈鸿宇：仿佛我就是他，在那些荒郊野外、在麦田里去跟那些农民、路上的男孩女孩去聊天，然后走到阿拉斯加的荒野里，就自己一个人，大概就是这种感觉，特别地感同身受。

我觉得每个人都是心里有什么才会被感动，所以就去阅读、

旅游、交朋友，所有的这些事打开了自己更多的体验，如果你不打开自己的话，你可能永远都不知道世界上还有这么一部电影还有这么一个人，他会和你内心深处已经有的一些信息和神经产生联络，让你爆发出很兴奋、很向往的那种情感。

音乐财经：当时是在什么情境下看的这部电影？

陈鸿宇：还在内蒙古上大学时看的，朋友给我推荐的。那个时候可能是因为年纪小，还没有足够的能力走到各处，充满了对新鲜事物的向往，看的东西和接收到信息，会印象深刻，甚至转化成自己的一个特别认可的奋斗目标或者说向往的理由。

所以看完那部电影之后，灵感就开始发酵，我什么时候也要感受荒野，感受这种自己在大的场景中一种孤独又不孤独的存在。其实我从小是在荒野中长大的，小时候在家里内蒙古呼伦贝尔草原上，就很多次转着圈地看星星，或者跑到草地里等等，这些是扎根在心里的。

音乐财经：第二张专辑比较怀旧，这一张专辑呢？

陈鸿宇：《与荒野》纯哲学探讨的感觉强一些，里面很多歌的某些字句单拎出来适合一些场景，但放在歌里的话，没有前后文的关系，也许显得没有那么易懂。

音乐财经：在传唱度上，和前两张相比有一些差别，你会感觉有一点失望吗？

陈鸿宇：不会，我没想把传唱度当作标准，所以不会失望。我对做音乐这件事，不太会感到失望，因为我知道我做的东西是我自己想做的，我现在能比较好地控制我自己做音乐的方向和态度，如果我控制不了这个我可能会比较失望。

音乐财经：这张专辑里传达出来的思考，和你年龄的增长有关系吗？

陈鸿宇：有一点关系，但关系不大。我做音乐的态度是，不能以没有灵感为理由，去中断。我就是要持续不断地去创作，这件事只有在做的过程中才会进步，就像采访也是一样。如果没有前两张的话，我可能第三张专辑就不会做成现在这个样子。

音乐财经：你对年龄的变化不敏感？

陈鸿宇：不太敏感。我觉得对年龄变化敏感可能是因为没事干才会敏感，有事干的人往往都不太会。我理解的可能是随着阅历或者是年龄的变化会不会在精神上有一些新的东西。很多人岁数大了，还有一颗年轻的心，可能就是他做的那些事能带给他活力，能让他保持一种对世界的充满好奇的态度，这种情况下这个人就不会对年龄敏感。

音乐财经：对自己成名这件事会有压力吗？

陈鸿宇：没有啊，成名会有什么压力？用玩笑话来说，当成名变成一种压力的时候，那得是多大的名啊。对于成名这事我的态度比较自然。说实话你也就是在网上唱唱歌，你知道你粉丝涨了点，有很多人喜欢自己的歌，那还能有什么呢？

音乐财经：可能很多人关注你，对你个人的经历好奇，或者更关注你了。

陈鸿宇：现在这种关注还没达到咱们说的那种，有人直接进入到你的物理世界里，你的私人生活里，那倒还没有，而且自己日常的生活也还能保证，没有说到哪儿会很麻烦出行不方便。现在正好处在比较中间的状态，还好。

音乐财经：是否可以理解为你对自己的路是有一个预期和目标的，所以在这个过程里，并没有感受到那种因为备受关注而突如其来的压力？

陈鸿宇：对，我自己认识得还算是清晰吧，心态比较正常，

没有对这些抱有过大的期望。我以前在微博里发了一句话：你下海游泳之前，你进入一个环境之前，最好分得清哪儿是哪儿，环境是环境，你是你。

环境就像一个浪潮，在进入浪潮之前没有理想或进入之后没有反思便会被卷走，再也记不起曾经因为爱、因为年轻而诞生的种种想象，成名不必趁早，分得清哪里是浪哪里是我的时候就刚刚好。

音乐财经：2015 年你做了众乐纪，一直到今天，有没有一个外部事物（或一段时间）给你的影响，超过了你的承受能力？就感觉是一下子被拉着走那种。

陈鸿宇：没有，我没有过多的那种期望，所以并不会出现这种事情。我为什么会被拖着走呢？就像我刚才说的，没有完全真正地独立一样，人是在社会环境下、父母教育下、国家民族的背景下成长起来的，不被环境影响和改变只是相对的，我只能保证自己相对不会出现这种情况，还是保有自我思辨性和独立性。

我做音乐之前开快餐店，骑着电动车送餐什么的，现在再让我回到那个生活我也能回得去，只是一个阶段有一个阶段的境遇。但往往到一个境遇和情况里，有钱了有名了，生活舒服了回不去以前了，这种可能应该算是你说的那种被改变。我还算能认真地保持着对生活和对人的不卑不亢。“不卑不亢”四个字，要做到很难啊。

音乐财经：如果说创业以后有变化的话，你自己觉得是什么？

陈鸿宇：最大的变化是开心，生活里再不太会有那种让我觉得郁闷的事了。

我做现在这件事遇到的郁闷都不算是真正的郁闷吧，你跟这个行业也是很熟悉的，原来就是不稳定，总跳来跳去的，换个公司就觉得又什么都没有了要从头开始了，而且当时对自己的安定感没有信心，对自己做的事情不够喜欢，没有想清楚根源性的问题。和谈对象差不多，和一个人找到了特别喜欢的人的感觉差不多。

音乐财经：音乐人和创业者的思考方式不一样，两者会打架吗？

陈鸿宇：偶尔吧，不经常。我是那种左右脑比较平均的人，高中的时候我做专辑，自己天天写歌弹琴排练唱歌，还得学习，那是 2004、2005 年，我们当时还和音像店去谈，说它卖我们的专辑给它印个海报。专辑成本就 10 块钱，连着制作费一共花了 5000 块钱，我想着同学确实也没什么钱，跟音像店谈的时候就把价定好了，只能卖 11 块钱，特别傻的是还把 11 块钱印在海报上了。

我们学校门口那个音像店，他们就是帮着卖一卖当宣传了。再往市里的这些他们就说不行，他说你这个最少卖十五，要不然我卖你这个有什么意思。当时还不懂，觉得他们不支持当地原创音乐。但是这些事你做一下之后就有收获。

音乐财经：你现在比较喜欢做哪部分，音乐人还是创业者？

陈鸿宇：偏向于做音乐人，因为是相辅相成的，我做音乐人公司才能正常运转。公司也好好做，因为经营公司要求逻辑清晰，才不会犯一些低级错误，才会让我有更好的精力去做音乐，形成正向循环。

音乐财经：今年做完了个人的第三场巡演，感觉怎么样？

陈鸿宇：这是我第三次个人巡演，也是我第一次剧场巡演，确实和以前 Livehouse 的感觉不一样，剧场本身在演出上更丰满，

展现形式更立体了。

音乐财经： 大约在一年前，我们有同事采访你，那时候你说还没有做好剧场巡演的准备，更喜欢在 Livehouse 演，现在呢？

陈鸿宇： 剧场巡演对我来说其实算是一个玩的升级，可能所有的事我觉得发生都只能在那个时候以特定的形式发生，剧场巡演也是这样。演出对我来说就是一个很漫长的长途旅行，持续两到三个月，这个旅行的主题方式，就是我走过不同的城市去演出，见到不同的人和观众，所以把它当成这件事想的话，只是演出的形式和内容不一样了，心态还是比较轻松的。

（文 / 董露茜　2018 年 8 月）

李志的下半场：签约后的独立

> 可以肯定的是，李志的上半场已经结束，期待他的下半场。

【一】

“从名分上说，它是肉猪，但长得又黑又瘦，两眼炯炯有光。这家伙像山羊一样敏捷，一米高的猪栏一跳就过；它还能跳上猪圈的房顶，这一点又像是猫——所以它总是到处游逛，根本就不在圈里待着。”听说李志喜欢王小波，音乐财经立刻便想起这篇文章里被知青们羡慕的那头潇洒的猪，王小波活到 40 岁的时候，除了那只猪，再没有见过谁敢于如此无视对生活的设置。

“你很像王小波怀念的那头不正经的猪兄。”在 S.A.G 公司位于朝阳区的一栋小楼，李志坐在一张褐色的藤椅上，脱了鞋子盘腿而坐，吐出一口烟，露出满口黑牙，笑着感叹说：“是，还真是挺像。”

李志的价值观深受王小波影响。走到 2015 年，马上要在六个城市办六场场馆级巡演了，这对于独立音乐人来说，无疑是一

次不小的地震。而一直认为自己音乐天赋平平、唱功平平、相貌路人的普通小镇农村青年李志，是怎么一步步走到今天的位置，又如何积蓄了能量敢连开六场巡演？

一般人很难想象一个动不动就拉黑粉丝、骂粉丝的艺人能一直红到现在。那么，他凭什么有这么多粉丝为他埋单，难道说是这帮铁粉有受虐倾向？李志本人也很喜欢和人“撕”，这种执拗甚至导致他和发掘他这匹千里马的口袋音乐闹崩。

你随便走到哪一所大学校园，都能抓住几个像李志这样戴着一副眼镜、脸圆圆的、身体发福、穿着破牛仔裤、运动鞋和 T 恤形象的大学生，这个在自家新闻发布会上评价自己的音乐其实很一般的音乐人，到底内在藏着一股什么力量？其实一路关注下来，会发现李真正吸引粉丝留在他身边的，是他音乐中的思考和他一直在输出的价值观。

带着“狠劲”与人生“较劲”

李志怕什么？可以肯定的是，他绝对不为“外人”而活，不怕闲言碎语，更不怕得罪粉丝，他的不怕带着一股子倔强的狠劲。

“毒舌”李志曾经在豆瓣月亮小组上干过一件至今令人“叹为观止”的事情，他把自己暗恋过、有过暧昧的、有过身体接触的姑娘们以“ABCDEFG”等英文字母做了盘点。

2015 年，与已经结婚生女的李志谈起这个话题时，却发现阳光下李志那张普通的胖脸有一丝诗意，他坐在椅子上，陷入短暂沉默，当他思考我们的提问时，甚至能听到那一刻时光流逝的声音。

“王小波经常讲的，两厢情愿那是不影响第三方的事情，谈不到道德不道德。而且这一类所有的事情，其实都属于道德的范畴，法律是基础。”

李志出生于江苏金坛县一个农村家庭，父母都是农民。和很多农村的家庭一样，父亲在外面打工，母亲操劳农活，李志自己心里想干的事情父母一概不懂。他从偏远小镇努力考到金坛县的华罗庚中学，这是被江苏省认定的第一批省重点中学，数学家华罗庚是第一届毕业生。重点中学能分给乡镇的名额其实很少，真正能从偏远小镇考上重点中学的农村孩子，都必定带着一股子狠劲，无论是学习还是生活。

李志的班上有60个同学，52人考上一本，他当然也不例外，考上了东南大学的自动控制专业，入住浦口校区。对于一个农村男孩子来说，考上重点大学意味着平凡人的成功已近在眼前，未来的人生就是找份好工作、努力攒钱买房买车、结婚生子。

李志在《98年周围的浦口的那些弹琴往事》中回忆道：“总之这么恓恓惶惶，不知道在做些什么，还是饿还是怕还是会莫名其妙地伤感还是喜欢pink floyd还是想买fender还是睁开眼就想起他们。”

李志谈到自己的人生观时说，你可以选择自杀，可以选择颓废，你有任何选择的自由。但是，在做出所谓的颓废的选择的时候，不能影响到别人。

1999年，李志选择退学，离开的原因很复杂，最直接的原因是对当时教育制度的不满。退学对父母的打击很大，此后李志心里一直有个结，希望让父母对他放心。父母虽然不清楚李志到底在捣鼓什么，但李志想让父母看看儿子在干什么，他计划在2014年10月去工体办一场演出，把父母请来。虽然最后因为没有操盘经验而放弃了工体，但是去年李志仍然参与了一场拼盘演出，

登上了工体的舞台，这种更大的舞台和音响环境带给他相当大的震撼。

那些年，李志穷困潦倒，都不好意思再向同学借钱吃饭了。那些年，他经常走在深夜的街头寻找一张睡觉的沙发或者地板，他幻想着有一天飞黄腾达，然后用钱去购买失去的尊严和青春，用钱去购买失去的孝顺和乐观，他后悔走上这条路，同时又不甘半途而废。

一日黄袍加身，众生百态重生！这是李志的原话，他走红后不缺投怀送抱，可他认为自己除了“声”和“名”，什么也没有变过。他问：为什么五年前他想说话你觉得有病，五年后他不想说话你觉得很酷？他们是如此势利，他凭什么要尊敬他们？难道不觉得恶心和可笑吗？

在李志的价值观里，他对“不公平”深恶痛绝，不仅仅对于感情和情分有着近乎冷酷的审视，对于与音乐业务相关的执行，他同样如小孩般固执。自 2009 年做演出之后，李志就从来没有给过赠票，除了他特别喜欢的罗大佑和崔健，任何人都不得有特殊待遇。在举办现场演出中，延迟开始在独立音乐界特别正常。但在李志这里必须准时开始，因为他认为如果延迟，那就是对准时到的观众特别不尊重的一种“不公平”，而在当时，他也被一些人骂装 ×。

杜绝包装、不停拉低自己！

李志对“包装”这个词非常反感，他仿佛一个斗士般，把一切丑陋的东西摆在喜欢他音乐的人们面前，甚至会故意把自己搞脏，不猥琐不罢休似的。只有这样，似乎他才不会在夜深人静时为自己的言行感到恶心。

李志说："大家都演戏嘛！你想我这样的相貌，普通的音乐才能，我能够走到今天，就是因为他们不说真话，我看起来还像个正常人，没那么圆滑！而且很多人他是想这么说、这么做的。"

相反，众多没有勇气破除陈规、诚实面对自我的年轻人欣赏李志的真实。这种欣赏，既包括被李志音乐里本身带着不被理解的孤独和某种悲伤情绪所打动，也包括认同歌词中揭露的一些生活真相。《卡夫卡》令人惊艳却感到悲伤："我时常在空旷的街上，听着风声想起你"；《梵高先生》中那句看似冷酷的开头："谁的父亲死了，请你告诉我如何悲伤？谁的爱人走了，请你告诉我如何遗忘"；"无知的我，是落叶落魄又落魄，曾经幻灭的岁月，穿插沉默的现在，呼啸而过的青春，沉默不语的你"（《被禁忌的游戏》）；《这个世界会好吗》中："妈妈，我会在夏天开放吗？像你曾经的容颜那样"；2014年新专辑《1701》中唱给孩子的那句育儿观："多多你不要怕，长大了你就会知道，这世上没有谁会真正在乎谁！多多你不要怕，我不会逼你学吉他，你是你，我是我。"

经纪人迟斌说："李志是希望如果你喜欢我，我希望你喜欢我的音乐和我的价值观，我不希望你喜欢我化了装，幻想中的形象。他有时候会很故意把他所谓的脏东西拿出来给你们看，你不要看我们的行业还有什么偶像，其实没有的。"

李志自己越来越觉得，外界对他的评论很极端，要么特别喜欢，要么特别讨厌，而且媒体对他的形象，负面评价偏多。李志不理解神化艺人这种事情，他说："我在家裸睡，到了大自然，有时候会脱光了，还拍了很多照片。我生活是这个样子，排练是这个样子，在家也是这个样子。我就是能躺着就不坐着，能坐着就不站着。"

以“我不会去讨好你”来讨好粉丝？

前不久，李志在微博上把好妹妹乐队和“小公主”马頔好一顿骂！李志写：“我认为好妹妹的歌是垃圾但是他们的努力值得学习。”“去马老师微博溜了一圈，突然有点心疼他。面对这样的歌迷群体，他会难受吗？”

在你来我往中，李志又写道：“很多朋友认为这样不厚道，但我觉得没关系，因为这些傻帽不是因为马頔或者好妹妹乐队才出现的。我最近的活动和接下来的六场演出有关系，但不是为了票房，傻帽误解情有可原，因为他们不知道票房好坏和我的收入没关系。”

当然，也有一位熟悉马頔的业内人士私下对音乐财经评论道：“李志不过是在用骂别人讨好粉丝的方式来讨好自己的粉丝。”而李志认为他这一代人玩民谣以“喜欢”为主，提倡的是生活的方式，而现在那一帮人，以“忽悠”为主。

李志对音乐财经解释道：“其实我不在乎他们写的歌多好听，人怎么样，这些我不在乎的。我在乎的是你不能把氛围搞成那个样子，你讨好他们，装疯卖傻、纵容他们犯傻，他们喜欢什么我就跟着什么，这跟流行乐就没区别了。非主流音乐是我喜欢什么就干什么，你喜欢是你的事，我不是去讨好你的，正好我表达的你喜欢，那 OK，巧合了。非主流音乐的思想要独立的，我要做我自己喜欢做的事情，而不是说我怎样做能赚到钱，怎样做你们喜欢。”

我的价值观受王小波影响最大，音乐上，受罗大佑的影响太大了。这个所谓的影响大，指的是音乐的启蒙，当然也包括高晓松他们那帮校园民谣。但很显然到现在，我很少会听校园民谣，但我还会去听罗大佑。罗大佑是音乐天才，至于他的人怎么样，他是怎样的人，我完全不在乎，老迟（经纪人迟斌）也是一样的。

我觉得，人生用另外一种话来说，就是努力去实现一些我不好意思说出口的理想。因为我知道在各方面我都是一个很普通的人，然后，那些理想有时候是挺害臊的，但是我会去努力。很多人认为，我现在到一个高度了，当然这是事实。

但是，我并没有想，在这种所谓“名”上的高度继续往上走，或者说我从来没想过，我要成为汪峰、许巍、郑钧、左小祖咒这样的公众人物，因为我没那个能力，而且我也不喜欢。那就说到为什么做这个演出，很多人看起来是转型，不是的，因为他们不知道我的动机，所以这些误解也都是很正常的。

因为很多事就是这样的，你必然会一步一步往前走，但我现在还懒得去说这些，因为他们不知道我的动机。而且，我的动机说出来，很多人也不相信，包括前几天那些记者我也跟他们讲了，好多人就问，你真的是这么想的吗？这种时候，那我该怎么说呢？

2012 年、2013 年、2014 年，三年时间，我跟迟斌已经很清楚了，我们的那个模式——Livehouse 演出到顶了，没有更大的利润空间（目前李志团队的工资支出一个月就超过 6 万元，不包括他自己的收入，这对李志来说也有压力）。我们一直坚持的是小演出，演出的收入占到八成以上，在这个行业里面，票价已经很高了，每天都爆满，到顶了。

但是，我的个人能力、团队能力和乐队演出的能力，通过 Livehouse 提高得太缓慢了，必须有一个体量不一样的事

情刺激一下。就像北京国安一个球员，如果你把他送去参加世界杯，哪怕他坐板凳上面，回来的时候都会体会到特别的内容，我需要这样的经历。

所以，我的动机是什么呢？通过这样的演出去探索，提高我们各方面的能力。等能力提上去的时候，我才可以再回头，我还做小演出。我觉得我的水准整个提高了，质量、价格都可以往上涨，虽然体量还是比较小的。但基本上小而精是我目前的小追求。当然不排除以后我真的就跟他们说的一样，会往上走，但至少我现在的动机是这样的。

我在健身，不是为了减肥，是因为我现在唱歌的时候气不足了，2014年特别明显，感冒了有五到六次。但是我以前身体特别好，三四年才会感冒一次，就没人见过我生病什么样子。去年跨年前一天，我发烧了十几个小时，我意识到身体开始走下坡路了。我现在在想，有些人永远一天到晚充满活力在干活，有些人就是黏答答的，其实是身体原因。

我的形象在外界还是负面偏多，正面偏少。是因为就算我做了好的事情，就算大家说的是对的，我都不好意思、天天拿出来嘚瑟，我觉得你心里清楚就行了，但是如果你给我戴高帽子、把我神化，我就特别反感。就好像他们说你真牛，欠了几百万债为了做音乐，那么爱音乐，我会告诉他不是，我借的债是去买房子的，但是如果有人骂我傻帽，做演出就是为了赚钱，我就懒得去反驳了。还比如有人说你李志做的事情就是为了炒作，我没办法拿出反证。我心情好的时候，或者我想说的时候，我可以告诉你，我不是。

这一次的演出，我把它当一次出轨嘛，我现在就不要脸了，我很清楚。实际上票房和我没关系，包括票务、行政审批这些事情啊，跟我以前的原则和价值观是远远违背的，那为什么要做呢？我不就想把这个演出顺利做完嘛。

其实我以前也一直在说，在我还是个普通的年轻人时，在我还谁都不是的时候，我一直在说，只不过大家没关注到。

我认为名气是一个好东西，但我不认为我在享受，但名声也不对我有些什么束缚。有些人说我要在乎我的言行，可是我从来不在乎形象。

（文 / 音乐财经　2015 年 5 月）

【二】

“现在李志一谈事都是上亿！”李志的良师益友、知名音乐人老狼在昨晚李志于北京工人体育馆举行的演唱会上调侃道，当晚，老狼作为嘉宾演唱了李志曾经翻唱过的《米店》《陀螺》《爱的箴言》等国内 5 首民谣人气歌曲。

与此前深圳、西安、上海和重庆等地的演出一样，李志在工体举行的演唱会门票也早已售罄。在演唱会现场，一刻钟前还没坐满的位置，7：25 开始几分钟内就被不断涌进来的人一一填满。这些观众与其他一线歌手演唱会上的粉丝们最大的不同在于：“80 后”最多，其次是“90 后”，相对理智，也没有几个人拿着荧光棒挥舞，但几乎每一首歌都会有合唱的声音。

李志以一首《墙上的向日葵》拉开演唱会序幕，现场已经有歌迷大呼“牛”！而随着《定西》《被禁忌的游戏》《大象》《这个世界会好吗》《妈妈》《离婚》《和你在一起》《关于郑州的记

忆》等一曲一曲下来，现场始终不断有粉丝对台上的李志大喊：“牛！”从昨晚的演唱会现场来看，舞美、音响和视觉设计，都做得相当精致和用心。演唱每一首歌大屏幕都会出现主题呼应的影像视频。而“关键词”也会适时出现，例如唱到“（我想和你们一样）臭不要脸”这一句时，“臭不要脸”这四个字就会出现在大屏幕上，引发全场大合唱。

与观众不断高涨的热情相比，李志本人在整场演唱会上显得非常克制冷静，乐迷叫他说两句，他也自顾自唱着，直到半场之后，他才开口说了几句，依然是此前他同媒体表达过的观点，他希望家里人知道他在做些什么，他的工作是什么。

在《这个世界会好吗》中有一句歌词：“只是那些猛烈的情绪，在睡不着的时候折磨着我！我那死去的父亲，在没有星星的夜晚看着你。”李志以一句幽默的调侃开头：“经常有听众或者朋友问我爸爸怎么了。这是一个尴尬问题，因为艺术和生活是分开的。很荣幸地告诉大家，今晚我爸爸也来了。”

昨晚的演唱会，李志的父母、岳父母、妻子和团队里每一个成员的亲人都受邀来到现场，见证李志音乐全场爆棚的“巅峰时刻”。李志接着说：“我们从事的工作和大多数人一样，不高贵也不下贱。我们理解父母的担心，但人活一辈子，不跟爱的人在一起，不做喜欢的工作怎么可以？如果你的子女、朋友喜欢音乐或者画画，别阻止他们，希望更多聪明勤奋的人参与到这个行业里来！”

在最后环节，李志甚至双膝跪地向几位乐队成员行了大礼感谢他们，他说：“谢谢兄弟们！我排练和工作都特别严苛，我会发脾气甚至骂人，他们都忍着我让着我。”

尽管朋友圈里依然有人会问：“你看的什么演唱会？”“李

志！”“李志是谁？”

但是，我们相信很快可能就不会再有人问“李志是谁”这个问题了，有如此高的传唱度的歌曲和真实粉丝基础的李志，只要踏踏实实走下去，就会一个台阶一个台阶积累粉丝。对于李志团队来说，他们已经经受住了第一次魔鬼般的考验，已经成为中国独立音乐人成功经营自己的一大标杆性案例，李志正在渐渐从小众走向大众。

在接受音乐财经专访时，李志表态：“我并没有想在这种所谓‘名’的高度继续往上走，或者说我从来没想过，我要成为汪峰、许巍、郑钧、左小祖咒这样的知名度高的公众人物，因为我没那个能力，而且我也不喜欢。”

经纪人迟斌对音乐财经说过：“对于未来的规划，我还没有想过如果他真的受到了更多大众的认可以后，我们该做什么。但是他会带头运作，然后我们还会继续管理配合，我知道他还能够做得更好！”

S.A.G 北京博生兄弟文化传播有限公司是李志六场巡演的主办方，为了降低风险，S.A.G 又聘请了乐童音乐做此次巡演的宣传，而乐视音乐则负责此次巡演的视频直播。演出的票房风险其实和李志团队无关，由主办方 S.A.G 承担，但是由于主办方是李志多年的合作伙伴，以前并没真正操刀过演出，一上来就连开六场，也是非常大的挑战。李志希望能和合作伙伴一起努力，把这一次巡演做到最好。

（文 / 音乐财经　2015 年 6 月）

【三】

对于加入太合麦田音乐，李志说，这个选择在别人看来可能很意外，但对于他来说是完美的决定。

10月23日晚，太合官方微博发布推文，宣布“李志遇到麦田”消息属实，麦田音乐厂牌与李志达成全面合作，太合音乐还将提供从全产业链的支持到专业团队的协助。

其实这样的结果在太合音乐前天发布了名为《假如》的推文后，就在大多数人的预料之中了。2018年7月26日，太合音乐宣布原创厂牌麦田音乐正式回归，老狼担任主理人，鉴于其和李志多年的交情，加之前不久李志经纪人迟斌的退出，李志最终做出如此选择，其实并没有太多意外。

今年叁叁肆山东巡演过半的时候，即麦田音乐官宣回归后的一周，老狼和张玮玮一同去了泰安为李志助唱。在宾馆见到二人的时候，李志开心得几乎像个孩子，手里点着烟，从沙发坐起来后手舞足蹈了一阵，连忙给两位老友倒酒。

这是老狼和张玮玮第二次主动参与李志叁叁肆的演出。坐在写字台前看着李志刚刚在宣纸上写下的“天下为公”四个大字，老狼调侃李志道：“谁会写‘天下为公’啊？只有你这种农民起义的，才写‘天下为公’。”

身体累了

相比于与太合“联手”，李志在前不久宣布将跨年音乐会改为内部聚会的消息似乎更让人意想不到。10月13日，李志在其个人微博、微信公众号“南京李志”中同时发布了该消息，并解释了以下三点原因：

1. 我累了

2. 没有新的让我感兴趣的音乐内容

3. 自由大于一切

从 2009 年到 2018 年，李志跨年演唱会已经持续办了多年，这次突然改为“闭门会”，对于李志的乐迷来说显然是一个不小的打击。

一名微博网友在李志该条微博下如此写道：“之前的八九年的时间，每年的元旦我都会赶到南京，其实不是为了那场演出，只是见见朋友，享受一下一年中最快乐的时光。突然想起 2009 年的江南剧院，想起户部街延龄巷。从没觉得跨年会结束，虽然结束是必然。该放就放，一切有开始就会有结束。”

今年 1 月，在台湾接受马世芳采访时，李志曾表示，做跨年演出是非常偶然的一件事儿，当时他觉得南京的 Livehouse 实在太差了，他想每年都做一场稍微正规一点儿的，于是就有了 2009 年在江南剧院的第一次跨年。从演出的设备租赁，到现场工作人员的选择，再到嘉宾邀请，每一步他都做得很认真，很仔细。一场下来没想到一做就是九年。

然而，到了第十年，如今的演出对于李志来说，却早已不是当年的模样。

2018 年 8 月 25 日深夜，青岛东方影都大剧院，在工作人员拆卸完最后一件舞台设备后，叁叁肆山东站的最后一场演出终于画上了句号。李志这支巡演的队伍，从 2017 年 2 月至今，将近两年的时间，每年几乎有 200 多天都是在巡演的路上。从开始时的极度亢奋逐渐走向低迷，这场身体上的消耗战终于在青岛画上了句号。

根据音乐财经的统计，今年从 3 月 3 日叁叁肆巡演云南站（15 站）开始，到 7 月 6 日开始的山东站（16 站）之间李志还分别在

上海、北京、苏州、杭州、成都、石家庄、南京等地出演了共计9场音乐节，其中5月份单月就有6场。而在此次山东站巡演后，李志又已经参加了6场音乐节的演出。

李志在叁叁肆的纪录片中把漫长的巡演比作跑步，“人就是很疲惫，很脆弱的，从春节到现在最难的就是，巡演完成了40%的样子，没有任何期盼。”

这几年，李志为了音乐，几乎没有个人生活，除了5月底去柬埔寨待了四五天，再往前就只有几年前那次为期一周的法国个人游了。

精神累了

2018年7月31日晚，叁叁肆在莱芜演出结束后的休息室，乐队队长余赣宁对李志表达了自己的不满，在狠狠地踹了一脚休息室的大门后，便扬长而去。

对此李志解释称，老余认为他不注重现场音乐，瞎弹。“我没有受过音乐的教育，包括写歌也是想怎么来就怎么来。”在李志看来，自己在音乐上是个自由派。

在俩人爆发矛盾的几小时前，在舞台的李志在一段吉他solo的跑偏后，索性即兴弹奏起了国歌。显然这不是乐队精心排练过的流程。从叁叁肆的纪录片来看，当台下的乐迷听出这个旋律后，很多乐迷都开始大声欢呼，甚至坐在二楼的部分乐迷也开始起身随着韵律扭动着身体。在演出前李志就被告知当地的文化局长坐在台下，后者随时可以叫停当晚的演出。

没有照顾乐队排练的成果，也没有管台下坐着谁。李志说，对于他来说那是一个出口，台上的出口。

从2009年到现在，很明显，音乐上的自由和精神上的出口对于李志来说是最重要的。这几年间，李志的音乐边界在逐渐扩大，已经很难用民谣或者摇滚来定义了。他的创作横跨了古典、电音、爵士等多个领域，配乐方面先后两次与国内知名乐团靳海音管弦乐团合作，在《定西》《黑色信封》《结婚》中加入了弦乐后使得现场气势恢宏。今年，李志还先后推出了《电声与管弦乐》和《爵士与不插电新编 12 首》两张专辑，他和团队在音乐的多样性方面一直在探索。

然而近两年庞大的工作量逐渐消耗了团队的精力。早在今年 1 月接受马世芳采访时，李志就曾说道，在 2017 年跨年演出的时候就纠结了好久到底要不要做。他不想像其他人一样，几十年一首歌这么演下去，甚至连编曲都不换。但让他无力的是，他现在找不到新鲜的音乐内容，喜欢的嘉宾也越来越少。

犹记得李志在 2010 年跨年演出时，曾一口气把半个民谣圈的“老炮”都请到了现场，包括了电吉他张玮玮、鼓手郭龙、贝斯马条、和声万晓利、周云蓬等，当然也有老狼。在苏阳结束了长达 30 分钟的演出后，穿着冲锋衣的李志又兴奋地冲上了舞台开始演唱歌曲《忽然》。

当然，让李志和团队陷入“精神疲惫”的不仅仅只有音乐。

在此次山东巡演其中一站的演出结束后，聚集在场馆门口的乐迷并没有散去的趋势，反而兴奋得开始了合唱。在叁叁肆巡演经理袁野反复的催促下，乐迷依旧坚持再唱一首。面色紧张的袁野只好跑到前面跟前排弹吉他的男孩讲道：“你们换个地方唱吧，这边公安都过来清人了，我们压力也很大。”这些李志都看在了眼里，“一个 90 后的小孩儿，为了我的事情，容易吗？”

此次叁叁肆在山东的巡演，一共落地了 16 个城市，因为部分城市难以找到合适的 Livehouse，无奈下大多都选择在了剧院落地。

除了场地的限制，据李志在叁叁肆纪录片中透露，这一轮演出行政管理上面临的压力更是空前严重，在叁叁肆巡演影响力越来越大了后，此次巡演连续被举报。

在巡演途中，团队的巡演灯光师早川绫子曾给李志看了一封来自她日本朋友对李志的认可，提到这封邮件时，早川甚至边哭边问李志：“国外的人都已经看懂了，你做的事改变了他们对中国的看法。为什么在中国，人们看不懂你做的事？”

李志笑着边吃边回答说：“如果看懂了，就不是中国了。”

麦田，李志当下最好的选择

在李志的团队中，很多人都习惯叫他董事长，似乎与外界普遍对他认定的独立音乐人的称呼有些不符。

从最开始单枪匹马的演出，到乐队巡演，和朋友投资打造欧拉艺术空间……李志也在时刻调整着自己音乐人与公司负责人的双重身份。除了要负责团队的日常运作、巡演、人员的开支外，困扰他最大的问题便是团队下一步该走向何方。他曾焦虑地说道：“如果有一天我被封杀了，我的团队该怎么办？”

2018 年 9 月 28 日，李志与经纪人迟斌解除了合作多年的经纪人关系，李志的官微称：“我们一致认为‘艺人—经纪人’模式已经不适合李志，迟斌将作为李志的私人顾问退居幕后，一个多人的经纪团队将接替迟斌工作。”

前不久，迟斌帮助李志与哇唧唧哇打响了维权战役，充分地展示了经纪人的职责实力，如今两人却又分开，这让不少人感到遗憾。

2018 年 9 月 8 日，迟斌曾在微博发布了一篇长文回顾叁叁肆演出，在文章中他指出，自己跟叁叁肆演出的场次并不多，跟巡演时，也总觉得自己像个废人帮不上什么大忙。显然，除了经纪人和当前的演出队伍，在演出这个音乐人最核心之一的业务上，李志需要更强有力的“靠山”来支撑他和团队。

不仅如此，今年在处理与《明日之子》版权纠纷的过程中，李志也曾在纪录片中表示，这件事严重干扰了他演出时的状态，失眠是晚上常有的事情。在经历了如此疲惫的一年后，究竟何种工作状态和工作模式适合自己，李志当然比所有人都清楚。

当然，像“叁叁肆”这种费力不讨好，更违背经济算盘的项目，在公司体系内注定不会成行，这也是不少乐迷在李志与太合达成合作后所担忧的事情。

但是如果李志跟太合，跟多年好友老狼在其发展方向上达成一致，双方携手创造出更大价值，有望探索出独立音乐人与公司联手更好的合作模式与商业模式。事实上，近些年，音乐人与唱片公司和独立厂牌的关系已经发生了很大程度上的变化，双方的合作模式也开始多种多样，李志是否签约太合，与他是否还是“独立音乐人”已经没有直接联系。

已经年至不惑的李志表示他认为他的价值就是，这么些年他在做着他认为对的事情。“（如果）或者我现在40岁（就）死的时候，里面大部分，到现在为止我还认为是对的。”

李志此前的愿望是在2028年自己50岁的时候在334个地级市做334场演出，还有九年的时间，九年一个轮回，不知道与太合达成合作后，李志能否离这样的愿望更近一步。

不过，可以肯定的是，李志的上半场已经结束，期待他的下半场。

（文 / 宋子轩　华井涛　2018年10月）

赵雷和城市民谣：“我要做一个跟着太阳走的人”

> “　生活中任何事物都能激发我创作的灵感，也许它当时正好符合我的心情，就会把它记住，然后用在歌里。”

采访赵雷的当天，正赶上北京入冬以来的第一场雪，气温骤降。在 S.A.G 的排练室，赵雷正在为 2015 年 11 月 15 日的北展演出进行一比一连排。走进排练室，赵雷正好唱着《北京的冬天》，“我感到北京的秋天就要走了……想一想似诗的南方阳光正高照着大地”，听着他唱着歌，也想想南方的阳光，好像真的不觉得冷了。

见到赵雷，他身穿灰色毛衣，破洞牛仔裤，棕黄工装靴，有点酷酷痞痞的样子，但遮掩在蓬松头发下的眼神是藏不住的疲惫和倔强。

年轻的赵雷发行过两张专辑，其中的《南方姑娘》《少年锦时》《吉姆餐厅》等多首歌曲被人们喜爱并传唱。很多歌迷感叹：“听多了，耳朵会怀孕的。”

赵雷也参加过《快乐男声》《中国好歌曲》等选秀节目，可他从未被贴上过“选秀歌手”的标签，人们对他更多的认识是一位“独立音乐人”，是那个爱在城市间流浪、不抱着吉他就唱不出歌的雷子。

“我唱的都是真实的生活”

“我与音乐结缘是来自同学的鼓励，上学的时候我就挺喜欢唱歌，平时没事就跟同学一起唱，也忘了是谁说的，‘你以后就去唱歌吧’。高中之后我就考了一个跟音乐有关的学校，然后就一发不可收，开始弹着吉他唱歌了。”

赵雷说他唱歌是因为喜欢，但不会强迫自己一定要从事这个行业，不会为了生活或者名利去唱歌。但后来他发现，唱歌还能给他带来一些生活上的来源，“原来我还可以依靠它，一边爱着一边做着，这挺好”。

最早赵雷在北京的地下通道唱歌，然后去了后海的酒吧，他算得上是后海酒吧歌手中的元老人物。在那里，他认识了赵照，一位在他日后音乐道路上至关重要的人。不过赵雷并不喜欢酒吧的环境，他觉得那里的人根本不懂音乐，也听不懂他在唱什么。所以他决定去远方流浪。

作为一个独立音乐人，想写出好的作品，要么读万卷书，要么行万里路，打小就不爱学习的赵雷选择了后者。“我本来就比较喜欢旅行，而且我心里一直装着一句话，好男儿志在四方，要行万里路，所以我就选择出去看看。第一站选择去拉萨，因为它在我心里是最远的地方。”

“其实在去拉萨之前，我在地下通道里唱歌的时候认识了一个朋友，叫彬子，比我大，我就以哥相称。我能去那么远也多多少少是受了他的一些影响，因为他那时候去了拉萨，我也就去了。彬子是给我感触很多的一个人，赵照是在音乐上给我思想和

灵魂的人。”就这样，赵雷一路从北京去了拉萨，足迹遍布陕甘云藏，这些旅途的日子给了赵雷创作的灵感和源泉，“我唱的都是我真实的生活”。

“参加选秀为了对自己认可”

2010年赵雷参加了《快乐男声》选秀节目，几经周折差点就进入全国10强。比赛中坚持唱自己的原创作品和小众音乐，有鲜明个人特色的赵雷得到宋柯等评委的高度评价，赵雷在台上的一句话“有些人可以唱歌，有些人必须要唱歌，我就是那个必须要唱歌的人”给观众留下了深刻的印象。

这个有些腼腆，但对自己音乐充满自信的赵雷也得到很多人喜欢。比赛后他自己制作了人生中的第一张专辑《赵小雷》，其中《南方姑娘》被传唱甚广。2013年的《快乐男声》中，人气选手左立再次翻唱这首歌，通过主流媒体的宣传，使其原唱歌手赵雷的名字让更多人记住。

2014年，赵雷又参加了《中国好歌曲》，一曲《画》得到刘欢“无可挑剔”的高度评价。赵雷说，“参加选秀节目并不是要得到导师或观众的认可，我是想得到自己对自己的认可，我做的音乐必须要能过我自己这关。”

在2015年的《中国好声音》上，张鑫鑫和黄凯又翻唱了赵雷的《少年锦时》，又一次引起网友热搜。同时，在《蒙面歌王》上，谭维维翻唱的赵雷的《三十岁的女人》被电影《剩者为王》选为宣传曲。

在赵雷的音乐中我们找不到过于花哨华丽的音符，听到的每首作品都像是在窥探这位大哥哥的个人日记，又或是书信和行记。

他唱邻居家的“南方姑娘”，唱思念的“妈妈”，唱远嫁异国的“姐姐”，唱非要走的“前女友”，他也唱不想去的丽江和带不走的成都，偶尔也会调侃下赵小雷和雷小赵的生活。这些都是他对生活的记录和感悟，自然生动，不加雕琢。

以前听到赵雷的《已是两条路上的人》，“如果你非要离开，那我就当你死了”，会感慨赵雷的心肠有点狠毒，但其实生活中的赵雷很看重感情。他慢热也长情，他的手上至今还戴着和初恋女友一起买的戒指，“当时我们俩一人一个”。

说到初恋，赵雷说，“我的感情生活跟大部分人都一样，初恋就像是真挚的青苹果”。对于赵雷来说，爱情是生活的一部分，也是音乐创作的源泉。

“做一个跟着太阳走的人”

“赵雷真的特别像刺猬，在外人看来他很冷很倔强，但其实在熟人面前他会开玩笑会撒娇。就像刺猬一样，外表是坚硬带刺的壳，其实有着柔软白白的肚皮。”

生长在北京胡同的赵雷，带有一种京城特有的痞气，平日爱打拳，爱骑机车，爱穿酷酷的机车服，这似乎跟我们印象中那些游荡在胡同的“胡同串子”有些吻合。但生活中的赵雷却是一位靠谱的好青年。他的经纪人齐静说：“雷子绝对自律，生活作息规律特别健康，平时他都会去练拳、健身。有时候我们一起出去玩完都会睡懒觉，但他还是会早起晨练。他经常发早餐图到微信群跟我们说，你们不要把时间都浪费在被窝里。他真的是每天都睡得特别早，然后七点钟起床出去锻炼，赶上巡演他六点多就起来了。”

“我要做一个跟着太阳走的人。”赵雷说。

采访中，我们发现他的水瓶上写了一个“雷”字，他的乐手告诉我们，赵雷要求每个人都要在水瓶上写自己的名字，这样在喝水的时候不会搞混更不会浪费。

赵雷的确是一个特别细微和有着敏锐观察力的人，生活中很多不经意的细节都能成为他创作的切入点，创作更多的作品。“生活中任何事物都能激发我创作的灵感，也许它当时正好符合我的心情，就会把它记住，然后用在歌里。”

在民谣圈正火的赵雷拥有越来越多的歌迷粉丝，有些歌迷会通过一些视频记录找到赵雷的住处，想办法把一些吃的喝的放在他家的窗台上，或是挂在他的摩托车上。“我都会吃的，我尊重那些给我送吃送喝的小歌迷，但我没精力跟他们每个人都成为朋友，我就是个普通人。”

赵雷说，平时在街上有人认出他要求合影他都会答应，“其实我挺臭美的，打小就爱臭美，但有时候我没洗头就出门，遇到要求合影的歌迷我就挺尴尬的”。

“快三十了，要过得有意义”

赵雷说现在自己的生活很好，心情也特别平稳，他希望能一直这样顺延下去。说到对未来的计划，赵雷说他要挣钱，要买房子，组建家庭。“我家人本来就少，我得抓几个壮丁，给家里添丁。等我到45岁，孩子也十几岁的时候，我就带着妻子去坐游轮，管他是太平洋还是哪个国家，我们要去那些海岸看看。国内也有好多能去的地方，具体去哪到时候再说吧，谁知道我未来的妻子怎么想的，她现在在哪我都不知道呢，我还是先看好我家老头儿吧，他就是我家的一宝。”

“我母亲离开之后，就我和我爸一起生活，我们俩的感情是最好的。他现在是老小孩。很多时候不听我的，还吃硬不吃软。”说到这儿，赵雷马上拿出手机让我们看他和老爸的聊天记录，平凡又充满趣味的父子对话，透露出满满的爱意。

赵雷说自己平时赚了钱就全给父亲，他过了一辈子苦日子，现在让他活得轻松些，“老爷子本来就是心大的人，不像别的老人什么话都憋心里，他好多事都能想得开。我给他报了老年大学，平时他就去学书法什么的，然后我每隔一天就带他去游泳，有时候他不想去，我说不行必须去，他身体挺好的”。

不到 30 岁的赵雷有着超越年龄的阅历，他说在几年前就有紧迫感了。这次巡演完他就要做下一张唱片，“其实我自己的歌还是挺多的，我要把它们做出来，逐渐让自己投入更深一步的音乐创作中，让音乐给自己洗礼，毕竟我快 30 岁了，一定要过得更有意义”。

如今赵雷依旧没有签约任何公司，他说：“签约就像卖身契一样，我要的是更自由。”寻求自由的赵雷依旧在坚持没有商业气息的创作，歌唱真实生活是他不变的初衷。对于做音乐，他只要求自己对自己认可。

如今这个有些喧闹的民谣圈，赵雷算是一个另类。不卖弄情怀、不经营粉丝、不靠圈不混圈、不追赶文艺浪潮，生活作息规律、热爱运动、戒不掉烟、开心的时候喝点小酒。

热爱唱歌的他一路从北京的地下通道唱到后海酒吧，再到拉萨、丽江乃至全国各地，最后重回北京。在 Livehouse 办专场，参加音乐节，直到这次的北展剧场演出。

这一年，赵雷推掉的演出是他之前参加演出的两倍还多，他不想被商业利益套牢。每一步都踏实地走好，不焦躁不越步，成功是水到渠成的等待。

但赵雷内心仍带有棱角，有一种不愿妥协的倔强，不愿更多人了解他的生活。他说他不喜欢接受采访，因为大家问的问题基本都一样，想说的早就说过，不想说的谁也问不出来。

但在这次接受音乐财经专访时，赵雷还是聊了很多自己的心里话，也让我们看到了一个比较真实的雷子。

音乐财经： 从2011年开微博到现在才更新过82条，这两天还连着发了两条，而且发了你弹琴那视频太出乎我们的意料了。

赵雷： 第一条那个票务链接是他们逼我发的，要证明我真要去巡演了。第二条是我早晨起来，弹着钢琴练着歌，突然发现我今天穿的这件小T恤和衬衫还挺好看，然后就想拍下来。《成都》这首歌我一直没有时间编曲，很多人都问我要，我想拍一下就录这首歌吧。我自己拍的，也没拍脸，只拍了上半身，录完看了看觉得我这歌弹的感觉还不错，我就发给齐静（赵雷经纪人），问她怎么样，要是好我就发微博了。她马上说，快发快发！

音乐财经： 你会通过微博来经营自己的粉丝吗？

赵雷： 粉丝不是你想经营就能留住的。他们一波波地更新，永远在轮换，他们就像是你的荣誉，可荣誉是把持不住的，随时会消散，我就踏踏实实把现在的事做好就行了。

微博对我来说就是一个软件，我手机里都没有，每次都是用电脑发的。最早是一个朋友帮我申请的微博，他说“你应该玩玩这个”，我当时都不知道怎么用。他弄好了之后，告诉我可以发照片什么的，我当时正在吃饭，他说你就这么一拍，然后一发，就上去了，所以我的第一条微博是一盘萝卜皮。

以前心情好的时候我会发一些内容，就像相册一样去记录一些时光。我每次发完都有很多人去评论留言，慢慢我就意识到这东西其实是用来留住粉丝，跟粉丝交流的，我就不怎么用了。而且我不喜欢把自己生活中的细节都透露给大家，今天吃了什么喝了什么，太啰唆。

音乐财经： 可是很多粉丝都想通过微博平台去更了解你啊？

赵雷： 我觉得我还不是偶像，不太喜欢让别人去追捧，我就是个普通人。要想更多地了解我可以去听我的音乐，看我演出的现场，但在生活上我并不喜欢展现过多。

我的歌迷的确帮过我很多，但我还是要坚持自己的生活。你可以在台下喊我或者怎么样，因为在台上我就要履行我音乐人的职责，要对每一位歌迷负责，要把每一首歌唱好。你来看我的演出是觉得我值得你来看，但如果你不喜欢我，要退票，那是我的问题。所以在台上我是公众人物，演出过后我就还是我，一个和你们一样的普通人。

音乐财经： 大家习惯给你贴上“城市民谣”的标签，而且现在民谣也越来越被更多人喜欢了，你怎么看？

赵雷： 我不喜欢自己的风格被限定。我做的音乐自己喜欢，能打动别人，让别人听到以后也能喜欢，这就行了，为什么一定要给贴个标签呢？当然，我骨子里肯定是流着民谣的血，但在做音乐的时候我不能被这种风格所束缚，我还是要随意地发挥，不受任何思想的拘束，这一直是我做音乐的态度。

我一直觉得，音乐没有好不好，只有你喜不喜欢。一般有人问我，你觉得这歌怎么样，我会说我不太喜欢，但我不喜欢不能说明它就不好。音乐总是能打动人的，可能是一小部分，也有可能是一大部分。

现在民谣的确被更多人接受，但其实很多人吃的是快餐，是大众媒体给的，并不是他们真的喜欢，是在主观意识里就觉得太

好听，多听几遍就好听了。为什么有很多文艺青年会喜欢，因为他们接触的东西多，有自己的个性，他们不喜欢大众都喜欢的东西。在一定范围里，民谣现在还是比较小众的。

音乐财经：最近出了新歌《再也不会去丽江》，丽江是对你很有意义的地方，怎么就失去兴趣了呢？

赵雷：因爱生恨吧！你是不会因为一个地方变了就不去了，毕竟在一段时间里它曾带给过你很多美好的过往。可是我再回去的时候已经物是人非了，我就觉得没必要回去了。

我第一次去丽江的时候它还没有商业化，我们是坐大巴车去的，一座山一座山地盘着走，从这座山望向那座山，就能看到一串串像龙灯一样的路灯。到了丽江有朋友来接我们，把我们接到古城里。

我特别喜欢那种感觉，到处都是小木屋，之前都是在电视或书上见过这样的场景，没有自己身临其境过。丽江真的是一个很舒服的地方，因为我们第一天到的时候是晚上，路上也没什么人，走在小石路上的感觉就是特别舒服，现在想想也很舒服。

音乐财经：现在选秀节目依旧是很火热，你也参加过选秀，怎么看现在的选秀？

赵雷：参加《中国好歌曲》是我觉得当时应该走的一步，因为做音乐这么多年，我也想让家人看看，我没白玩音乐。对于家人来说，能上央视的节目，能有大牌嘉宾去点评你认可你，这就可以了。

但我自己并不是因为央视的节目能露脸，能有一个把我推送上去的平台或者捷径才去的。参加节目对我而言只是我要走的一步，就像做音乐，你做了一首歌，你要编曲，把它变成唱片。这只是我音乐计划里的一步而已，之后我还是要做自己的音乐。

现在的音乐市场，选秀节目选出来的歌手大多都废了，他们只顾着眼前的利益，没能继续往上走，也没能谦虚下来去学一些东西，陷入了一个误区。如果说他没火还好点，一旦火了，他靠着这个火就很难上升了。所以我建议，参加完选秀节目还是要沉下来做点事，要有一个做音乐的过程，这是一个基础，一步登天的成功是不会太长久的，也是不值一提的。

《好歌曲》之后很多公司想跟我签约，我从来没有动心过，我还是自己继续做音乐吧。

音乐财经：听说你这次在北展巡演的票不到一个月就全部售罄，680 元的票都炒到上千元了，你知道吗？

赵雷：知道，一个哥们儿跟我说，你现在的票价太高了，我都去不起了。在这儿我必须解释一下，票价的提高是因为我们的演出质量在提升，成本也在提高。

我希望那些没钱的小乐迷也能到现场，但没有办法，我只能把音乐现场管好，其他方面做不了主。而且各个方面的成本也都在提高，包括灯光、舞美、乐队，这不比在之前 Livehouse 的演出，靠着仅有的灯光和音响设备就可以完成一场演出。现在我想走到一个大舞台上，各方面都要完善，演唱会的每一个环节我都有参与，很多问题也让我很纠结，但真的没有办法。

我希望大家能理解，演出提升一个高度，票价没办法不提高，要不连乐手的费用我都给不起，因为包括演出的场租费，都在提高。我知道我走到大舞台不能丢掉那些曾经最单纯的东西，如果有可能我们会把票价做到最低，来回馈歌迷。

音乐财经：想过去工体开演唱会吗？

赵雷：之前看到有人在音乐节上演出，我会想我什么时候也能上音乐节；看到有人在工体演出，我就想什么时候我也能去工体开啊，确实有过这样的想法，但从来没有奢求过。我觉得一切就是水到渠成，如果我自己没有达到那个程度，硬要拿下这个场子，这种演出我也不会觉得开心，还是随缘吧。

音乐财经：这次的巡演为什么会选择和 S.A.G 合作？

赵雷：S.A.G 还没成立的时候我就跟姜北生认识了，那会儿他已经制作过很多张唱片，是号称"姜百万"的大师了，我就是个小屁孩。后来我们特别熟，关系特别好，他们有了公司，开始做设备技术上的支持，还有录音棚，我们就开始有合作。我觉得姜北生是一个有意识而且很细心的人，他做出来的东西必须过得去自己这关，同时他还很大气，不计较小事，一看就是能成大事的人。

我们这次谈演出基本是一拍即合，我在心里面很认可他们。我是从姜北生那里了解到他们的，包括杨子、张博，他们三个核心人物，还有下面的员工。他们整个团队做事上都非常严谨，要么不做，要做就做到最好，这点特别难得。

这次的巡演有十几站，S.A.G 是我们的甲方，我和她（经纪人）是乙方，我俩完全没有感受到压迫感，他们不会要求我们做什么，反而是他们在帮助我们成长。很多事情我们也有争论，但一切的争论都是在为我好。我们在一起就像是一个大团队，这样的感觉很好，让我感到特别踏实。也只有这样的合作才能做出好的东西，能让演出达到最满意的效果。

音乐财经：巡演之后就要发新专辑了吧，大概什么时候发？

赵雷：新唱片计划明年五六月份发，所以时间还是比较紧的。我们在巡演的过程中就要回来录唱片，我做唱片还挺磨叽的，听到哪儿不合适就要改到满意。我做音乐听的是整体感觉，一些小细节能过去就过去，但它必须整体符合我的音乐气质，或糙或精致，我要判断这是不是我想要的，是不是符合我个人气质的音乐，这点很重要。

（文 / 李笑莹　2015 年 11 月）

“95后”谢春花：“想做什么就坚持做什么”

> 从清新的歌谣，率性的摇滚，到慵懒的Bossa nova，再到正在制作的第四张专辑中略显阴沉的小调，每当外界想对这个‘95后’少女的音乐下定义时，她都会用作品进行驳斥。

【一】

半小时后演出就要开始，坐在北京糖果三层后台休息室的谢春花正低头玩着手机，这是她首张专辑全国巡演的第十二场，一天前她刚在北京的另一个场地与上百号粉丝见面。

“你好，”谢春花抬头冲我一笑，看了下手机，“我们大约在演出开始前5分钟结束采访吧。”随后她的笑颜消失了，有些严肃又有些谨慎地等待着接下来的对话。

坐在对面的谢春花，带有一种距离感，我进门前她坐的位置与即将同台的乐队也有着微妙的间隔。她有些疲惫地撑着下巴，审视的眼神中透露着戒备，让我担心接下来只有半小时的采访，能否顺利进行。

好在随着交流的递进，她逐渐放下了警惕，笑容越来越多，让我看到了她朋友形容的可爱一面。之后春花也解释了有所戒备的原因，“以前有人乱写，我明明没说，他们却写成我说的”。说着这句话，她眼珠轻微上抬快速完成了一个俏皮的白眼。

单打独斗

谢春花本名谢知非，尽管她改了个接地气的艺名，尽管她在交流中眼神会发光，但从她身上散发的疏离感总会在不经意间露出，这大概与她一直喜欢进行一个人的艺术有关。

学过四年国画的她平时会享受画画的过程，也时常会写几笔书法，闲时还会看些短篇小说、读读诗集，这无形中让她适应了孤独。

孤独有时候会击垮一个人，有时会撑起一个人。

2015 年，谢春花出了一张合辑后立刻在 20 天内走完 8 城巡演。但很少人知道，那一次的巡演全是她一人策划和执行的。说到这件事时，她有点小自豪也有点小无奈。

一般来说，巡演的策划都由巡演经理来负责，因为巡演涉及场地、设备的沟通和自己时间的调整安排，说起来简单，执行时每一个环节都非常重要和烦琐。还在上大学的春花，在没有任何巡演经历的情况下一人走完 8 城，确实很有勇气和冲劲。

对于音乐人来说，像巡演一样与音乐创作无关但又复杂的事情还有很多，谢春花都在一个人努力完成。在单打独斗时，做什么不做什么，是多道磨人的多项选择题。

在淘宝上有一家名叫“春花面馆”的店，专门卖她的周边，现在基本由她本人打理。虽然她也曾尝试与他人合作卖周边，减

轻一部分工作，结果别人卷钱跑了，最终还是得自己来。现在，春花说虽然周边的销量不错，马上就卖完了，但暂时不会继续了，“真的没有时间去盯这些”。

在忙得焦头烂额时，春花在微博上发牢骚表示，下一张专辑要晚一些出。第一张专辑制作时有太多的亲力亲为，比如专辑封面的设计、歌词的书写、众筹的筹备，加上当时生的病，让她沦陷到了“完成任务”的状态。现在她说专辑还是要按部就班地出，明年会发自己的第二张专辑，依旧会把作品放在第一位，只是“不去赶了”。

伙伴

说起来，谢春花的音乐创作是因何而起，又是因何从尝试做音乐转变到坚持做音乐，都与“伙伴”有着或多或少的关系。

2015 年初，因伤在家、再加上与男友分手，让春花有了用音乐表达自己的时间与机会。她在《荒岛》中写出的“你听不见我的哭泣”，成了那段时间她作品中最贴近自我的表达。不过彼时她做音乐没有得到家人的认可，只能在小世界里表达自己，在学校里仍然是成绩优异的好学生。

在谢春花的个人公众号里，有一篇她曾用英文写的课堂作业，有些私人，却在她整理的时候留了下来，标题为《给三十岁的自己》。文章的字里行间透露出了她对音乐的喜爱，以及对未来从事音乐的不确定性。

> The career choices sound massive but are you sure that what you are doing is exactly the one you love？（事业的选择很重要也很复杂，不知道现在你选择的是不是内心真正热爱的

事情？）

Among all these choices, I know you love music the most, and drawing at the second place, then English the last.（关于所有的选项，我知道你最喜欢音乐，其次是绘画，然后是英文。）

“那时候父母并不支持我做音乐，整个人是很迷茫的状态，当时我连编曲都不懂，完全是一种无头苍蝇的感觉。不像现在遇到了这些朋友们、乐手、编曲老师，大家一起做音乐。”

经历了“不得志”的低谷后，谢春花得到了朋友对她音乐的认可，也逐渐认识了能一起做音乐的人，让她对站上舞台用音乐传递情绪有了更大的兴趣和信心。这虽然不是她现在从事音乐的全部原因，但也成为一个关键的转折点。

“是什么让你坚定了做音乐的心？”

“一方面我从小到大都是想做什么就坚持做什么，我自己本身对这件事的喜爱就在里面，另一方面我在音乐这块也取得了成果，两者都对我有促进作用。”

从那以后，谢春花就正式开始了自己音乐人的旅途。现在，她的巡演从曾经的一把吉他变成了和乐队一同上台，多了一起玩音乐的伙伴，让她更加享受做音乐的乐趣。当初被琴庐乐器找去录“睡前练会琴”视频的春花，认识了现在经常合作的吉他手卢山，两人成了相互支持鼓励的朋友，“望我们共同见证彼此的音乐之路”这句话，正随着时间一点点实现。

校园的伙伴、音乐的伙伴，谢春花也在寻找工作上的伙伴。在今年7月，谢春花工作室正式成立。“我觉得很多事情还是需要一个团队来完成，我不想用个人与个人的模式合作，还是想以

团队的形式。”

目前谢春花工作室只有春花自己和一位助理，在最近的一个月里助理也换了两次，对于走在巡演途中的她来说，不知心中是否会产生波动。同时她也提到暂时没有经纪人，并表示在碰到合适的人之前不会太强求，“我希望这件事顺其自然吧，想找到互相尊重、有足够工作能力的工作伙伴”。

一步一步

“去年我第一次巡演的时候，台下最少只有 10 个人，最多有 150 人左右，现在你们这么多人跑来听我唱歌，我很开心也挺感激的。”谢春花抱着吉他在舞台上说道。话语并不煽情，但刚好让台下的粉丝感觉到温暖。

作为演出的一部分，串场是不少音乐人在台下会默默练习的部分。春花舞台上提到的两个数字，在 10 分钟前的后台刚重复过一次，之后的串场也用了不少采访时聊到的话题。对于知道真实情况的人来说，除了看到她还略显稚嫩的串场，也看到了她学习与适应的努力。

这一点在她对演出的热情上，也非常明显。实际上，谢春花的第一张合辑《一棵会开花的树》是因为想演出才制作的。合辑做好后她迅速展开了人生第一次巡演，那次 21 岁时的巡演，对于宣传有足够的噱头，对于她来说则是经历大于成功。

让人意外的是，尽管她当时微博上的粉丝只有 1000 多人，但那次的巡演并没有赔本。问到原因时，她没有给出答案，只说当时是抱着出去玩的心态做巡演，选了一些很冷门的地方去演出，有的地方甚至根本没有她的粉丝。

而相比于去年的巡演，现在谢春花微博上的粉丝数早就从

1000 多涨到了 10 万多人，在各大音乐平台上吸引了总计超过 30 万人的关注，巡演门票也是场场售罄，甚至在北京机缘巧合连开了两场，第二场预售的 800 张票也一抢而空。

相比于大多数音乐人名气缓慢地上升，她确实是异军突起的那一类。不过她在采访中纠正“突然火了”的用词，强调自己“是慢慢积累起来的，没有一夜成名”。面对快速上涨的粉丝数，春花自然是开心的，她希望有更多的人能听到她的音乐，不过也不会因此而浮躁，因为她做音乐的初衷并不是为了出名。

粉丝源源不断地增加，让她成为 2016 年知名度上升最快的独立音乐人。她不会想到，2015 年在写给 30 岁自己的信中，还需要忐忑问的问题——“是否上过音乐节”，在写信后的一年，她就登上了不少音乐节的舞台，回复了不错的答案。

“想过为什么你会这么受欢迎吗？”

她停顿了 2 秒，似在思考答案，“因为我很认真做音乐。其实我也不知道是为什么”。

在春花的心里，做音乐的时候只要认认真真就好，不用绞尽脑汁讨好谁。她曾在微博上写道：“名字不是问题，年龄不是问题，经验也不是问题，写歌这种随心而为的事其实没有什么努力不努力，成功不成功可言，该努力的其他方面太多，走下去就行。”

谢春花也确实在认真做音乐的同时，去努力完善其他方面。在今年走进剧场表演过一次后，未来她想更多地走进剧场，除了通过在设备、环境、声场等方面提高演出质量外，她也想让来看演出的人享受到更好的体验。“人挤人看演出，确实不会很舒服。现在我父母会听我的音乐，未来到剧场里演出的话，他们可能也会来。”

有人认为春花身上有种老派音乐人的气质，不像现在新晋的音乐人那样很看重宣传营销，不断尝试各种新形式。春花接下来的专辑不太会考虑以众筹的方式完成，也不想玩太多概念，就是踏踏实实地做音乐、做演出。

此外，除了最开始自学乐器、录音、编曲，接下来她也想学学架子鼓，像个小学生一样在音乐领域持续探索。"说出去的话泼出去的水，现在被你记下来，看来不学不行了。"春花咧嘴笑着对我说。

赚钱，把音乐做得更好

认为只有穷才能创作好音乐的时代已经过去，现在的年轻人越来越正视商业化这件事。不少音乐人都不避讳表达自己需要钱的事实，因为只有更多的资金投入，才有更好的录音条件、更好的混音师，才能制作出更好的音乐。

"钱对于音乐人来说太重要了，"春花自然地说，"我想赚钱，因为我想把音乐做好，而不是我做音乐因为想赚钱。"

春花从一开始做音乐就没有经历经济上的困难，不过对于还在念大四的学生来说，做音乐是一项巨大的额外开支，如果能够通过自己的作品来支撑自己前进，自然是最好的情况。她说现在能赚到钱并不在最初规划的范围内。

随着春花名气的增长，有不少唱片公司和厂牌找上门来，不过都被她一一拒绝了。谈到理由，她提到了不少独立音乐人都在意的词——自由，她说自己并不是固执己见的人，也会从大局考虑，但不喜欢别人对她的作品指手画脚，她需要能够独立管理自己的专辑。此外，目前她所有作品的版权都还在自己手中，没有找任何一家平台代理，"只有版权在我自己手里，才最安全，是不是？”

对于资本的态度，她虽然还有些摸不着门路，但并不排斥去谈一谈具体的事项。不过就像她一直说的，赚钱只是为了更好地做音乐。

现在她眼前的事情，就是巡演结束后，回家休息休息，做好下一张专辑，完成自己的学业。顺便在平时玩玩猫，画一幅画儿，继续自己喜欢的事情。

采访最后，我落俗地抛出了一个问题：

“如果有人在更大的平台上翻唱了你的歌，你会怎么想？”

“我会想有没有授权给他。”迅速做出回答后是她没绷住严肃劲儿的可爱，“我肯定会全力捍卫自己的权利，表态至少是要表的。”

（文 / 于墨林　2016 年 11 月）

【二】

在短短三年时间里，“95 后”音乐人谢春花迅速发展，成为独立音乐市场里的一匹创作型黑马。

2018 年 5 月 20 日，谢春花数字专辑《点心》登陆网易云音乐，迄今已销售近 31 万首，累计销售额 62 万元。随后，与该专辑同名的谢春花全国巡演“点心”演唱会也于 6 月 20 日正式启动，落地上海、成都、郑州、宁波、广州和深圳六城。

2017 年 4 月，谢春花选择签约华谊兄弟音乐前老总袁涛创立的公司心喜文化，同年 5 月底发行了第二张创作专辑《知非》。紧接着，夏天繁忙的毕业季来临，谢春花从浙江工业大学英语翻

译专业毕业，正式成为一名职业音乐人。

在大学校园里，谢春花就已发行了她的首张专辑《算云烟》，其中《借我》《茶酒伴》《我从崖边跌落》《荒岛》等一批代表作迅速在网络走红，当年年底在Livehouse里举办的演出更是挤满了人，落不下脚。

距离音乐财经上一次采访谢春花已经过去了整整两年时间。这两年中，谢春花微博粉丝从十几万涨到了如今的一百三十多万，演出从Livehouse走到了剧场，她也成了各大音乐节的常客。

在袁涛看来，谢春花并不能被简单地定义为民谣歌手，或者独立音乐人，她做的其实是带有自己特色的流行音乐，毫无疑问的是，"春花具备从小舞台到大舞台发展成为大艺人的实力"。事实上，谢春花这两年来一直在学习乐器和音乐制作，增加阅历，尝试驾驭更多元化的音乐风格。

从清新的歌谣，率性的摇滚，到慵懒的Bossa nova，再到正在制作的第四张专辑中略显阴郁的小调，每当外界想对这个"95后"少女的音乐下定义时，她都会用作品进行驳斥。

"你们想不到她会去这么创作，一个独立的音乐人，她对于自己创作的歌词，她去写，她可以是无限的。这就是我们大家都喜欢她的地方。"著名音乐制作人董冬冬在网易云音乐11月22日上线的节目《云村听歌会》中这样评价谢春花的创作。

在节目里，谢春花作为"替补贝斯手"，七日内"慌忙练琴"，与鼓手、吉他手一起，以一种更为摇滚的配置，演绎了自己2018年新专辑《点心》中的主打歌曲《昨夜梦 今辰你 明日念》。

像这样对不同音乐风格的探索和尝试，谢春花已经做了很多次。时间退回到一年之前，她和好朋友陈鸿宇在节目《音乐好朋友》里，互相改编了对方的一首歌。当时谢春花跟乐队的吉他手卢山说自己要弹电吉他，卢山表示怀疑，谢春花很坚决，她说自己为了演出可以“每天练习 28 个小时”。

录制当天，陈鸿宇才知道谢春花改编的是《理想三旬》，他看着台上彩排的谢春花，称赞这次动感的编排，“跟她今天挎着电琴，红色头发，马丁靴的形象很搭”。

2019 年 1 月，谢春花在北京展览馆举办“花语时”个人演唱会，她选择用这样一场演出迎接自己的 24 岁。一年前，谢春花在心喜的筹划下，前往北京北展剧场举办了首场个人主题“花开时”演唱会，这是她第一次登上大舞台举办专场。

2018 年在筹备演唱会的过程中，谢春花也没有上一次那么紧张，因为上次有太多不确定的因素，而这一次她的姿态从容多了。“去年花开时，今年花语时”，谢春花想延续这个概念，这一次她会在演唱会上弹贝斯，增加一些新的环节和元素，尽自己所能为歌迷展现一些不一样的东西。

谢春花透露，2019 年上半年她计划推出第四张个人专辑，随后也将开始新专辑的新一轮巡演。目前，新专辑歌曲已经完成了大部分制作，编曲也完成了百分之九十。最近一次她来到北京就是为了进录音棚录制，顺利的话，新专辑春节之前就能全部做好。

这个月，谢春花忙着筹备演唱会、录制新专辑，空隙时间接受音乐财经时隔两年后的“跟踪采访”，月底还要去国家会议中心做一个演讲。她意气风发，行程紧凑，要忙坏了。

音乐财经：2016 年底采访你的时候，你还是独立音乐人，当时说想保持一种“自由”的状态。去年选择签约公司，如今你怎么看待“自由”这个词？

谢春花：我觉得自由都是相对的吧，没有绝对的自由。而且，一直以来我所说的“自由”，都是创作上的自由。

我（签约）之前没有经纪公司和经纪人，其实那段时间我会有很大负担。除了创作之外，我还要去包揽很多我不擅长的工作，包括跟人交涉啦，还有经济上的、宣传上的东西。这反而会耗费我大量时间，让我没办法安心创作。所以在遇见心喜（文化）之后，我跟他们说，创作的部分还是归我自己，包括专辑的风格、制作的成本，还是我一个人出。然后宣发的部分交给公司处理，因为他们比较专业嘛。目前就是这样的状态。

音乐财经：从第一张专辑到今年发行第三张创作专辑《点心》，经历了怎样的过程？

谢春花：2017 年 4 月份的时候，我写了这张专辑里面的第一首歌，就是歌名非常长的那首《如果写不出好的和弦就该在洒满阳光的钢琴前一起吃布丁》（多被简称为《吃布丁》），那段时间我的创作比较多，（内容）都和自己的生活经历有密切关系，而且大致都是在说同一个主题、同一个事情。

所以，后来就有了一个概念，就是把这张专辑作为一个记录生活中难忘点滴时刻的一张专辑。算是我自己的一个私心啦。因为我的第一张专辑《算云烟》，是一个比较突发奇想的事情，当时手头有很多创作出来的诗词，就做了一张这样子的合辑。

第二张就没有那么拘谨，《知非》放了一些之前想放但是放不了的（音乐），比如《我一定会爱上你》这样不那么诗情画意的歌。到了第三张专辑，其实我自己没有一定要做一张甜美的专辑，或一定要有什么改变，我觉得这些都是很自然而然的，根据自己的状态来决定的。

《点心》这张专辑，记录的是我 2017 年 4 月到 2018 年 4 月，一整年的经历，我的心情和想法，所以它就是我整个22岁时候的状态。

接下来的新专辑可能又会跟《点心》很不一样，有很大反差。如果说《点心》是明亮的、甜蜜的，那下一张可能会比较阴暗，讲的事情大多和爱情无关。

音乐财经：《点心》的实体唱片里有很多设计和心意（CD+写真+台历+歌词本），当时和团队是怎样策划的？

谢春花：嗯，台历的插画部分，有些是歌词的内容，有些是我之前的创作。因为第一张专辑完全是我自己设计的，当时就遇到了一些问题，因为我想画的东西，我表达不完全。所以在第二张专辑的时候，找了一位我非常喜欢的插画师，叫鹿菏，当时找他来画插画，他画每幅画我都要跟他沟通，相当于借他的手和画笔把我想要表达的东西表达出来。到了第三张专辑，刚好，我也开始学习水彩了，然后就自己画了一些。但是上一张已经是歌词+插画的配置了，觉得没有必要每次都做同样的事情，所以这一张又加了一些新的东西，像台历这样子。

音乐财经：是从什么时候开始学贝斯的？

谢春花：10月底的时候，我要去网易云音乐录一个节目，叫作《云村听歌会》，当时在选曲的时候，我不太想选自己专辑里比较安静的歌，像钢琴、木吉他这种。因为上一次被网易云音乐邀请去做那个《音乐好朋友》，我也不喜欢安安静静弹木吉他那种。我可能更喜欢乐队配置，所以选了一首比较摇滚的歌《昨夜梦 今辰你 明日念》。因为当时先确定了是3个人，已经有了鼓手、吉他手，缺一个贝斯手。所以我这个替补贝斯手就上了，也开始学贝斯了，一直到现在也还在学。

音乐财经：出道以来你的创作一直保持着平稳且快的速度。

你曾说过，这都是很自然的状态。但是这两年你在学习乐器和音乐制作，有帮助你提高创作速度吗?

谢春花：我觉得不是这样子的，应该说，现在反而更慢一些。

因为，以前什么都不太懂，全凭感觉的时候，可能非常快写完了，夸张地说，我可能一个月可以写出 100 首，但是这些里面的绝大部分，对我来说，都是拿不出手的作品。

不能说你随随便便写出来东西，就能叫作音乐人吧，我可能现在对自己严格一些，因为不想做一成不变的事情，所以就会一直做新的风格、新的尝试，但是我也没有逼迫自己做一些做不到的事情。

像这张专辑里面有一首 Bossa nova，就是那段时间听 Bossa nova 比较多，自己比较喜欢，也想有首这样的歌。包括下一张专辑大多都是小调，风格会比较阴冷些，会有些日式摇滚的配器。

音乐财经：刚刚你提到了接下来专辑的计划，提到了参加节目时的尝试。你是怎样吸收不同的音乐风格的，有给自己的音乐定性吗?

谢春花：是的，没有去定性，或者说，在我写的时候，我没有办法定性。但是，当它作为一个成品之后，你可以给它划分一个大致风格。但这就不是我的任务了。大家觉得听起来是什么（风格），就是什么吧。

音乐财经：有考虑跨界的合作吗？例如影视、综艺之类的。

谢春花：看机缘巧合吧。跨界我是不抗拒的，而且我之前跟插画师鹿菏也算跨界合作吧。我这个人不太会主动认识新朋友，反而是在这种活动中才能遇到一些老师和朋友。挺好的。

音乐财经：你爱好很广泛，专业课也很好。如果当初没有做音乐的话，会做什么职业。

谢春花： 突然这么问的话，我可能想不起来，但是，可能会选专业对口的工作吧。像是翻译之类的。可能会去做字幕组吧。

音乐财经： 看你微博上经常晒猫，已经“儿女双全”。猫的哪个特质比较吸引你？

谢春花： 我应该是从高中毕业的时候就开始养猫，那个时候经常看一些关于猫咪的搞笑动图。我就觉得这个生物真是太可爱了。现在这两只猫已经养了两三年了，算是梦想成真。

音乐财经： 你觉得文学、文字对你来说是什么？

谢春花： 是情感的一种载体吧。文字算是我的一种表达方式，宣泄方式。但同时我还有许多其他的方式，比如说画画之类的。可以记录的时候，我会用文字，但有些描述不清楚的东西，自己都不知道是什么情绪的时候，可以用画画来表达。毕竟画画更抽象一些。

音乐财经： 从你出道开始，就对一些事情的判断和价值观都很“笃定”，这两年你在这方面有变化吗？

谢春花： 我觉得该变的东西，肯定会变。但是这种变化是一种成长。我以前会比较抗拒改变，但是现在会觉得无论你抗拒不抗拒，都会变。而且我更愿意把它当作一种蜕变。

（文 / 陈曦　2018 年 12 月）

兼职的鹿先森乐队：生活不易，当下即华年

> “‘别看如今白首空归，我也曾才华横溢’，如果到老的时候，我们还能有这句话在，这一切可能不是我们最值得的事儿了。”

【一】

与鹿先森乐队约见的地点是一栋位于西三环边上的大厦，这栋有些年头的建筑正在装修，正门无法进入。

“这个地方是供乐队日常排练用的。”乐队经纪人杨朝嘉边解释边熟络地拐进一条小巷，北京冬季干冷的空气在这里掺上了些街边卤煮店和果蔬超市的味道。

排练室在地下二层车库的角落，隐约听到里面传来的阵阵乐声。推门而入，内部是一个简易的录音棚，杨朝嘉趴在调音台上透过玻璃扫了一眼，回头说道：“大家都到齐了。”

乐队正在排练，站在外面的我不由得跟着他们的节奏身体摇晃了起来。一曲终了，杨朝嘉打开门交流了一下，随后有些歉意地说道：“大家还想再来一首，愿意来里面听一下吗？”

随后进入的是一间狭小而温暖的、六七步见方、满地线路有些无从下脚的排练室。伴着涌过来的音符，一下子拉近了与鹿先森乐队的距离。

由于各式设备占领了排练室80%的空间，杨朝嘉在关上门后只能站着。他说，最后排练的这首是新歌，尚未出现在任何演出和专辑中，因此音乐财经成了鹿先森乐队的第一个听众。

乐队成员带着排练时特有的平静，似乎还有些疲惫，除了主唱倍倍偶尔凑过去与其他人交流，大家都专注于手上的乐器，键盘手冰冰在没有自己的段落打起了小呵欠。

接下来的采访中，回答问题的任务主要交给了队长兼主唱郭倍倍，但乐队的其他成员也十分健谈，不时会开开玩笑或者补充一些自己的观点。

因为空间不太够，排练室里唯一的一张双人沙发上硬挤了四个人，剩下的则坐着小板凳，大家都很放松。一个多小时的采访，鹿先森乐队向音乐财经分享了他们的音乐理念、运营方式及乐队成员之间的趣事。

鹿先森的“路”

鹿先森是一支年轻的乐队，正式成军于2015年8月31日，2016年11月刚刚上线了第一张专辑《所有的酒，都不如你》。

乐队制作发行专辑的资金是通过乐童音乐众筹筹集的，自2016年2月21日发起众筹，到同年的11月16日项目完成，共筹得30.2万余元，获得近7000人的支持，比原定额度超出202%。

除了乐队名字奇特之外，他们身上有意思的事情还有不少，比如乐手平均年龄30+，平均学历硕士级别，以及乐队中有四个

人都从事多年建筑行业工作。

如果抛去听众和市场关注所带来的光环，或许可以用“一群有意思的人共同做一件有意义的事”来形容这支乐队。

主唱郭倍倍（下文称倍倍）和贝斯手李斯是林业大学的同学，之前一同在南无乐队，通过同样毕业于林业大学的键盘手董荔冰（下文称冰冰）认识了董斌和杨松霖，他们分别成为乐队的主音吉他手和节奏吉他手。

年龄最小的田芳茗（下文称 PP）则是乐队正式成军后火速加入的，倍倍过去在南无乐队打鼓，对鼓手水平的要求较高，为了找到合适的成员颇费了一番功夫，直到遇见 PP 才把阵容正式确定下来。

乐队成立的同时，找到多年的好友杨朝嘉作为经纪人，由他来负责乐队在商业上的经营。杨朝嘉同样毕业于林业大学，从事音乐行业工作多年，拥有比较丰富的经验。

虽然是非职业性质的乐队，鹿先森的成员们还是拿出了最大的热情投入到音乐事业中，工作之余尽量挤出时间来一起排练，有时甚至要回去通宵加班。就这样，排除万难，乐队磨合出了第一首歌曲《春风十里》。

为了乐队有一个良性的发展，鹿先森乐队把目光投向了众筹。2015 年 8 月 31 日，鹿先森在乐童音乐上为自己的第一首歌发起了众筹。这首深情款款的《春风十里》唱到了无数人的心坎里，很快就顺利发布，上线 3 个月后冲进微博音乐人年度金曲 Top30。

第一首作品大火之后，很快就有了第二首、第三首，专场演出和音乐节邀约也来了，网易云音乐上仅《春风十里》一首歌的评论数就超过 5 万，越来越多的听众开始关注到这个名字古怪的乐队。

意识到这一点的鹿先森也没有错失良机，开始发起了新一轮的众筹，只不过这次可不是小目标——而是一整张专辑。

与专辑计划同时进行的还有一场三个城市的演出，作为专辑首发式和交给歌迷的一份答卷。分别在 2016 年 11 月底和 12 月初于北京和上海演出的专场已经开始售票，其中北京场预售票在开票一天内售罄。

“我们寻找志同道合的人”

目前为止鹿先森乐队没有选择去和任何一家公司签约，唱片、演出等一直是自己打理，作品的版权也都在手上，由看见音乐做数字发行代理。

倍倍、李斯、杨朝嘉等人对于音乐行业都有自己的理解，希望用自己的方式把乐队运作下去。但这并不意味着鹿先森排斥商业，相反，倍倍认为，鹿先森对待商业的态度一直是十分开放的，包括即将展开的三场专辑首发演出，商业合作也谈得差不多了。

杨朝嘉告诉音乐财经，在创始初期，乐队就达成了共识，可以接受商业化来发展乐队，但不能过度消费影响音乐创作。现在鹿先森的商业潜力已经超出了大家的预料，对于一群有本职工作的非职业音乐人来说，保持之前的理念仍是最好的选择。

鹿先森寻找的商业合作一定是双方都有需求，互相了解，能够以长远角度考虑乐队发展的合作。

对于商业考虑，乐手们也给出了一致的答案。建立乐队的初衷是为了玩，收获了如此多的关注和喜爱后，理所当然也承担了认真做下去的责任，但这并不意味着他们想要改变自己现有的生活。

对于音乐行业，他们是新人，但每个人在自己的事业上都有了一定的成绩。两部分生活都可以带给成员们快乐，实现自己的价值。全职去做音乐并以此谋生，这很可能会破坏现在的平衡，心态有变化，创作就会受到影响。

鹿先森很开心自己的作品能够获得市场认可，但也不想一味迎合市场。负责大部分词曲创作的倍倍说，“鹿先森现在的曲风偏流行、英伦一些，但未来会希望有所创新，比如在刚出的专辑中加入了一些弦乐的元素。”

鹿先森一直以非常谦逊的态度对待音乐，也很希望能有越来越多的人喜欢他们的歌。创作之外，负责市场的杨朝嘉会对粉丝群体进行调研，通过乐迷和数据的反馈在乐队运营上不断进步。

自己有一份维持生活的工作，乐队又能够良好运营，乐手们可以不用操心市场，专注于手中的音符，这种模式在如今的音乐行业中并不少见，已经成为音乐人的一种思路。

与有意思的人做有意义的事

用键盘手冰冰的话来说，乐队成员都是一起“摸爬滚打”的好朋友，这份友情从鹿先森清新、明亮的旋律中就可以听得到。

当被问及乐队成员之间发生过什么有意思的事儿时，贝斯手李斯提到了自己的婚礼。在婚礼上，这群好朋友承包了一切需要打理的事：有人当司仪，有人当舞台导演，有人当音响师。

“我就负责喝多。”李斯乐呵呵地说道，“这种感觉真的是……蛮好的。”他无意间流露出的温情很快淹没在众人的调侃中。

作为乐队鼓手，年龄最小的 PP 已经有了十多年的打鼓经验。主业从事金融行业，她经常加班显得有些疲惫，不时地往冰冰肩上靠。长发飘飘的她虽然说话柔柔的，但打起鼓来却一点也不含糊。

PP 说，最初学架子鼓是因为看到教乐器的传单，她挑了个最便宜的去央求妈妈，之后也学过很多其他的乐器，但只有架子鼓一直坚持了下来。

“通过做鼓手能够找到自己的位置，体现价值，这是我最喜欢它的地方。”PP 说道。

主音吉他手董斌高高大大，笑起来有些憨厚，讲话时显得有些腼腆。很难想象他曾是一个迷恋金属的乐迷。他向音乐财经分享了第一次踏上正式舞台的心路历程。

“就很矛盾，因为在那个环境下状态很好，弹得很舒服，像是闭着眼睛弹的。但是这时候你又很希望睁开眼睛看看大家是不是在鼓掌欢呼，有没有在看我……”董斌回味着当时的感受。

采访过程中，每个人的正经回答都会被不正经的玩笑打断，然后众人笑成一团。所有人里头最正经的是节奏吉他手杨松霖，有大半的时间他都静静地坐在一旁，讲话时声音低沉得像一个老干部。

杨松霖作为乐队里的颜值担当和唯一的博士，仍然免不了被调侃，被问及是否有很多女粉丝时，乐队成员纷纷表示“那还用说”。

最近半年在录制专辑的过程中，乐队成员们不仅在业务能力上获得了提升，也对乐队有了新的认识。队长倍倍形容 2016 年是兵荒马乱的一年，鹿先森乐队手忙脚乱地走了很远的路，希望在新的一年能更稳地走下去。

随着众筹资金的上涨，乐队也一直在提高制作成本，来获得更好的效果。一方面是为自己的音乐负责，另一方面也是为了回馈喜爱鹿先森的听众们。

由完全自发，到被推着走，音乐人与环境的关系一直是错综复杂的，毕竟这牵扯到人性。旅途的尽头尚不可知，他们所能做的最好的事情就是用认真的态度对待当下。

在未来，鹿先森乐队希望能够多了解自己，做自己想做的事，用赤子之心面对音乐和生活，欣于所遇，为支持自己的人做更多优质作品。

（文 / 王华中　2016 月 11 日）

【二】

从《你住在我心里的原因》《华年》《给大家的歌》到引起全场大合唱的结束曲《春风十里》，鹿先森乐队在两个半小时的演出中，为大家献上了出道至今发表过的 21 首歌曲。

2019 年 1 月 5 日，鹿先森乐队成军三年，这是乐队首次登上北京工人体育馆的舞台。晚上 7 点，演唱会准时开始，现场 5000 个座位，座无虚席。

演出后，乐队第一时间进行了庆功和复盘。庆功宴上，乐队成员们总结了演出后共有的一些感受："感觉像做了场美梦一样，值得细细回味，特别喜悦；觉得这一年的付出没白费，心里特别踏实，自己能感受到进步；乐队有点累，可能是憋了很久忙了很久演完一下子松弛下来了；觉得也不能太自满，还有很多问题要解决。"

乐队经纪人杨朝嘉也向我们透露了乐队接下来的计划，"先是抓紧这两三个月，每个人针对性提高技术，到 2019 年 3、4 月完成'华年'剩余的三场巡演，然后好好筹备新歌"。

半个月之前的平安夜。鹿先森乐队作为毕业校友，参加了北京林业大学“2018 园林之夜大型文艺晚会”。

当晚 6 点半，我们在北京林业大学田家炳体育馆见到了彩排中的鹿先森乐队。文艺晚会定于晚 7 点开始，此刻体育馆检票处已经排起了长队，很多学生戴着闪着红色灯光的小鹿角头箍。

鹿先森的这次演出非常低调，乐队主唱郭倍倍说成员们离开校园的时间都比较久了，所以一有机会，就会回学校参加演出。尽管每次表演还是会紧张，但相比于在其他地方的表演，学校的演出氛围更轻松、温暖，像是和同学们开一个 party，他们希望有更多这样的机会和年轻人面对面互动。乐队经纪人杨朝嘉说，2016 年开始，乐队每年会在北林参加一到两次演出，时间都是在下半年。

排练过后，我们从体育馆出来，由西向东，一路横穿过校园。路上，键盘手董荔冰（冰冰）和鼓手田芳茗（PP）还在核对某首歌曲的节奏。他们当天的演出，被安排在晚会后半场，将演唱三首作品。

演出，已经成为鹿先森乐队成员生活里最重要的一部分。站在舞台上，他们获得掌声，似乎拥有音乐明星应该拥有的一切，回到工作中，他们是普通的上班族，在短期内，也不会有所改变。就像冰冰说的，“在音乐中获得的名与利、一定程度上的膨胀，回到工作环境中来，可能会让你更脚踏实地一些。相反，你在工作中可能会有很多烦心的事儿，但是你来到音乐中，换一个思维，你会忘掉很多烦恼和困惑。”

2018 年初，鹿先森在北京展览馆举办了第一个剧院演出后，便萌生了去北京工人体育馆举办演唱会的想法。一年来，鹿先森

乐队一直在“以演带练”。鹿先森乐队2018“华年”全国巡演到12月22日结束的济南站为止，已经走过了15座城市，演了100多场，见到了25000多位歌迷，有了这样的历练后，队员们都有信心去迎接更大型的演出。

在工人体育馆的演出，是乐队成军以来的一个体育馆级别的演出，意义不言而喻。从北展2700个座位到工体至少5000个座位，观众人数翻一倍的背后，对团队也形成了一定的票房压力。朝嘉说，“压力肯定是有的，但乐队想尽力试一试，看看自己的天花板在哪儿，目前来看，演唱会票房已经达到大家预期，大家还是挺满意的。”

从首个千人音乐专场到开进5000人的体育馆，鹿先森只用了两年，成为了最快登陆工体举办演唱会的乐队。从Livehouse、剧院走到体育馆，鹿先森的音乐生命力仅仅是一首《春风十里》吗？

2015年8月31日成军的鹿先森乐队，乐队成员本职工作是朝九晚五的建筑师、工程师、创业者，出道两个月便以一首《春风十里》红遍全网。目前《春风十里》在网易云音乐上的评论数量已经达到26.3万条，鹿先森乐队在网易云音乐App上被收藏了38.7万次，在虾米音乐App积累了7万粉丝，正如主唱倍倍所言，“有多少条评论，就有多少个故事”，歌迷将自己的故事分享给他们，他很感动。

最早，面对这样堪称现象级的走红，鹿先森乐队成员是“诚惶诚恐”的，很担心因为一首作品“被摁住”了，还好大家年轻，能努力将这样的压力转化为动力，更认真地对待今后每一部作品。

三年时间里，鹿先森乐队成员们依然是非全职的兼职状态，但发行了两张专辑（2016年11月《所有的酒，都不如你》，2018年7月《年华》）、做了两轮千人级的巡演（2017年第一轮巡演20站，2018年第二轮巡演16站），出现在40多个音乐节舞台上。这也是为什么这一次工体的演出，让鹿先森乐队有了拥有一批作品撑得起一场大型演出的底气。

在这次工体演唱会海报上，印着一句“生活不易，继续努力”。鼓手PP说，那是一个即兴之作。在一次演出中，吉他手董老师正在solo，倍倍在前面说了一大堆话，说到尽兴处，就来了一句“生活不易，我们要继续努力”。

倍倍承认，这句话自己讲过很多次，但并没有真正想过它的意义是什么。后来，“我们去了很多城市，见了很多朋友，也听到很多故事，就觉得，即使你努力生活了，生活也不一定容易，何况你还不够坚强呢”。

所以鹿先森希望通过音乐也好、某种安慰也好，能告诉大家，我们要坚强一些，这也正好符合了“华年”的主题——当下即华年。

“那一瞬间的成就感”

音乐财经： 2018年新专辑《华年》的制作过程是怎样的。

郭倍倍： 其实和上一张专辑一样。我们每首歌从出现到最后的成品，都有一个漫长的过程，需要反复磨合。这张专辑也是，当时我们计划是用两个月的时间把它做出来，时间还是比较紧张的。

我们的制作人李卓，他来安排所有的录音的时间，负责和大家协调。因为我们时间、精力分配得比较紧，我们商定好什么时间录音，我们就开始以录音的方式排练，进棚，录制每一个部

分，从鼓开始，贝斯……每个人在各自的时间段进棚录音。

这个过程中，制作人李卓非常辛苦，因为他全程都在，从最初的录音到后期的混音。在混音的过程中，我们还会有一些磨合和修改。最后出来一个成品的demo，之后这个demo又会经过很长一段时间混缩、后期处理，最后成为成品，才能和大家见面。当然，这张专辑还包括一些装帧、周边等硬体上的设计，所以，那两个月大家都投入了很多的心血。

但是出专辑这种事儿是很快乐的。因为一个做音乐的人把自己的作品，变成一个大家都能听的形式、载体，首先是应该做的，其次我们是非常兴奋。所以在7月份发行了这张专辑以后，我们就开始期待下一张专辑了。

音乐财经：第三张专辑已经有计划了吗?

郭倍倍：还在计划中吧。因为这个事儿很难计划得来。只要我们觉得歌儿够了，时机到了。我们就想尽快地去出第三张。

音乐财经：目前乐队的词、曲创作部分都是倍倍在做，其他成员如何参与创作?

郭倍倍：现在词曲的动机都是由我来写，但是整个编曲的部分，是由我们乐队一起在排练的过程当中来完成。每个人有每个人的表达。董老师的话，我们第一张专辑的《晚安》，还有这张专辑的《小夜曲》都有他古典琴的部分，包括一些动机的riff也是由他来创作的。不知道未来吧，看看大家有没有想法愿意参与到前期的创作当中。我们都会保留“空间”。

音乐财经：乐队成立两周年的时候，你们给歌迷写了一首歌，乐队成员都有献唱。之后有可能大家都有自己的单曲吗?

郭倍倍：应该……很困难。就是目前还没有这样的想法。这得看唱得怎么样，大家唱得都还挺好的。（笑）就像五月天，其实也没有每个人都出一首歌。所以，乐队这个载体的形式，有它存在的意义。

音乐财经：出道这三年，你们创作、排练的速度和频率有没有变化？是否越来越密集了？

李斯：应该还是保持一个稳定的节奏吧。因为在最开始的时候，我们大家聚在一块儿就是玩儿一玩儿。然后说咱们把这个东西正正经经地做一做，把它做好，做到符合自己的标准。但即便这样，你也知道，我们大家都在上班，时间本来就有限，所以大家最开始就约定过：我们每周要周几排练，排练时要做什么。因为我们都知道，在有限的时间里，我们要有很好的计划，这样才能够更有效率。到后来演出密集了，事情也多了起来。我们还是严格遵循约定，必须保证正常的训练频率。

但是如果再频繁地排练，比如一天一次地排练，恐怕我们也很难做到。只有到了像现在这样的时间，马上就要有一个大型演出了。我们有很多东西要改编、磨合、合作，这时候我们会增加频率。比如这一两个月之内，我们会密集一些。

音乐财经：在两年前的采访中，你们都说不想全职投入音乐，不会放弃原本的生活。但随着音乐方面知名度的提高，在两种身份之间切换，你们是觉得越来越困难，还是得心应手了？

董荔冰：从我自己来考虑，音乐当然是我们的爱好之一。但工作对于我们来说，做建筑设计、结构设计、排水设计、景观设计，也都是我们热爱的专业。放弃工作，我们应该是不会的。我们还是希望把两者都做好，毕竟都是喜爱、热爱的东西。想兼得吧，不想抛弃任意一个。

至于音乐人的身份会不会造成困扰，我觉得还好，两者是相辅相成的关系，可能多少会在时间上有些冲突。但是工作中可能

会让你换一些思考的角度。音乐中得到的名与利、得到一些掌声，当你回到工作中来，可能会让你更脚踏实地一些。相反，你在工作中可能会有很多烦心的事儿，但是换一个思维，来到音乐中，会忘掉很多烦恼和困惑。所以我觉得两者对于我们来说，是一个很好的平衡吧。既不会让你飞得太高，也不会让你生活过得太惨。

董斌：也不能说越来越得心应手吧，因为这事儿是不断在变化的。很多东西在发展的过程中以不同的形式展现出来。只能说是在逐渐适应这个事情。因为以前也没有过这种经历。所以只能是不断地适应。

尤其是时间方面。时间对于每个人来讲，都是很公平的，一天只有 24 小时，只能在提高效率的同时，抓大放小，去解决一些更重要的问题。比之前只有工作的时候，更知道取舍一点儿、更知道哪些是要优先去做的，在相对次要的事情上少浪费一点儿时间。这是比较明显的一个方面（的改变）吧。

李斯：前面的事儿他们都说了，我就往后说吧，要说未来。我们本职工作和音乐之间怎么处理？未来的事情，大家都无法预测怎么办。我们能做的就是认真走好脚下的路，做好眼前这些事情。看未来有怎样的可能性，才有可能把握在自己手里。如果说现在就放弃一部分，或者偏重在某一方面，那未来的可能性就减少了。因为谁也没有走过这条路。或者说，即便有，经验也是无法借鉴的。所以对于我们来说，未来都有可能吧。

音乐财经：你们在音乐事业上，有没有给自己制定一个终极目标？

郭倍倍：为什么有“华年”这么一个概念呢？其实我们刚提“华年”这个词的时候，或者刚写这首歌的时候，我们自己也不知道什么是“华年”，但是演过了这么多次，到今天为止，一整年多的时间，我们慢慢体会了一个东西，就叫“当下”。我们的快乐也来自于此。我们成就感的实现也来自于此，都在那一个瞬间里面。

就像李斯总说这句话，就是，你说到什么程度、去什么地方演出、有多少人认识你和喜欢你、你是否要戴口罩出门……这些东西都不是真正让我们享受的一个过程。真正享受的还是每次站在台上，大幕拉开的时刻。我们能弹出自己创作的东西，那个时刻最享受。也可能我们能保持这种时刻，一点一点、一步一步，6个人在一块儿，无论在哪儿。其实上不上工体，来不来北林，对实际意义上的“路”是没有影响的。我们在任何时候都在享受这个过程，这是音乐反哺给我们的东西。

当然实际的目标也是有的，我们每年都会制定战略目标和演出规划。我们愿意一步一步走到哪儿都是ok的，但是，一步一步的每一刻、每一时，都是我们目标的来源。

我们有首歌叫《小夜曲》，就像歌词里说的那句话，“别看如今白首空归，我也曾才华横溢”，如果到老的时候，我们还能有这句话在，这一切可能就是我们最值得的事儿了。

音乐财经：除本职工作和音乐人之外，如果还有第三个平行的身份的话，你们希望是什么？

董荔冰：我特别想扮演熊本熊。因为非常治愈，能给别人带来很多快乐，当然它也带给我很多的快乐。所以，能拥有目前这个身份，还是挺好的。我会每天研究我的造型，自得其乐。

田芳茗：如果能力和资金都有的话，我想资助一些流浪的小动物，一些阿猫阿狗。我现在苦于没有时间照顾它们、没有时间给它们做好吃的、没有时间去看看它们，更别提解救它们。如果以后有机会的话，可以尝试一下。

董斌：我可能想当个旅行家吧。到世界各地去转转，看看古迹什么的。

杨松霖：极限运动。但是这只是个梦想，不大可能实现，我现在再伤了，他们会“弄死”我。

李斯：我来一个究极的啊。其实大家想做的我都想做。所以，只有一个办法能做成这样。就是，如果除了音乐和工作，再想当一个角色，当什么角色呢，富二代！不然这些都是建在空中楼阁上。

音乐财经：你们跟歌迷接触得多不多，会去网上看他们的反馈么？

郭倍倍：现在反而越来越少了。我们可能跟歌迷接触最多的，就是在每次巡演站次结束的签售，这是最近距离的。还有在专场演出里面接触得也比较多。平时有些比较热情的歌迷，会给我们发私信，我们不能保证都回复，但是会尽力和大家保持互动。非常感谢他们。

音乐财经：记得你们说过自己是“理性的沟通、感性的创作”。想问问理性沟通的部分，能不能描述一个场景，比如微信怎么沟通之类的。

李斯：先说排练的部分。排练的时候，大家会有不同的意见，不同的性格会有不同的表达方式。我感觉大家都很坚持自己的想法。比如董老师会说，我觉得这个怎么怎么着，是不是会更好一点呢，因为董老师性格比较随和，他不会直接说你这个不行。有时候大家可能没有理解他强烈的欲望，然后董老师就会半天不说话，一会儿又会说，我觉得还是改成那样好。这时候大家才会感受到，董老师是非常想改成那样的。然后我们会说，那我们试一试、试一试。当然我们尝试完了会投票决定结果。每个人性格不一样，就不一一举例了。

生活中，我们比较轻松，在微信群里面都是很活跃。但是说正事儿的时候，大家都是非常理性的。同样的一波人，我们有两个群，不同的名字，一个专门说正事儿的群，这里面没有聊天，一发就是@所有人，然后把一个时间表列出来，大家只会说“收到了”，没有问题，问题都会在另外一个轻松的群去问。建立这种机制，主要是因为，我们话太多，正事儿说完之后，聊天记录很快就会被冲掉。我们就是，有正事儿说正事儿，没正事儿可以随意开玩笑。我觉得我们效率还是蛮高的。

音乐财经：歌迷一直给你们很多标签，比如高知、理性、成熟，那你们怎么看待“95后”“00后”，更个性、自我张扬的表达方式？

郭倍倍：其实我们也没什么可说的。因为我们也是从年轻那会儿走过来的。其实年轻那会儿的心态，跟文化环境没关系。虽然现在的年轻人，比如“95后”，大家受的文化冲击和触媒习惯，肯定因时代不同而有所不同。但是在人生的长河里，初入社会的那种心态，对世界的理解，对爱恨情仇的理解都是相似的。我们也是从那个时候一步一步活到今天的。

其实我们也还没有到豁达地去面对世界的时候。所以我们更希望，年轻的孩子更张扬一点儿，因为现在是有条件的。我们希望他们能尽可能地做自己喜欢的事情，更刻骨铭心地去度过自己的青春。这样你在以后的人生历程中，当你没有条件再去做独属于青春的那些事的时候，你可以不是那么后悔、无聊。但是前提是一定要知道自己坚持的东西是什么。（董露茜对本文亦有贡献）

（文 / 陈曦　2019 年 1 月）

麻油叶 & 马頔 & 宋冬野：我们为什么歌颂城市？

> “我们前辈的那些民谣歌手们，他们经历的那些事情我们永远都经历不了。他们歌颂戈壁沙滩，歌颂西北乡村，我们从小成长在城市，其实我们就应该歌颂城市。”

宋冬野火了，马頔火了，麻油叶火了！

因为《董小姐》和《南山南》在主流大众中的流行，人们对民谣的关注越来越多，2015 年甚至被某些媒体称为“民谣年”。走红后的麻油叶厂牌也常陷入舆论旋涡，有人说麻油叶毁了民谣，也有人说麻油叶成就了民谣。

麻油叶的成员宋冬野对音乐财经说，“我们曾经也说我们是民谣，现在越来越羞于这样自我标榜。就当我们是民谣的突击队吧，大家能通过我们关注民谣是好事。”

从 QQ 群开始，“嗨，真心人！”

麻油叶不是什么神秘组织，成员都是一些爱唱歌的年轻人，他们有才华、有情怀、爱唱歌、爱上网。创始人马頔，人称马老板，其他成员包括宋冬野、尧十三等十几位独立小众音乐人。大家从 QQ 上的网友，发展到一个组织，就是为了能在一起玩音乐。没想到，玩着玩着，就带着某种荒诞感，红了。

2018 年 11 月，麻油叶正式宣布与摩登天空签约，麻油叶将由摩登天空运营五年，马頔担任负责人。音乐财经专访了马頔和宋冬野后的第一感觉是，这两位并非完美，但他们身上有属于自己的东西，那些看来有些“矫情”的特质，或许也是他们能得到众多粉丝喜爱的原因吧？

在马頔的描述中，他们因为共同的音乐爱好，一拍即合决定成立一个组织，没有什么崇高的理想，也不为取悦任何人，只想一帮人聚在一起好好玩音乐，唱着喜欢的歌，喝着友好的酒，有着一帮靠谱的兄弟。

麻油叶成立至今已经 4 个年头，真心人对真心人，是麻油叶选择成员的原则。4 年间，有新人加入，有老人离开。面对这些变化，马頔表示理解，他也承认心被伤过。不过，麻油叶本就不是一个赢利组织，留下的人是因为彼此欣赏，有着相同的价值取向，一旦有了更高的发展平台，随时离开也可以理解。

马頔说：“毕竟是自己热爱的东西，说肉麻点，就是因为初心这个东西还存在。”

2013 年，《快乐男声》节目里，《董小姐》意外走红，一句“爱上一匹野马，可我的家里没有草原”一度成为年度流行语，也唱红了被麻油叶小伙伴们称为宋胖子的民谣歌手宋冬野。后来在某一场 Livehouse 的演出中，马頔和尧十三打趣儿般地翻唱了这首宋冬野的代表作，引来台下欢呼声一片。

“在麻油叶，歌曲不分你我，好的东西，总归是要拿出来玩玩嘛。”马頔嘻嘻笑着说。

2015 年，《南山南》通过《中国好声音》一夜间红遍大街

小巷，对于这种始料未及的成功，大部分人都会自然而然地认为原唱作人要感谢选秀节目，似乎是主流媒体的推广改变了他们的命运。

不过，马頔对版权和主流有自己的坚持。2015 年《好声音》冠军张磊唱着《南山南》走商演，马頔就在微博上发起了一轮“维权”攻势，丝毫没给《好声音》面子。

为什么粉丝会喜欢麻油叶？成员尧十三曾经写过一首歌——《麻油叶特别好》。

“我们就应该歌颂城市”

马頔和宋冬野被认为是第三代民谣代表人物，前者生于 1989 年，后者生于 1987 年，两人都是北京人。

批评者认为，马頔、宋冬野尽管知名度高，但他们的作品不属于真正意义上的民谣，也不足以代表民谣音乐的发展水平和规模。民谣圈不大，马頔、宋冬野总被拿来和小河、万晓利这一批前辈相比较，于是也就有了“人文积淀不足”的批评。

“我们和上一代民谣人经历的社会年代不同，他们经历过三年困难时期、‘文化大革命’和改革开放，但我们生长在一个非常安稳的年代。”马頔认为，对于那个年代的认知，自己这一代人力不能及，也写不出那样的感觉。

“我写的就是我对于当下生活的一种感悟，是我切身体会的一种感觉，可是还有很多人说我们写的歌矫情，是臭垃圾，我也没办法。”马頔说。

“我们前辈的那些歌手们，他们经历的那些事情，我们永远都经历不了。他们歌颂戈壁沙滩，歌颂西北乡村。”宋冬野说，“我们从小成长在城市，其实我们就应该歌颂城市，不能非要跟着前人的脚步走，但我们要向他们学习。”

提起越来越羞于说麻油叶代表民谣的原因，马頔解释说，“我们并不想给麻油叶一个准确的定义，做音乐和听音乐都是很私人化的事情，任何风格、定位、标签都是别人说出来的，你认为自己听到的是什么音乐风格就是什么风格。”

“我们一开始做音乐的心态，不是为了糊口和维持生计，只是用这个东西愉悦自己，填补日常生活之外的一部分。”

2015年9月，马頔登上北京工人体育馆办演唱会，“孤岛的歌”这场演唱会是他的一小步。12月31日在工体举办的麻油叶跨年演出，也绝对算得上麻油叶成员集体前进的一大步。

前三年，麻油叶的大聚会都在麻雀瓦舍举办，人气一次比一次高。在麻油叶三周年的纪念专场上，有媒体形容“挤满千人的麻雀瓦舍在酷夏的高温和沸腾的人气下活脱脱成了人肉桑拿房”。当时马頔扔到台下的冰棍和杜蕾斯让乐迷为之疯狂，至于现场的舌吻大赛，更是激起一波又一波的“高潮”。

2015年，麻油叶跨年演出告别拥挤的Livehouse，经历了“不叫事儿”“我不能说”“不是特别好”后，今年的主题定为“不乐意”，演出阵容除了代表人物马頔、宋冬野和尧十三外，还会加入刘东明、贰佰、丢火车乐队等近来人气不容小觑的独立音乐人或乐团。

较之前三年一人一把琴的演出形式，今年将变成乐队的编制呈现给乐迷。只是，不知累积到今年，麻油叶的“人气指数”会否让工体现场也“嗨翻天”？

“跟摩登合作是一种资源互换”

在宋冬野、马頔、尧十三相继签约摩登天空并发行专辑后，今年“麻油叶”厂牌也整体与摩登天空签约合作，马頔表示签约不会影响其独立性。

麻油叶与摩登天空的结合更像是一种资源互换，而不是受雇与雇佣的关系，当然也不是收购、控股或者投资的关系。马頔本人非常看重“麻油叶”这个品牌，通常来说艺人和经纪公司的关系取决于公司成长的速度是否能比艺人成长的速度要快。

一个是当下最具知名度和影响力的民谣组织，一家是中国最大的独立音乐公司，二者的合作也似乎是必然。从这一点看，刚刚拿到复星集团一大笔钱的摩登天空，确实有实力给麻油叶成员发展提供更多的资源支持。音乐财经认为，影视圈当红艺人合约到期，立马单飞成立工作室的发展规律也适用于音乐娱乐圈。

相对之前麻油叶势单力薄的状态，此次和摩登天空签约后，麻油叶旗下音乐人将有更多的演出机会，从而提高收入和知名度，而摩登天空则负责提供包括场地、票务等演出资源。对于签约后的规划发展，马頔及其成员并没有一个明确的目标或计划，但据说摩登天空已经有一套自己的方案，希望双方在运营和“受益”上得到最大发酵。

马頔说，“现在我有一份责任在身了，希望自己的‘家人’都能有演出，都能越来越好，有些之前不必考虑的东西现在真得琢磨琢磨了。”

从第一次团体演出的116人买票到走进5000人的场馆，麻油叶前行的脚步从未停止。马頔严肃地表示，无论演出阵容和场地如何变化，麻油叶的宗旨不会变，大家在一起玩的心态不会变。

尽管如此，这两个“85后”年轻音乐人的路其实才刚刚开始。

音乐界的权力中心会逐渐往新一代转移，马頔、宋冬野的气质与“70后”在底层摸爬滚打多年的民谣音乐人不同，与正在成长更加特立独行的“90后”民谣音乐人也有着很大的不同。在这个名气、影响力、资源、金钱、争议、新老价值观夹杂在一起的喧嚣时代，马頔、宋冬野正在形成当下自己对这个时代一批年轻人的影响力。

或许他们的音乐不够高明、不够深刻、不够有文化积淀，但也多少折射了“85后”年轻人的精神和生活状态。大部分“85后”，少年时也曾偏激过、极端过、叛逆过，但其实到目前为止，大都人生顺遂，未见过什么大风大浪、不知什么是颠沛流离、命运无常，最大的叛逆，可能也就是像马頔这样，为爱好“冒险”放弃稳定的国企工作。

他们正当红，人们对他们音乐的评价交织着不同的价值取向与审美趣味。马頔总在公开场合宣讲“音乐不分好坏”这一观点，而采访结束后，我们想到的是——为谁而歌？那是音乐存在的意义。

音乐财经：随着知名度的提高，你们自己有什么变化吗？

马頔：年龄在变，心态也在变，看待事物的角度和对待一些东西的表达方式都会变化。现在演出多，赚的钱也多了，幸福感会变得特别高，也挺知足。

宋冬野：在写歌的时候对自己的要求越来越高了，自己这关不好过了，很难找到一个方向或者说不知道该不该找一个方向，所以说还是努力写吧，先过了自己这关。

音乐财经：你们刚火的那会儿是什么心态？

马頔：刚火那会会自己心态挺膨胀的，觉得自己特别棒，但也就一阵。后来开始觉得特别空虚，还是得回归到自己的生活中。

宋冬野：刚红那会我觉得自己可厉害了，怎么都控制不住，就想让所有人都知道我是干嘛的，就爱往歌迷群里扎，什么能出风头做什么，就希望被人认出来。那会觉得自己终于有底气了，战胜了从小到大所有看不惯你的人。

但可能是性格的原因，刚开始总觉得还有更高的地方可以去，还有更奢靡的生活可以过。过一段时间就慢慢意识到，这些根本不是我们所追求的东西，我还是慢慢往前走吧，慢慢往之前那个方向走。

音乐财经：你们觉得现在中国的民谣市场怎么样？

马頔：我觉得挺好的，但庞大的受众进来后也会有一些曲解。很多事儿其实都是双刃剑，比如我们现在比以前好一些了，大家了解到的也许这个就是民谣，会透过我们去了解更多更好更高级的音乐人，我觉得这就是好事。它会带动整个圈子的发展，而不只带动我们自己。

宋冬野：从我们的角度来看，现在民谣的发展较几年前好了很多，大家的生活都在慢慢变好，所以我会觉得它好了。不过现在人们也会为了好记，非要给某个人或某首歌冠上个名字，弄个标签，我觉得这个是不对的。

音乐财经：咱们聊得挺好的，为什么有很多媒体说你们不好采访？

马頔：我话少，北京腔有点横。

宋冬野：我爱皱眉头。

音乐财经：网上有很多人也在骂你们，什么感受？

马頔：刚开始有人骂我的时候挺接受不了的，尤其是没来由的不干不净的谩骂和没一点论点论据的人身攻击，现在没什么了。

宋冬野：我觉得就是一种在网络上撒欢的那种心态，不理他们就好了。

音乐财经：准备出新专辑吗？

马頔：我刚出一年，不着急，你问他吧。

宋冬野：写呢，一直在写，就是自己这关越来越不好过了，不能愉悦自己的音乐更不能分享给大家。

（文 / 李笑莹　2015 年 12 月）

小娟 & 山谷里的居民乐队：“宜居的地方是你的内心”

> 山谷有它自己的时间，每个人其实都有他自己的时间和自己的空间，只是现在很多人已经开始不太愿意放慢脚步去看看那个属于自己的时空。你只要安静下来，就会寻找到这个时空。

山谷的家

一个乐队，在同一个地方驻唱将近20年会发生什么？

此时的小娟坐在刚刚开业的“山谷的家”里，喝着杯中的茶，向音乐财经讲述起她与山谷里的居民同北京通州这片土地的缘分。19年前，小娟和丈夫黎强还在位于建国门的罗杰斯酒吧驻唱，月亮河的老板有一天在这里等人，原本只等几分钟就走，却被小娟的声音吸引住了，一待就是两个小时。“他也是个喜欢安静的人。”小娟形容起这位“伯乐”。

那天的演出结束后，月亮河的老板便邀请小娟与山谷里的居民到通州月亮河的一家酒店做驻场乐队。1998年，这支乐队刚刚成立，成员还只有小娟、黎强和于宙三人。也就是从这个时候起，小娟与山谷里的居民开始了在月亮河的驻唱生涯。演出地点位于酒店二层，是一个大约300平米的空间。“这个地方本身有它的特殊性，观众其实没有太多，正是因为喜欢这份安静才选择了这里，”小娟说，“我们其实运气很好，每一次去到一个地方，都会唱很多年，大家也好像都很喜欢留住我们。”

直到去年，酒店所在区域改建，成了一个国际养老中心。定居在通州的小娟早已习惯了这里的安宁，于是她和几个朋友一起在离酒店原址不远的地方创办了音乐生活空间“山谷的家”，在演出的同时，把自己的生活方式展示给更多的人。

除周一休息外，空间每天下午两点半开始营业。采访时刚过晌午，推门进入山谷的家，左边靠墙是一座长长的吧台，吧台一角放置着小娟与山谷里的居民的几张专辑；右边整齐摆放着一些桌椅和不少高大的绿植，当中穿插着几根水泥柱，未经任何修饰；厅中最惹眼的还要数一汪水池，水池不深，池底由鹅卵石铺就，其中还有几条悠游的金鱼。由于窗户设置在进门的一侧，空间深处的舞台和独立茶室自然隐匿在了昏暗的光线之中。一位临时看店的老人正拿着喷壶往水泥地洒水，此时除老人之外，整个空间再没有其他人。

在这个古朴自然的空间，小娟与山谷里的居民得以继续他们和月亮河的缘分。“城市中的一座‘山谷’是不容易得到的，”小娟非常享受这样的氛围，“进到山谷的家的那一刻你会感到非常宁静，就好像在城市中找到了一处山谷。”

山谷的家同样寄托了小娟和朋友们更多的期待。“我们的初衷是能够在一个不用特别费劲的地方传播音乐、每天唱歌，这对于我们来说是一种传承，”除了自己之外，小娟觉得人生其实还应该做一些跟别人有关系的事情，“音乐同样需要分享，我们希

望把自己喜欢的音乐人通过这个平台引荐出来，传承和分享就是山谷的家整体的一个状态。"

平常的时间，山谷的家也会举办一些沙龙活动，譬如观影会和创意集市。乐队今晚举办的"悠春小叙"北展剧场专场演出，不久前也在这里举办了发布会。

在同一个地方驻唱近20年会发生什么？"我们成了月亮河的一朵花、一棵树，"小娟给出了她的答案，"来到山谷的家、来听我们唱歌的朋友，就好比是到这棵树下乘凉、来闻这朵花的香气，像回归了大自然。"

"随缘"

"随缘"是在交谈过程中，小娟提及频率最高的一个词。

2006年，只剩小娟和黎强二人的小娟 & 山谷里的居民乐队开始录制自己的第一张专辑《如风往事》，其间需要有人来弹奏键盘部分，于是晓光第一次和这支乐队产生了交集。当时乐队有6首歌需要录制键盘，朋友向小娟推荐了晓光，但晓光最终只录了4首。在他看来，剩余的2首完全没有录制的必要，"录音一定要根据音乐的需要来录"。这使得小娟和黎强感到非常诧异，同时也很感动，"晓光并不是从钱的角度出发去做音乐，他的朴素打动了我们"。2008年，晓光正式加入了小娟与山谷里的居民，担任键盘、长笛和口琴部分的演奏。

荒井加入则是在2009年。这一年，小娟与山谷里的居民前往杭州参加西湖音乐节，演出结束之后他们一起去一个名为"黄楼"的酒吧玩，在这里，他们遇到了当时在台上打鼓的荒井。"我觉得他身上有一种让我很喜欢的东西，就是他的灵气。而且他还有一种融合性，一个人如果能够融合很多因素，那么他的心胸一定很宽阔、内心一定很柔软。”小娟如此评价荒井。当时荒井也是晓光的朋友，于是小娟便提议邀请他来参加乐队专辑《红布绿花朵》的录制。专辑录制完成，荒井正式加入了“山谷”，负责打击乐的部分。

在小娟看来，两位成员的加入便是一个“随缘”的过程，“我们并没有要刻意地去找一个人（成为乐队成员）”。如今已经是四人在一起的第八年，相近的世界观和审美，加上长时间的磨合，使得他们之间默契到只用一个眼神便足以传递，“人生的幸福就在于你遇到了对的人，我们用音乐就可以相互搭建起一个世界，作为音乐人来说这是最开心的”。

参加2017年的草莓音乐节也很“随缘”。4月2日，小娟与山谷里的居民参加了武汉草莓音乐节，让很多人意想不到的是，他们这次竟和老牌重金属乐队战斧来了一次“跨界”。当天，照旧身着一袭白衣的小娟坐在舞台中央，围绕她的是躁动的音符；小娟和着人声，画面出奇地和谐。其实，这样的“跨界”早已有之，早在1994年，刚到北京不久的小娟便参与了当时名噪一时的《摇滚北京 II》合辑的录制；和战斧的合作也可以追溯至2001年，小娟为战斧的歌曲《死城》录制人声，她也因此一度被归入“摇滚女歌手”。

尽管现在很多时候被归入民谣乐队，但小娟一直觉得，音乐的表达方式不止一种，小娟与山谷里的居民也从未给自己的音乐下过定义，“可能很多人对民谣的解读也是不同的，我们只是在做我们自己。很多时候，我们的音乐是非常丰富和细腻的，里面其实融合了非常多的元素。乐迷叫我们什么（音乐类型）其实都没有关系，顺其自然吧”。

所以与战斧的合作，也是小娟和乐队向乐迷呈现出的自己最

真实的一面。“音乐没有什么形式是不能合作的，”小娟说，“真正打动过我们的音乐，我们都会去和他们合作的。这非常好玩，因为能够借着他人的眼睛，看到你看不到的世界，让你的世界变得更远。当然前提是你真的一定要喜欢，而不是一种做作的嫁接。”正是战斧极具穿透力的声音让小娟觉得无比真实和喜欢。

回忆起草莓音乐节当天，小娟眼里依旧闪现出台下欢腾的观众和他们尽情释放的情感带给她的感动之光。这一切都让小娟动容和高兴，不过她似乎并不贪恋那种感觉，“参不参加音乐节也是随缘。有的时候觉得有空了，而且觉得有好玩的音乐可以跟大家分享，我们就参加；如果觉得这段时间太忙了，那我们就拒绝，在山谷的家喝喝茶，休息，总之就是看缘分吧。”

每个人都有自己的时间和空间，山谷也是

小娟与山谷里的居民有着自己的宇宙观和时空观。在这个“山谷王国”里，他们把自己的音乐空间称作“山谷的家”，把自己演奏音乐的方式称作“山谷的演奏方法”，把热爱自己音乐的乐迷称作“谷民”……在这个快速变化着的世界里，山谷有着自己的节奏。

作为乐队的核心，小娟向记者坦陈自己从小就“喜欢用熟悉的方式来表达自己的内心”，包括结识朋友，“我喜欢你这个人，OK了。并不会说这个人是做什么的，我才去跟你结识。”小娟这种自由开放的性格一直保持到了现在，比如她从不会因为市场喜欢什么就去创作什么；比如在筹备今天北展剧场举办的专场演出时，为了保持音乐的纯洁度，小娟和她的团队并没有刻意去找赞助，“我们不想让别人对自己的音乐形式指手画脚。因为走了这么多年，我们不想妥协，但不是说不去融合，只是不愿妥协于一

种世俗。”

“我们相信这个宇宙中的时空不止一种，”小娟常常说，“如果你只相信自己眼前所见的世界是唯一的，在面对其他世界的时候就会只坚持自己认定的观点，变得不服从。山谷有它自己的时间，每个人其实都有他自己的时间和自己的空间，只是现在很多人已经开始不太愿意放慢脚步去看看那个属于自己的时空。你只要安静下来，就会寻找到这个时空。”

2016 年年中小娟与山谷里的居民推出的专辑《心有花开》便是对小娟想法的阐述。“每个人都有他自己的‘花开时间’。就像大自然中的所有的植物，都有它时间的顺序性，我们生活在自然中，其实我们也是自然中一部分，也像一朵花一样，有自己的开花时间。”

在当时为这张专辑举办的现场视听会上，甚至有不少歌迷是专程从外地赶到通州。所以在小娟眼中，许多人认为的“远”也并不成问题，“要看你怎么去想”。

自从 1993 年从家乡武汉来到北京，小娟便在这座城市扎了根。虽然在靠音乐为生的早期，她住过画家村，辗转过不同的酒吧，经历过生活的贫乏……可北京的多元和包容一直吸引着这个喜欢音乐的女子，“在北京，什么样的音乐都能够找到它的听众，也有很多做音乐的朋友。”

“很多人可能觉得北京并不是一个宜居的城市。”

面对记者的问题，小娟依旧用她缓慢柔和的声音说道：“我觉得人最宜居的地方可能是自己心里面。如果你太着眼于外在的时候，其实很多城市都不太适合居住，即使在山清水秀的地方，你也会感觉到孤单跟寂寞，所以心里怎么想很重要。我喜欢生活了很多年的、熟悉的地方，因为这样能更深入地看到这个地方的

好和不好（其实也没有绝对的好和不好）；我也喜欢一个陌生城市给我的那种陌生感觉，因为那样会很容易发现自己是谁。总之感到开心就好，感到安心也很好。”

此时，小娟突然回忆起2016年在重庆人民大厦会堂的演出。当她唱到《心的世界》时，台下的观众非常默契地打开了手机的闪光灯，跟随小娟的歌声挥着手。

“如果你是一个流行歌手，可能这司空见惯，但是在我们的演唱会上，观众是处在很安静地聆听音乐的一个状态，这时你就会发现这是一种特别不一样的感觉。”小娟动情地说着，“你可以感觉到那些灯光并不是手机的灯光，而是他们内心世界的那扇门，就这样打开了。”

音乐财经：这次北展专场演出的主题为什么是“悠春小叙”？

小娟：春天是我喜欢的一个季节，因为在这个季节里面万物复苏，很多花都快开了，很多植物都有新生命的产生。我们音乐里面也会有这样子的春天的色彩，所以觉得春天是一个最适合和大家分享我们音乐的季节。还有呢，有过去的一些故事可以跟大家分享，有点像跟老朋友们叙一叙旧，三两知己一起聊聊天的感觉。所以就出现了这个主题叫“悠春小叙”，我觉得蛮好的，好喜欢这个名字。

音乐财经：你们为什么要在剧场办演唱会？

小娟：我们从2008年开始就全部是在剧场里做演唱会。因为我们的音乐适合坐着听，就是安安静静地去听。不太适合在Livehouse站在那里听。我们的音乐有它自己的特点，大家也可以休息一下，不仅是身体上的休息，心理上也休息一下。和音乐节相比的话，音乐节就是好玩，是因为它有自己曲目的一种好玩的变化，但是我们自己的演唱会还是更喜欢在剧场里面。

音乐财经： 月初回家乡武汉参加草莓音乐节，会不会有一些特别的感受？

小娟： 那当然不一样。因为家乡有它自己的味道，一回到家里面，那种空气的湿度是你熟悉的，你就会觉得很亲切，无形之中心就会靠得很近。但同时呢，你走了那么多年，家乡又有那么多的变化，会有一种既熟悉又陌生的感觉。武汉这个城市还蛮奇特的，因为气候和地理位置，它有自己的一个气质在里面，是一种无法模仿的、刚烈跟柔软融合在一起的状态。

在家乡演出的时候，家乡观众的素质也真的很让我惊讶，他们真的很厉害。有点像早期的北京，就是我们去参加音乐节，会有点像带着梦想去的一种状态，那种感觉真的很好；还有点像我们在香港参加林一峰演唱会的时候，台下的观众也是在享受你的音乐，他们真的是很认真地去参与这件事情。

音乐财经： 之前的几张专辑为什么会想到发行黑胶版本？

小娟： 黑胶给人的感觉是有时光感的，而我们的音乐也是有时光感的，从这点上来说，气质是蛮符合的。我自己很喜欢黑胶那种慢慢的感觉，有儿时的记忆，有它自己的味道。黑胶和 CD 或者 MP3 这样通过网络下载的音乐相比，听到的感觉还是不太一样，而且播放黑胶需要有一个动作，你要把它放在一个机器上面，然后把唱针擦一擦，放到上面，有点回到从前慢时光的感觉。

现在的人们可能过得太快。很多东西可能是一秒钟就得到了，失去可能也是一秒钟就失去了。我相信你得到时多容易，失去时也会多容易。不容易得到的东西，它才可能真的是属于你的。黑胶就像是能把时光的味道记载在里面。

我记得曾经有一个俄罗斯的老师给我听过一张皇后乐队的黑

胶唱片，同时又给我听了他们的一张CD，我发现他们之间的差别是，黑胶的高音和低音在CD里面都被切掉了，也就是说它的声音整个就窄了好多。可能是数字的原因吧，它有些东西是不承载的，我想网络下载的音乐可能又会更窄一点。

所以我觉得现在的小孩子们如果有能力的话，真的应该自己收一点黑胶唱片，有机会的话，也给自己备一个黑胶唱机放在家里头。你可以拿着一杯你喜欢的茶，或者咖啡，或者酒，拿一本书，拿一个自己喜欢的玩具，然后开始享受那种生活最本质的色彩。

音乐财经：有乐迷吐槽你在《离家五百里》这首歌中的英文发音，你怎么看这件事？

小娟：我觉得如果我是一个美国人，吐槽我是没有问题的，但是我是一个中国女孩，有一些口音是正常的吧；如果特别标准，其实反而是好刻意的一件事情。而且我自己本身是南方姑娘，我说普通话都有口音，都会有家乡的味道，我在北京这么多年，听到有家乡味道的普通话，反而会觉得特别亲切，会觉得有温度。美国是一个多种音乐相融合的国家，也没有说每个人的英文有多么纯正。所以我觉得融合本身就是要包容，包容别的地区的文化在里面，这是我的心态，我会很开心地唱。

音乐财经：你觉得哪些人喜欢你们的音乐？

小娟：我想可能是对自己的内心有要求的人，或者是愿意跟自己的心待一待、喜欢一种安静的人。这个安静不是外在的，而是喜欢跟自己的心交流，喜欢问自己为什么来到世界上，应该是这样的一些人喜欢我们的音乐。

（文/李禾子　2017年4月）

重塑雕像的权利 ♪ 后海大鲨鱼 ♪ 溺鸿飞 ♪ 盘尼西林

摇滚

ROCK&ROLL

最有才华的摇滚乐队——重塑雕像的权利：如何抵达观众？

> “　　从来不是愤怒的异见者，更不刻意迎合大众娱乐的口味，重塑雕像的权利在音乐里隐晦地表达着他们的态度。”

2018 年 2 月 3 日，七点半准时开场后，重塑以一首快节奏的 *Hailing Drums* 迅速轰炸全场，激速的鼓点刺破耳膜穿透心脏。主唱华东简短开场，“我们是重塑雕像的权利”，紧接而来送出第二首拍手歌《8+2+8 II》，歌曲以独特的击打旋律加神秘配唱将现场气氛继续推向高潮。在第三首作品 *Atmosphere* 发声前，华东及刘敏相继脱下西装和休闲外套，二人依旧左右相向侧对乐迷，他们如癫似狂的躯体表演与变幻莫测的灯光及旋律融合在一起，相得益彰。

层层递进的丰富节奏变化与他们极具戏剧化的现场表现仿佛带有催眠效应，令在场所有乐迷沉迷其中，虽疯狂又克制。

这是英国当红独立乐队 The xx-I See You 亚洲巡演北京站在北展剧场的演出现场，国内乐队重塑雕像的权利（以下简称“重塑”）以嘉宾身份登台。虽然重塑的演出只有半小时，但他们带来的三首作品惊艳地鱼贯而出，却让所有人领略到属于“重塑”

审美意境中的机械美感，以及“重塑”音乐中最具革新主义的电气化实验成果。

重塑在现场为大家带来的三首作品全部来自他们在 2017 年发行的最新专辑 *Before The Applause*（《喝彩之前》），这是他们自 2009 年第二张录音室专辑 *Watch Out！ Clmiate has changed，Fat Mum Rises*…八年后的全新作品集。

伴随新专辑而来的，还有 2017 年“密不透风”一般的演出节奏。

2017 年 3 月，重塑启动了 22 站全国巡演（上一次巡演还是 2009 年），首场从天津出发，经石家庄、济南、郑州、南京、厦门、上海、北京等城市，演出场场爆满，体现了重塑的市场号召力。面对 Livehouse 里站满了的拥挤人群，一位喜欢重塑多年的乐迷、“80 后”投资人私下对音乐财经感慨，“真替他们高兴。”

2017 年，在摩登天空国内团队、英国和美国公司同事的通力筹划下，摩登天空推出了一个颇有壮志的“重塑”全球推广计划。沈黎晖认为，行得通的原因其实只关乎音乐的好坏，他们是当今国内最有才华的乐队之一，进入海外当地主流市场的目标也并非虚幻。

2017 年 5 月，重塑登陆英国市场举办海外巡演，他们先是在披头士乐队进行首演的传奇酒吧 The Cavern（洞穴）演出，之后登上利物浦 Sound City 音乐节主舞台，在欧洲的发展自然离不开摩登天空英国公司总经理 Dave Pichilingi 之手，Dave 也是 Sound City 音乐节的创始人。7 月 16 日，重塑抵达芝加哥，以公路巡演的方式开启年内首次北美巡演，令人吃惊的是，首次北美巡演完成之后，9 月，重塑在摩登北美总经理 Michael Lojudice 团队的筹划下，又做了一轮北美巡演。

2017 年 9 月 19 日，Synth Pop/New Wave 乐队 Depeche Mode（赶时髦）公布了冬季 Global Spirit Tour 欧洲巡演的嘉宾名单，重塑雕像的权利出现在名单第一位，两支乐队将一同进行 11 场万人场馆的演出。这一消息让国内摇滚圈和乐迷们十分振奋。

尽管现场演出技巧已经越来越纯熟，但在每一次上台演出前，华东依然会感到紧张。在一片欢呼声中，重塑顺利完成了这场演出，走下台的过程中，华东的表情仍旧忐忑，他形容说，“你是不知道我下午一进场的那一瞬间，手心都在冒汗。”

在后台，华东、刘敏和鼓手黄锦三人各自点上支烟。

“我感觉监听有点远，弹的时候手有点抖。”乐队成员刘敏说道。

“可以，第一场没问题！”

“感觉反响还可以。”

“我们确实还没有到最好，但也没有（出）错。”对首场演出，华东做了一个全面客观的总结，有了第一次的经验，之后的演出就轻松多了。

沈黎晖对此次演出神往已久，彼时，公司外面正是呼啸而过的龙卷风，嘻哈圈和红花会粉丝的喧嚣纷争无法阻挡这位曾经的摇滚主唱登上前往都柏林的飞机的脚步。这位去看重塑和 Depeche Mode 的演出的老板形容现场让他产生了一种奇妙的感受，“虚幻又真实”。

“对我们来说这样的机会并不多，这样的体验也不是那么容易参与进去。我们是完全在跟一个全球最顶级的乐队和制作团队在全球最顶级的场地演出，这本身就非常刺激了。”华东后来对音乐财经这样描述他的感受，当然，印象最深刻的地方还是对方的专业和守时。

从更长的时间再回顾，这一次和顶级乐团合作巡演的历练对重塑或许具有更加深远影响的意义，Depeche Mode 对音乐的激情、对演唱和演出现场的极致关注也极大地激励了华东。

有意思的是，一个最直接的影响是，重塑不再纠结于开场时间的问题。

2017 年 12 月 16 日，重塑上海场演出开场前五分钟，场外有两三百人在排队换票。工作人员和华东商量能不能再等十分钟，但华东没有同意，“准时开始就是准时开始，对于准时来的观众，推迟开场就很不公平。”刘敏解释说因为以前每次演出前要是还有很多人在排队换票，主办方来沟通的时候说还有很多人在门外，沟通的结果就是：那就等等吧。

很多国内的乐队及工作人员也没有养成守时的习惯，说好八点半调音，八点半人可能还没来齐。刘敏说：“我们所谓的准时其实还不算很准时，在欧洲演出的时候是准确到秒，大家掐着秒上去演出。特别是音乐节，几十支乐队，你说你没起来床所以来晚了，那不是搞笑吗？你来晚了就别演了。”

为 Depeche Mode 这样一支传奇老牌乐队巡演做嘉宾，发行新专辑，演出场场爆满，华东和刘敏并未因此觉得多了些什么，改变了什么，生活还在继续，他们是当下少有能主动远离喧嚣、内心清楚自己要什么的人。

重塑乐队成立于 2003 年。2005 年，摩登天空创始人沈黎晖看过重塑的一次现场后签下这支乐队，同年发行了首张 EP 唱片 *CUT OFF*！。华东来自南京，生于 1977 年，天蝎座，父母是南京大学的德语教授。

听 Joy Division、The Cure、Bauhaus、Gang of Four，华东做重塑的第一天，就立志要做中国的 Bauhaus，他一直坚持用英文

唱歌，重塑最初也被定义为中国最好的后朋克乐队之一。

从第一张专辑到第二张专辑，再到今年的第三张专辑，每一张专辑的变化都很大，华东从来都是“不要拒绝改变”，从未局限于后朋。从一开始审美和风格简单的模仿到逐渐复杂化、电子化的过程中，乐队在探索的路上渐渐地找到了自己的独特之处。在欧美市场，他们的音乐在逐渐深入当地人的生活，中国人做的“地道西餐”总算真正在西方市场站住了脚跟。

“我不太愿意飞十几个小时去海外演出，但来的都是华人。”华东说，“当然我并不排斥，但是我觉得单纯从我个人的角度来说，我希望各种各样的人都能来看我们的演出。”

重塑与公司摩登天空的关系紧密又松散，因为五年一签约，华东和刘敏只会在签约时去一趟摩登的办公室，每去一回就惊奇地发现摩登又“大”了好几轮。

大多数时候，华东都会待在他的排练室内工作到很晚，这里的装修风格和设备符合他所有的想法。

台上的华东体格偏小，本人看上去比实际年龄要小，刘海长得遮住了眼睛，看起来冷峻克制。音乐中有关情绪和表达的部分越来越隐蔽，这似乎暗示了他的审美以及个人对外部世界这十年来惊人变化的独特感受。内心的波澜壮阔不断冲撞着他们的创作，那或许是一种从未消散过的胶着于现实的理想主义，又是一种愤怒被封存在海面下的无力感。在 *Pigs in the River* 这首气质冷艳的单曲里，一头头肉色猪掉入河中漂浮河面为主题的影像营造了一种超现实的迷幻，“Don’t be ashamed of you”。

从来不是愤怒的异见者，更不刻意迎合大众娱乐的口味，重塑在音乐里隐晦地表达着他们的态度。在现场，却又拥有灵活的肢体语言和澎湃的激情，极具爆发力。音乐之外的日常生活里，华东会看书、跑步，刘敏开了一家宠物寄养店。他们钱不算多，没有买房子但也够花，生活简单精神富足。

这就是重塑雕像的权利。

关于演出

成为世界殿堂级乐队 Depeche Mode 的巡演嘉宾，这无疑是重塑雕像的权利音乐生涯中最值得铭记的时刻。

音乐财经：第一场在都柏林的演出是什么感受？

华东：紧张啊，当时有两万多人吧。其实我一直都这样，上台前会紧张，但这次经历过 Depeche Mode 的巡演之后，我觉得也没什么情况能让我好紧张的了。

刘敏：最大不同可能就是当时舞台的回音很大，听得有点不是特别清楚。

音乐财经：在国内参加音乐节的时候下面也有上万人会去看你们。

华东：对，但感觉其实还是不一样的。就像草莓音乐节，它每天可能会有 20 到 30 支乐队要演出，在场的两三万人有相当一部分知道我们是谁，但在海外演出只有我们两支乐队，台底下 99.9% 的人都不知道我们是谁，所以这个感觉跟在国内其实还是挺不一样的。

音乐财经：乐迷们的反应跟在国内相比，有什么不同？

华东：最大的不同是，很多人并不知道我们是谁，他们来看演出对我们的表现是不抱什么期待的。但看过我们的演出后，他们的那种喜欢也会更直接地表现出来，我能感觉得到。

音乐财经：你们在国外演出的时候每次调音大概要多长

时间？

华东：我们第一场在都柏林的演出调音时间是最长的，有半个小时，就是我们设备全部接好，从发声到结束他们的工作人员都完完全全是卡着时间来。比如说我们从四点到五点是调试设备，五点到五点半是调音，那我们的时间就是到五点半，多一分钟都不行。一开始前面的两三场我们的调音时间是可以到五点半，等到了伦敦那场的时候，Depeche Mode 他们自己调音、测试系统的时间就长了一点，等我们调音的时候留给我们的时间可能只有十分钟了。因为国外的巡演每一场的每一样系统设备都是百分之百一模一样的，条件上只要差不多，有些数据是可以存下来下一场再用的。

音乐财经：之前在国内的演出调一次音大概要多久？

华东：这要看系统，如果系统没问题非常好的话，对我们乐队来说，从我们开始出声，到我们调完，其实最多一个小时就够了，系统有问题、设备有问题就不好说了。

音乐财经：在国外完全是缩短了时间、提高了效率。

华东：对，因为他们是很讲究效率的一个团队，绝对不会有系统上的问题。

音乐财经：除了专业外，这次的海外巡演还感受到哪些跟国内不一样的地方，因为这是两个工业体系间的合作。

华东：因为我们跟我们的公司摩登天空已经合作了十多年，我们很了解摩登天空，摩登天空也很了解我们，我们之间的合作有一个类似惯性的东西在。但现在我们跟海外的合作还建立在大家互相了解的过程中，包括我们也需要了解西方整个工业体系的运作方式，这个是蛮不一样的。在国内，相对而言我们可以任性一点，公司对我们也挺宽容的，容忍我们隔很久才发新唱片。当然，海外也不是不宽容，只是因为海外毕竟市场非常大，他们更新换代的速度比中国快得多。

刘敏：海外大部分乐队都靠很多的演出才能出来，他们的巡演是非常密集的，不像在国内可以有很充裕的时间。

华东：但是也有可能有一天，像Radiohead这种级别的乐队，他们如果愿意的话，也可以七八年出一张专辑，那又是另外一回事。

音乐财经：目前来看，与海外团队的合作怎么样？

华东：任何事情，如果有可能的话我们都会在前期就进行最初的沟通，你们的设备是多少，有几件行李，要租一辆多大的车，包括我们有没有吃素的，类似所有事情他们都会问我们。包括用什么音箱，需要几根备用线，所有的东西全部提前最少两三个月准备好。我们也会在每天晚上睡觉前打开看一眼行程表，比如，明天去法兰克福几点钟出发，几点钟到场地，我们比较喜欢这种工作方式。效率很高，责任的窗口非常明确，出了任何问题都有人来解决，在中国经常搞不清楚。

刘敏：国内其实也还好，但是国内就是一个人能干很多事，大包大揽。

音乐财经：一直以为你们在台上是那种内心很少有波澜的人，每次都是酷酷说两句“我们是重塑雕像的权利”“谢谢”“再见”。

华东：因为我不知道我应该说什么，在台上说什么好。如果我们的设备出问题的时候，我内心波澜还是挺大的，而且我们的设备越来越多，就常会有各种问题。只不过有一些小问题我们自己知道，可能有一部分观众意识不到，我们在演的时候就会救回来了，有的时候救不回来。

音乐财经：出问题的时候会崩溃吗？

华东：崩溃谈不上，就是会有点不高兴。比如说我演出，演十首歌，第三首歌出了问题或者第四首歌出了问题，多多少少会影响后面演出的情绪。

关于新专辑

“这一切的变化都是因为我的审美变了，而不是说因为我的年纪大了，经过了时间的洗礼整个人变得宽容了，我们绝不是这样的。”

音乐财经：这次的新专辑 *Before The Applause* 为什么只出了黑胶版本？

华东：对，这完全是我们自己的想法。录唱片的时候我们就在想，这一张我们就只出黑胶。因为我觉得现在的唱片市场可能买 CD 唱片的人不太多，包括我自己也一样，我买了一张 CD 回家导到 iPod，我把它放在那儿，就不去听了。黑胶就不一样了，它的聆听方式、它的音质、它整个的制作过程还是有一种仪式感在里面，包括它拿在手上的感觉。

刘敏：最近几年我们听黑胶，发现黑胶的音质真的很好，它里面有数字媒体音乐里你根本听不到的细节。而且也要看你的黑胶要做多大，我们发行的黑胶是做了双张，所以它的体积够大，它的音质就够好，如果你想音质再好的话，它的体积会更大，四张那样的，效果更好。

华东：对，就是你把同样的东西装到这个容器里面，你容器越大的话，你里面装进的声音细节也会越多。这张唱片如果做一个单张黑胶也可以。也有人提议这张唱片做单张黑胶，但我觉得不行，我们必须保证音质。

其实黑胶的成本很高。我们的周边设计，所有的都是摩登天空监督，然后我们再进行沟通。他们知道我们想要什么，然后出来打样给我们看。所有的东西都是经过我们审核的。

音乐财经：第一张唱片 *Cut Off*！到第二张 *Watch Out*！*Climate has changed, Fat Mum Rises*…大约花了四年时间，但是到第三张专辑 *Before The Applause* 我们等了八年，怎么会这么久？

华东：这张是有原因的，首先是我们换了鼓手，新的鼓手进来需要时间去磨合，这是第一点。第二点就是你们可以听出来，这张唱片量还挺大的，我们需要时间去消化这么多年来我们听到的新的东西，我们要在音乐上做出更多的尝试，而在尝试的过程中我们又会经历一些失败。整个过程都是要很花时间的。

音乐财经：失败的地方主要是做了哪些尝试？

华东：其实对于我们乐队而言，第二张到第三张专辑最大的转变就是我们增加了一个新的设备，这个设备直接影响到了我们的创作。

大概是 2009 年，我们买了一个 loop，从研究说明书到研究它的所有使用方法，到后来我们乐队要去适应它的工作方式，再到最后我们要用它的方式去写歌做歌，整个过程花了很长的时间，当时遇到了很多坎儿。但是迈过去之后就变成你们听到的这张新唱片了。我们用这个设备创作的第一首作品 *Viva Murder* 在国内发行的专辑里没有收。

音乐财经：跟新任鼓手黄锦是怎么开始合作的？

华东：我们很早就认识了，他跟刘敏都是成都出来的，认识的时间更长。原来我们找他想一起玩个别的乐队，后来我们想换个鼓手，就问他有没有兴趣加入，他说有兴趣，但他当时面临的最大问题是要从成都搬来北京。然后他说这个可能要考虑一下，我也特别理解，后来他还是决定来北京，我们就一起开始做重塑。

音乐财经：跟上一任鼓手马犟合作了大概多久？

华东：差不多十年吧，后来，在黄锦搬来北京加入重塑之前的将近一年的时间里，我们的好朋友、脑浊乐队的鼓手许林还拔刀相助，帮助我们把最困难的那个阶段顺利地过渡了下来。

音乐财经：我记得重塑的第一张专辑中的第一首歌叫 *Die in 1977*，你就是 1977 年生的吧？

华东：对，我是 1977 年生的。

音乐财经：歌曲讲述的是一个比较残酷的事件？你的人生看起来好像是比较顺畅的，做的音乐为什么会是有些隐晦阴暗的呢？

华东：我不知道怎么回答，你觉得呢？

刘敏：你的人生我也不知道，你是怎么想的就怎么说。

华东：我觉得也许是这样的：从艺术这个角度来说，个人作品要反映的并不一定得是作者本人的人生，而应该是作者的生活在这个社会环境中的某种投射或是某种关联的体现。它可以是发生在你身边的事情，也可以是听到或者看到的，并非由作者本人亲身经历的事情。并不是说你从小到大都是一帆风顺的，那么你眼中的世界就是一帆风顺的。

就比如说之前大兴失火，导致我们在通州的排练室被暂时封闭起来，而当时我们正在欧洲巡演，只能临时火急火燎地拜托朋友立即帮我们把所有的设备搬走，把排练室清空；回来后过了几周发现，似乎又没问题了，然后再偷偷摸摸地把设备搬回去，偷偷摸摸地继续在那排练……这一连串事件是我们亲身经历的，表面上看起来与我们不太相关的事件……这样的事情从某种意义上来说更像是无可奈何的黑色幽默。

音乐财经：但最新这张专辑，在歌名的选择上比之前明朗了很多。像第一首就用了“Hum”，最后一首还用了“Celebration”，这些词之前可能几乎看不到。怎么会有这样的变化？

刘敏：我倒觉得这挺符合他的，并没有变化。他以前是更直接，只是现在隐藏得大家都看不出来了而已。

华东：可能以前我会用一种相对而言直接的方式去表达，无论是歌词、音乐还是唱腔。现在的重塑在这几个方面来说是变得相对而言更隐讳了一点，或者说更加委婉了，不是那么直接。

这一切的变化仅仅是因为我的审美发生了变化，而绝不是说因为年纪的增长，经过了时间的洗礼，整个人变得宽容了、沉淀了。我绝不是这样的，在很多很多方面，我还和过去一样，一点都不宽容，也一点都不沉淀。所有的一切仅仅是因为，审美的改变。

音乐财经：也绝对不是因为生活变好了。

华东：我不知道多好的生活算好，多少钱算赚得多。我只能说现在我们的生活足够了，挺满足的。

刘敏：我们的生活从来没有很差，但也从来没有过那种好，我们的收入只是足够支撑我们做音乐而已。

音乐财经：对收入，对“钱”这个事你们怎么看？

华东：我个人认为是放在第二或者第三位的，第一位是先把音乐做好，在音乐做好的基础上再挣钱，包括配合公司摩登天空的一些推广宣传什么的，这个钱自然就来了，只是来多来少的问题。

音乐财经：你们的钱多半也都花在音乐方面了，专辑也都选

择在海外制作。

刘敏： 大部分是。除了我们的第一张是跟国内的人合作，从第二张开始到现在，没有跟国内合作了。

华东： 其实我们第一张合作的录音师也挺好的，但是我们的音乐毕竟还是相对而言比较西化的音乐。

刘敏： 主要我们想学习这个东西，如果总是掌握在我们自己手里的话，可能突破不了。而且其实你跟国外的人合作过你就会知道，他们不会说给你多少意见，他是会听你想要什么，他用他的技术帮你达到你想要的东西。他们都很清楚自己的位置。

华东： 对。不像国内的有些制作人连自己的位置都没搞清楚，就帮别人制作。很多人他们之所以会给你什么样的意见，是因为他们不会别的方式，他们只有自己的一种方式，所以就会告诉别人你应该这样。

刘敏： 可能这也是我们选择外国人的原因，就是信赖他们的专业度，他们是一个技术提供者，我们才是真正的内容提供者。

音乐财经： 新专辑中的《8+2+8 II》，后来还跟 Brandt Brauer Frick 合作出了《8+2+8 I（Paul Frick Remix）》版本，这个合作过程是什么样的？

刘敏： 跟 BBF（Brandt Brauer Frick）的合作就是我们之前去柏林录音，我们的录音棚在他们的工作室楼上，然后当时是他们跟中国的另外一个艺术家有一个商业项目，我们作为客人去他们工作室即兴玩了一下，华东跟他们玩的，我没玩。然后他们听了一下我们在楼上录的东西，觉得挺喜欢的，后来我们就问他们，如果这个唱片出来，帮我们做一个 Remix 版本可不可以，他们就觉得这个想法挺有意思的，还不错，他们也愿意做，然后我们就一直保持联系。后来我们做完了这首歌以后就给他们听了，他们很满意，就有了之后的合作。

关于生活和创作

“我们出去参加音乐节也好，巡演什么的也好，所有东西我们认为应该这样做就这样做，不要商量，我也不会跟你商量。”

音乐财经：乐队方面的事是不是都是华东说了算？

刘敏：音乐上我觉得肯定是以他为主，大部分情况下我们都是同意他的想法，但是如果我不同意，我们就吵呗，谁吵赢了听谁的。

华东：演出、合作方面的事情就是我们说了算。比如我们出去参加音乐节，或者巡演等等，所有的东西我们认为应该这样做，那么就请这样做，不要商量，我们通常情况下也不会去和你商量。还有比如说我们想要什么样的声音，以及现场出来的声音是什么样的等等。我们现在有自己专门的调音师，这方面不存在问题了。以前没有的时候，可能有一些人不太了解。一开始我们会尝试和对方解释，但后来我们基本上不会这么做了，按我们说的做就好了，不需要解释。也许因为我们对设备的要求比较高，另外在审美方面的原则上不会与别人妥协，所以如果这些达不到基本的共识就不用合作了。

音乐财经：一般谁赢的时候多？

刘敏：看情况，像*Pigs in the River*这首歌，最后那一段他想在吉他弹完就结束了，我没同意而且非常坚持，不管他怎么反对，我也要坚持把后面的东西给弄完。因为我们描述出来一个场景的时候，还有刚开始演奏的时候，一切都是比较混乱的，但是要从混乱的里面去抓住你想要确保最后能成型是一个好的东西，

其实是很难的，最后的结果就是你们听到的样子了。

音乐财经：你们的创作排练过程经常有分歧吗？

刘敏：其实每天排练都和前一天不一样，最后如何选择就是我们俩博弈的结果。

音乐财经：音乐外的事很少管。

华东：相对而言我们不太操心音乐之外的事。

刘敏：我们也很少去公司，去年去得算多，因为要发专辑，还有巡演，可能之前也就合同到期要签约才会去。其他我们也不打听，可能我们是五年签约一次，这五年我们也就能去公司两三次这样。

音乐财经：平时都在排练？创作方面你们有什么方法论吗？

华东：我们乐队是这样，仅限于我们乐队。一般我们都会把所有的音乐部分精密地计算好，排练也好，怎么样也好，一旦固定下来就是固定下来，我们一般来说，不会再有大的改动，我们的排练方式也都是有东西了才去排，我们从来不会即兴去排练，我相信很多乐队都是靠即兴，但我们从来不做这个。

音乐财经：三个人的工作状态呢？

华东：状态其实跟以前一样，一直都差不多，就是平时我没什么事的话，差不多隔一天或者隔两天就会去排练，去之前我会在家里面想一个大概，一首歌的大概思路，然后去排，在这个过程中加入自己的想法，其实很简单，没有什么特别保密的、特别神奇的方式。

音乐财经：你们平时宅吗？都是技术宅类型？

华东：我没技术，也不是很宅，其实我每天都得出门，这一个多月每天早上起来跑步，晚上跟我朋友吃饭，天天如此。

音乐财经：对录音、制作这些没兴趣吗？

华东：我有兴趣，但是我不具备这方面的知识，我不太会用电脑，而且我对录音这些东西，如何在技术上去操作也不知道，但是我会坐旁边听，会告诉他我想要什么声音，希望什么样什么样，但是如何能达到这个我不知道。

刘敏：技术这些方面要看每一个人对这件事情的要求有多高，如果我要求很低呢，我也可以做；如果要求很高，我不会轻易做的。但可能因为我之前是学计算机专业的，比如说我们唱片里面需要一些东西，跟电脑软件方面的都是我在弄，现场听到的打底的全是我修的。

音乐财经：平时的生活都是怎样的状态？

刘敏：我喜欢早上起来慢悠悠地做早饭，然后一边听音乐，一边打扫房间，遛遛狗，上午过得比较悠闲。下午如果排练，可能收拾收拾东西到排练室，因为其实对于华东来说他在家里面的时间是最重要的，可是对于我来说在排练室的时间是最重要的，我比他要多一些即兴的细胞，所以我会在排练室想更多的东西，他把他的东西抛出来以后我会去审核这个东西到底符不符合我的审美，对于我的这一部分我要怎么做才能更好，怎么样让这首歌听上去也有我的表达在里面，所以在排练室的时候我比较爱费脑子，而且我会和他做斗争。

音乐财经：你之前也是做事很有条理注重细节的人吗？

华东：我到现在也不是做事很有条理的人。但是做音乐确实是，我们在一起做重塑，每一首歌我们都要重视细节，在做这个乐队之前，我并不知道我是不是这样的，因为我在那之前没有做过任何一件让我觉得很感兴趣的事情。这是我第一次做一件让我全情投入又感兴趣的事情。也许是这个原因，我们才会很愿意认真对待这个东西，包括细节上去研究、去核对。

音乐财经：你怎么看待艺术家、音乐人的自由和创造间的关系呢？

华东：我认为任何的自由都是在一定的限度范围之内的，没有无限的自由，无限的自由意味着不自由。就像艺术创作这些方面，我觉得是自由的，但不是散漫的，而且是自律的。那种自由是你想象力上的自由，而不是生活上的散漫，我不相信一个散漫的人能做出任何一件好的事情。

我看过一篇关于宜家设计师的文章，这些人没有一个是散漫的，都是早上比如说七点钟起床，然后跑步锻炼，每天都是很有规律地生活。包括像村上春树，我自己很喜欢的作家，他就是晚上十点钟必须睡觉，早上四点钟起床，工作到十点去跑步，每天跑十公里。

音乐财经：你在平常的生活当中是这样的吗？

华东：我尽量让自己往这个方面靠，我身上有散漫的一面，偷懒嘛，挺懒的一个人。

音乐财经：你（华东）平时是内向的人吗？

华东：我也不是很内向，当然也不是很外向，正常人吧。准确地说我是一个蛮保守的人，在很多方面，比如吃饭也好穿衣风格也好。

音乐财经：冲动过吗？

华东：当然冲动过，最冲动的就是搞了乐队。

音乐财经：现在巡演结束、专辑也发了，接下来有什么计划？

刘敏：我们要开始写新歌了。

（文 / 董露茜　李笑莹　2018 年 2 月）

独立乐队后海大鲨鱼：“心要野”

> 后鲨本身不排斥商业，他们不仅会继续与大品牌合作，还要把一些不错的小品牌带起来。

临近年底，正是演出市场最火爆的时候，活跃在独立音乐领域十余年的后海大鲨鱼（以下简称“后鲨”）也有属于自己的“小动作”。他们正准备用一场关于“年轻”和“朋友”的音乐会，为乐队的2016年画上一个句号。

后鲨成立于2004年的冬天，乐队由主唱付菡、吉他手曹璞、贝斯手王静涵以及鼓手童言一组成，12年来未出现任何人员变动。

截至目前发行了三张专辑的后鲨并不算高产，但凭借独特的曲风，一直都是不少年轻人的心头好。

公平地说，后鲨是一支自带商业属性的乐队，因为主唱毕业于中央美术学院，除了在音乐上能够吸引年轻人，视觉方面也常常给人留下深刻印象。包括乐队成员的形象设计、专辑中平面图像和MV影像的呈现，以及演出现场的着装和视频等方面，后鲨有自己一套独特的体系。

因此在面向年轻群体的时候，后鲨是拥有打入主流市场的潜力的。类似的例子在国外并不少见，例如美国乐队 Yeah Yeah Yeahs。

这种商业潜力使后鲨获得了市场的关注。通过与一些商业品牌的合作，乐队得到很多曝光的机会。例如在 2009 年，后鲨就曾受邀参加匡威赞助发起的公路巡演纪录片《爱噪音》的拍摄，与 P.K.14 乐队一起进行了 5 个城市的巡演。

后鲨本身不排斥商业，他们表示，在未来不仅会继续与大品牌合作，还要把一些不错的小品牌带起来。

2016 年的后鲨极其忙碌。谈到这一年做的事情，付菡如数家珍：3 月份发行新专辑《心要野》，之后立即带着新作品进行了 22 个城市的 Livehouse 级巡演，回到北京又在 21 世纪剧院做了乐队的第一次剧院演出，随后就是一系列的音乐节演出，直到 10 月份开始了年轻朋友音乐会的筹备。

“年轻朋友音乐会”这个名字来自后海大鲨鱼在 2012 年推出的单曲 *Bling Bling Bling*，歌曲的开头，主唱付菡这样唱道：“年轻的朋友，我们总是这样太慌张。”

推出这首单曲的时候，后鲨正处于一个长达两三年的瓶颈期。2010 年，乐队发行了第二张专辑《浪潮》，在这张偏向电子乐风格的专辑成功问世的同时，后鲨对未来创作灵感的缺失也渐渐成为乐队成员们关注的问题。

通过一系列的探索和思考，后鲨意识到需要以更加开放的心态去对待创作以及乐队的发展，这番探索花去了乐队三年左右的时间。2013 年，后鲨进行了一次名为“心要野”的巡演。

次年，乐队开始把主要精力放在新专辑的创作和制作上，又经过了两年的时间，完成了第一张以中文歌词为主的专辑《心要野》和年轻朋友音乐会的初步计划。

吉他手曹璞反复提到乐队的感觉是“愣”，他认为后鲨不应该是严肃的，青春、活力、有冲劲才是他们一直想要的感觉。

最初组建这个乐队仅仅是为了好玩，那时后鲨的成员们正值青春，有想表达的东西，但并不明确，只是凭着感觉去做。之后随着阅历的增加，对于“要做什么”这个问题的答案才渐渐清楚。

弄清楚这一点对于乐队来说既是激励，也是压力。付菡坦言，现在乐队的成员们一方面作为音乐人，会有创作、表演上的压力；另一方面作为创业者，也承担着创业的压力。

“有创造力的青年文化”是年轻朋友音乐会诞生的基础，也是后鲨现在着眼的方向，他们希望以自己的方式为传播和交流青年文化提供一个平台。

近日，在北京的 Modernsky lab，音乐财经与后鲨乐队一起，聊了聊乐队的创作、经营和发展，以及他们的心路历程。

音乐财经：今年后鲨有了不少变化，比如新专辑中的中文歌词比重大大增加，把演出搬到了剧场等等，是什么原因促使你们有了这样的改变？

付菡：首先，对我来说最大的改变是把过去很多框架的东西放掉。在做第一张专辑的时候是想做特别复古的曲风，第二张专辑则很希望做有科技感、未来感的歌，追求很时髦很新的表达方式。在《心要野》这张专辑里我觉得很多东西都无所谓了，标准和框架没那么重要，重要的是怎么把内心的想法表达出来。

第二点就是在创作第三张专辑的时候，其实也是一个逐渐学习如何写中文歌词的过程，从最初的 *Bling Bling Bling*、《猛犸》，到最后写出的《心要野》，中间已经跨过了一个阶段，直到最后

我才感觉有百分之八十找到了自己想要说的那种语言，用更舒服更自然的方式把中文和摇滚音乐这两者结合起来。

曹璞：这张专辑最大的改变就是中文歌的比重增加特别多，其实摇滚乐跟中文结合起来是非常有难度的。回归到中文的语境当中代表着我们更加注重当下和现实，从我们之前完完全全的想象空间中拉回到了现实世界。

而且录制这张专辑之前的经历非常丰富，有我们之前提到的四处旅行，也有这些年生活对我们的改变，有些矛盾的东西等等，共同融合在这张专辑中。

音乐财经：从最初因为好玩组建乐队，到后面受到媒体和听众的关注，乐队和成员们一定也发生了转变，怎样看待这样一种转变？

曹璞：首先心态上会慢慢不一样，另外就是会面对外界对于我们的界定。我们最开始是抱着游戏的心态组乐队的，后来慢慢成长到一个阶段，就成了大家眼中的一个标示，他们说："这就是后海大鲨鱼。"我们要突破这个界限，不仅仅局限于做"后海大鲨鱼"，还要能吸纳更多的人，大家互相影响、碰撞，为乐队增加新的东西。

音乐财经：最初做音乐的时候，对后面发生的事情肯定没有那么多预期，在受到关注的时候是一种怎样的心态？

付菡：我觉得我们可能还比较沉浸在自己的世界里，所以对自己是不是被关注感觉没那么强烈。

曹璞：好像这些也没那么突然，没那么大起大落的状态吧。

音乐财经：那你觉得这是顺其自然的吗？

曹璞：倒也不是顺其自然，给我印象最深的是我们赶上了媒体的更新换代。我们第一张专辑是豆瓣传播的，后来到了微博时代，现在又到了微信朋友圈……各种各样的媒介更替确实影响到我们，因为宣传方式要有调整，但是对乐队整体的起和落没有特别关注。

音乐财经： 创作音乐表达出来以后在听众那里肯定有反馈，后鲨对这些反馈进行过思考吗？

曹璞： 这个肯定有，最大的一点就是在中文歌词上面。之前我们一直是个唱英文歌的乐队，那会儿正好是英文乐队层出不穷，现场也都特别火爆的时候，我们觉得就这样也没什么问题。

但慢慢地，突然有一天我们站在舞台上，面对音乐节那么多的人，那么多的中国歌迷，切实地感觉到唱英文歌会有隔阂。我们也有过国外的巡演，那种气氛唱英文歌是没问题，但回到国内一对比就感觉有问题了。这个就是我们写中文歌的一个契机。

音乐财经： 最初尝试做中文歌的时候是什么感觉？

付菡： 困难太多了，有时候就会感觉特别空虚，经常坐在电脑前写一天，就写出来几行结果还不能用……

我不太喜欢在自己的作品里有诗歌化的语言，这会让我感觉与生活脱节，在这张专辑里我们的歌词是很直接、很简单的语言来讲述当下的感觉，很多人可能听不惯，觉得这不是歌词，但这恰恰就是我们所追求的。

第一就是要很“愣”；第二就是要复杂的话简单说，深入浅出，想说什么说什么，用当下的语言讲当下的事，这是最重要的。我很喜欢像民歌一样的歌词，比如说《半个月亮爬上来》和《花儿为什么这样红》这种很朴实的内容。

所以在新专辑里《88 奥林匹克》和《漂流去世界最中心》是我最满意的作品，像里面类似“我边跑边吃方便面”这样的词，就是属于想到什么就表达什么。跳出了条条框框，想象力才不再

受限制。

音乐财经：在之前接受的采访中经常提到“年轻人”这个关键词，是与乐队理念有关吗？

曹璞：其实我们所说的“年轻”并不是一种纪念和回忆性的，而是对当下的一种态度。“年轻”不是说想当年怎么怎么样，而是我现在在做的事情，我有没有冲劲儿。

音乐财经：乐队从组建以来就具有很高的辨识度，比如女性作为主唱，比如外形设计也十分抓人眼球，往往还没有开口唱歌就已经将乐队的气质传达了出去，怎样诠释乐队这种从一开始就坚持的表现方式？

付菡：我们乐队的出发点有两个，一个是做有创造性的事情，一个是做与周围人不一样的事情，这个是最重要的线索。虽然从一开始的时候，我们所做的音乐形式和我们呈现给大家的东西是这个样子，但其实是不是女主唱并不重要，重要的是我们是一支有创造力的团队，一群想要做不一样事情的人。

之前可能做得比较多的是在音乐上和视觉上，包括平面的和MV的尝试。到了今年，因为乐队自身的资源和周围的朋友也比较多了，就越发有能力实现自己最开始的想法。

我们最初有的一个朦胧的想法是，我们想做音乐，也想做一些除了音乐之外有创造力的事情，所以年轻朋友音乐会是一个切入点。我们的团队在做这件事的过程中也一直在学习进步。

音乐财经：就是说音乐只是你们的一部分？

付菡：是很重要的一部分，因为音乐，我们认识了很多有趣的人、有奇思妙想的团队，我们也在用音乐去把这些结合起来。

曹璞：由音乐延伸出来一些可以去做的事情，因此才有了年轻朋友音乐会。

音乐财经：组织这场音乐会对于乐队来说意味着什么？

曹璞：在2015年的时候我们就有了一些隐约的想法，其实是跟第三张专辑的制作理念相合的。我们想，不管是创作还是事业，都能够以一种开源的态度让更多人参与进来，因此就有了第一场的年轻朋友音乐会。

付菡：2015年在做这个演出的时候我们说，如果你们每年都来，那我们就每年都做，因此就有了2016年的第二场。我们现在不光希望把它做成每年都有的固定活动，而且还想在明年把它做到其他城市。

年轻朋友音乐会涵盖的内容非常多，除了音乐之外我们还希望它有很多青年文化的东西。比如今年，我们会在音乐会的现场做一个产品和文化的展示区，展示黑胶唱片、服装和滑板等等。我们也希望做合成器和实验音乐模块的艺术家能够在现场有一个小的展示空间。

这种活动在中国可能比较少，但国外很常见，比如西南偏南音乐节，我们这次要做的就是一个mini版本。

曹璞：首先是要强调原创性，其次是开放性。年轻朋友音乐会能接受年轻人五花八门的想象力，而不仅仅是只有一种元素。从现在来看效果还不错，所以明年还会继续，未来如果有能力的话，我们也许会把它做成一个户外的音乐节。

音乐财经：你们对未来有什么样的规划？

曹璞：首先我们希望2017年发《心要野》巡演的纪录片，其次我们会复制年轻朋友音乐会，现在正在谈，可能会去其他的城市落地。2017年将会是乐队成员们更加自主地去组织这些活动。

付菡：我们2017年的方向很明确，会有三个方向，就像是一个品牌的三个产品。第一是年轻朋友音乐会；第二就是我们希望做剧场的巡演，类似于2016年在21世纪剧院进行的那场高质量演出；第三是去做不同城市的校园活动。

因为之前也有很多高校的学生会或者组织邀请我们，但一直没有合适的组织方，所以在2017年会在这方面投入多一些精力，把这件事做出来。

（文 / 王华中　2016年12月）

"滚圈纪委"臧鸿飞：“我不能只当一个乐手”

> “ 尊重每个独一无二的生命，臧鸿飞自己也活成了一个与众不同的人，这种存在是不可替代的可贵。”

臧鸿飞，国内知名资深键盘手、制作人、音乐人，曾与崔健、许巍、郑钧、何勇等人合作，近年来也开始与张杰、谭维维等主流艺人合作。与好友们组建的龙神道乐队是我国第一支真正意义上的雷鬼乐队，2015 年受邀参演 Glastonbury 音乐节，他也是 45 年来登上这个世界最大的音乐节表演的首位中国音乐人。

也许他的琴艺不是最精湛的，但中国最忙碌的乐手非他莫属。采访当天，臧鸿飞正在为近来在东方卫视热播的《格莱美致敬中国之星》节目排练。赶到排练室后他迅速进入工作状态，认真不苟的样子与他最近自黑恶搞的形象完全判若两人。

由于连日的奔波加上气温骤变，劳累疲乏的他有些轻咳，但依旧笑着说：“去看医生了，都是穿白大褂的，但医院的就是比药店的专业，开的药吃上就好多了。”

“小时候感受不到音乐的魅力”

臧鸿飞的妈妈是位钢琴老师，3岁那年他从3000多名孩子中脱颖而出开始接受音乐学院的培训。这段经历臧鸿飞的记忆已经模糊了，他只是听妈妈说过。当时他没有任何的音乐基础，在简单的视唱练耳测试后被选中。“我觉得我就是耳朵比较灵敏，听音很准，到现在也是听什么都不用听第二遍，但我觉得这也不是什么太大的天赋。”

对于小孩子来说，古典乐的学习是枯燥痛苦的。臧鸿飞坦言他小时候也不喜欢学，因为他完全没办法理解两百年前欧洲人的生活方式，他不知道自己所学所练的音乐到底要表达什么。

“小时候我喜欢弹奏一些电视剧里的曲子，但这在音乐学院是不被理解的，我只能弹他们教我的曲子。我觉得这也是中国音乐教育制度的弊端，过于单一保守，我当时是真的感受不到音乐的美好。”

臧鸿飞在10岁那年观看了“90现代音乐会”。这是一场传奇的演出，在那个有些封闭但充满激情与梦想的年代，摇滚乐的出现犹如蒙昧初醒的惊天春雷，点亮了一代年轻人的心，甚至改变了一代人的命运，臧鸿飞就是其中一员。

“当时我爸买票带我去看的，他以为就是一场简单的现代音乐会演出。”臧爸爸显然不能接受表达过于直接粗暴的摇滚乐，而对臧鸿飞来说，这次演出却颠覆了他的世界观，是一种冲击，“我第一次感受到音乐给人的自由，这是我从来没听到的，之前我接触的古典音乐就是牢笼”。

当年那场演出有很多乐队，但对臧鸿飞影响最深的就是唐朝。金属乐的感染力直接冲击到他心底埋藏已久的力量，那种瞬时爆发出的情绪深深影响了他，“对我而言完全就是一个新世界的到来，是一扇大门的打开。”

“选择用摇滚乐与这个世界对抗”

在感受到摇滚乐的冲击后，臧鸿飞发现自己根本无法再继续古典音乐的学习，叛逆期的他也不想跟社会和解，不想盲目逃避。他要选择更加暴力的对抗方式，这时摇滚乐就是他与世界对抗最好的方式，是他不妥协的力量的主要支撑。

这之后他陆续结识了一些乐队和乐手，1993 年他正式加入红桃 5 乐队，这不再是一支学生乐队，而是一支正式在摇滚乐圈里演出的乐队。从那之后的 5 年，他一直随乐队演出排练，直到乐队解散。

对于他的选择，家里是无法接受的，因为这是一份说服不了别人的工作，得不到社会认可，而且乐队的演出也挣不了太多钱。“家里人觉得我让他们在街坊邻居面前抬不起头，我没办法说服他们，我也没有办法说服自己不干，我们就这样僵持着。”这些和音乐有关的青春，就算再酸苦，回忆起来也是美好的过往。对于过去，他珍惜，但更多的是他对未来的追求。

这之后臧鸿飞意识到作为一个乐手，要想有更多的曝光度和收入就要与不同的乐队合作，一个人在一个乐队老老实实地干是没多大发展前途的。2000 年之后他就开始和不同的艺人合作，也开始做电影配乐，担当音乐制作人，收入增加的同时也提高了自己的知名度和曝光率。从那之后，臧鸿飞一跃成为我国最忙碌的乐手，各种大型演出、音乐节都能看到他熟悉的身影。

对于一个乐手来说，台上台下两种人生，也是一种生存方式。

舞台上的臧鸿飞非常狂热，每次演出都会在节奏的驱使下晃

动全身，十分投入，看上去既抢眼又嚣张。但在生活中，他却是一个低调又幽默的人。如果别人不给他打电话恐怕这辈子他都不会主动找过去。

年轻时他轻狂过、傲慢过，随着阅历的不断积累，现在的他更愿做一个宁静致远的人。对于这个世界他仍选择对抗，只是方式变得柔和多了。

在臧鸿飞道德的地界中没有灰色，非黑即白。面对种种问题现象时，他总会管不住嘴地吐槽评论，但你会在哈哈一笑后有所感悟。他善良热心，没有歪歪心眼和花花肠子，每次自黑自娱的同时更能娱乐大家。与臧鸿飞的相处是一种难得的轻松和亲切，会让你不自觉地收起所有恶意。

"无论在生活还是合作上，我都是一个尽量不给别人添麻烦的人，这是优点，不过也让我自己活得比较累，但这就是我跟别人相处的方式。"

"每个生命都有独一无二的可贵"

臧鸿飞有两位家宠，花猫福子和斗牛犬小勇。

"福子当时掉到了地下室没人管，我不管它就会死，我也没得选择。"

"小勇是我自己想养的，我需要这样一个形象留在我身边，我需要陪伴，但我觉得这样挺自私的。"

"其实我不喜欢小动物，我觉得把一个生命关在你家一辈子，没有见过外面的世界，是一件很自私的事。"

"如果福子和小勇同时中毒但你只有一颗解药，你还不能把它用热水冲成口服液分配时，你会救谁？"

"你信吗，我想过如果两个人同时掉海里了，我的小船只能救一个人，我会自己跳下去救他们俩。因为这样我心里会舒服一点，我不愿自己陷到一种自责和复杂的状态里。每个生命都是平等的，每个生命也都是独一无二的可贵。”

尊重每个独一无二的生命，臧鸿飞自己也活成了一个与众不同的人，这种存在是不可替代的可贵。

臧鸿飞像个网瘾社交“键盘侠”，不管是排练间隙还是聊天过程，总会时不时地拿出手机看看，可能是谈论工作，可能是跟粉丝交流，也或者只是看看时间，总之手机是不离手的。

网络上有个说法，说手机不离身的人多半是外向孤独患者。外向的性格可以让人很好地适应这个社会，能够独立生存。孤独是因为内心深处的大门没有被打开，没人能看见触碰到。外向孤独患者不是心理病，而是一种心理状态。

他也是位多面段子手。他的幽默不是廉价消费品，幽默的外壳下输出的总是正能量价值观。但快乐的段子手也有忧伤，白天给别人带去欢乐，一到晚上自己那颗被幽默外表掩藏的敏感心灵就会格外矫情。

忙碌的臧鸿飞也许还是期盼能拥有稳定的生活状态。在事业上他不会迷茫，但面对生活他还是有诸多无奈的。如今历经沧桑的他早已学会隐忍和包容，但不能说的秘密也就更多了。真正成功的段子手不是一个喜剧性的悲剧人物，而是可以为苦难或者“丧”文化锦上添花的欢乐供给者。

“互联网改变了我与世界打交道的方式”

随着互联网的发展，人们越来越离不开网络社交。臧鸿飞新浪微博的粉丝多达22万，这让他在整个圈子甚至圈外都有了一定的话语权，如今他想利用自己的影响力去做更多的事。

“跟歌手合作、跟艺术家合作、跟粉丝打交道我都只考虑三个问题：人家需要什么、你能给人家什么、你需要别人给你什么。就这么简单，这也是我跟互联网交流的方式。”

当臧鸿飞在互联网上找到了属于自己的交流方式后，他就要将自己的话语权转变为更多更自由的生活方式和利益。脱口秀是他要做的第一件事。

“跟越多的人合作，我心里面急切想表达的欲望也就越强。我特别想通过我自己而不是任何人去表达。我做音乐 20 年，不唱歌，一直都是在帮助别人完成音乐梦想，帮助别人表达想表达的东西。我发现我积累了太多东西，我想跟这个世界说话了。”

臧鸿飞说自己是个晚熟的人，但童心未泯。对生活、对音乐，他一直保留新鲜感，并追求一个个新的可能。未来他将为自己“发声”，脱口秀也许只是他与世界对话的一个方式，出唱片、客串网剧，咳，谁能说得准呢？

音乐财经：最近都在忙什么呢？

臧鸿飞：之前在忙龙神道的新专辑，现在还剩一个笛子没录，1 月 2 日就能发了。最近我在一个电视台的活动做乐手，还有就是和许巍的合作，他每个月有三场演出，我一直担任键盘手。Jungle Mico 最近有两场因为档期问题没能参加上，挺可惜的，等有时间肯定还是要上的。

在 2007、2008 年那时候，每个乐队都没有这么多工作，没有这么多商演、音乐节，你可以和很多人合作玩音乐。现在你跟两个艺人合作几乎一个月就都排满了，不过那时候没有这么累，活得相对轻松些。

音乐财经：你觉得摇滚圈现在的环境较之前有什么变化？

臧鸿飞：我觉得总体来说大环境变好了，但整体太娱乐化了，也好也不好。现在听音乐的年轻人多了，但他们听音乐的状态也变了，要的东西不一样了。

摇滚乐对于我们来说是一个全新的世界，是我们必须要的东西。但对现在的年轻人来说，摇滚乐就跟他们吃饭看电影、看小品一样，是一种娱乐方式。

我们当时做音乐是想用这个方式跟世界对抗交流，现在的年轻人可能更喜欢相对先锋时尚的舞曲，喜欢那些帅帅的DJ，可能这些对我而言就有点太过娱乐化了吧。

音乐财经：做音乐20年了，自己有什么变化？

臧鸿飞：因为工作和一些机缘巧合，我去了很多地方，从那些几乎半原始的小岛小村到巴黎、纽约、东京这样的大都市，我看到了不同的生活方式，这些方式让我开始思考，人应该怎样面对生活，你应该做什么。我感谢生活迫使我去想这些事情，因为看到得越多我就不由自主地想更多，这些思考对我的帮助还是挺大的。

我觉得一个人要是没办法在这个混乱的世界上看到更多真实的东西，你是没办法形成一个自己独立世界观的。我曾经也狭隘，但我愿意想办法摆脱它，多看书、保持独立的理性思考的方式、多听取别人善意思想的灌输，我就是这样慢慢变得不狭隘的。

音乐财经：为什么把每次的演出和排练都称为上班呢？

臧鸿飞：这算半开个玩笑吧，我觉得自己可能也算不上真正意义上的职业乐手，我能通过它赚钱，它是我的一个爱好。在这个行业里我不能说自己多专业多敬业，或者自己做的事情多伟大，是在做艺术什么的，我就是一直在坚持做着一个自己喜欢的事。

再者做音乐的时候我不太考虑音乐风格，我更多考虑的是个人感受，就是我对音乐理解的画面感是什么。我不是那种你需要什么我就给你什么的乐手，我的伴奏要更多考虑自己的感受，我对音乐有自己的理解。对于音乐风格我没有什么界限，这样有好处也有坏处，所以我可能没办法当一个完全职业伴奏的乐手。

音乐财经：当时怎么想做龙神道这个乐队呢？

臧鸿飞：国团是个比较能张罗的人，他有热情，就把我们这几个人聚到一起。当时我没觉得龙神道能走这么远，大家一开始就是玩票那样的活动，然后现在龙神道有了今天这样的一个位置我是挺惊讶的，因为我们当时都没想这么多。

但是当时我们的思维是特别清晰的，我们就是要做一个别人没做过的、没有的声音，我们就想做雷鬼。至于我们的造型发型什么的就是顺其自然了，留了这个脏辫我们就不用每天想发型的事了，可以专注干别的了。

音乐财经：怎么会从独立摇滚圈跳到电视台做乐手呢？

臧鸿飞：我不能只当一个乐手，我得干更多不一样的事，音乐也是需要交流的。和不同的艺术家在一起会给我不一样的感觉。夏天的时候参加音乐节，等到冬天没有音乐节的时候我就喜欢干些电视台的工作，就像参加《我是歌手》，给我的感觉还是挺好的。

可能我算是比较早就转型的乐手吧。很多圈子里的人都是在2007、2008年音乐节变多了才开始挣钱的，但对我来说真不是，音乐节的收入可能最多只占我一年收入的20%，可能都不到。2008年我开始改变，从10年后我彻底转型，奔音乐人的方向发展。我觉得我还是比较有规划的吧，除了乐手外我还做一些编曲、广告音乐，跟许巍、谭维维他们做演唱会。这些转变让我的收入更多了，也改变了我的生活，我觉得还是挺好的。

音乐财经： 现在家人对你做音乐的态度有转变吗？

臧鸿飞： 我已经好几年没听别人对我说三道四了，他们看我经常上电视，自己也能养自己了，这些都是靠我自己努力得来的，他们还说我干吗。在中国，决定你是不是艺术家的标准不只是你的作品，还包括你的社会地位和收入。可能在这些方面我都在慢慢变好吧，家里也就不会说什么了。

音乐财经： 怎么想到做脱口秀节目呢？

臧鸿飞： 说简单点就是我想表达了，我有了要表达的欲望。我做了太多年的音乐，如果可以在做音乐的同时还能做些与之相关的事，我觉得还是挺好的。以前我没有这些想法，但是在互联网的迫使下我开始思考一些东西。现在大家不是都叫我滚圈纪委、滚圈意见领袖什么的嘛，既然大家这么叫了，我就应该做些领袖该做的事。

而且我觉得自己现在很多东西是比较成体系的，我也是时候要表达了。脱口秀只是一个形式，可能是唱歌，这些形式都是辅助我来发声的，我要开始独立思考做点事。

音乐财经： 目前脱口秀节目准备得怎么样了？

臧鸿飞： 脱口秀准备差不多了，片头这几天开始做了，我要是不懒的话，年初节目应该就能出来。现在打算的是先做一季，可能是12期或者16期，跟一个平台合作，先不让资本进来。我要先看看它能发酵多大，等有了一定影响力后，再谈投资的事，毕竟做这些也不是为了赚多少钱。

前期还是自己来做这个事，我也不想请大牌来做嘉宾给我撑面子，我就是好好做内容。虽然现在也有人跟我谈投资的事情，但我觉得还不是时候吧。我其实还挺有想法的，但是我懒，不想

去动，得有人催促我，所以我想组建一个团队，让他们去落实我的那些想法。

音乐财经： 除了脱口秀节目还有什么想做的吗?

臧鸿飞： 肯定还是要先做好我的音乐，其余都是辅助。对于一个乐手来说，我目前得到的这些已经算很好了，我也挺满足的，音乐要一直做着，但也想做更多属于我自己的事，脱口秀是一点，我也可能唱歌出专辑，做音乐节的策划和推广，做些自己的独立品牌，这些和音乐有关的可能都会尝试着做，慢慢来吧。

（文 / 李笑莹　2015 年 12 月）

摇滚乐队盘尼西林：治愈更多人

> “生活在社会中每个人其实都处在矛盾之中，当你进了排练室，电吉他第一声儿出来的时候，你就知道，我还有摇滚乐呢。”

2018 年 6 月 28 日下午 5 点多，坐上出租车的张哲轩依旧沉浸在凌晨的喜悦中。在罗霍 86 分钟为阿根廷队打进制胜球艰难从小组出线后，肠胃不好的张哲轩在喝完一瓶白葡萄酒后，又开了几瓶啤酒。抑制不住兴奋的他还在自己的歌迷交流群中连着发了几句：“阿根廷牛 ×！”

身为阿根廷资深球迷的他嗨了一夜，彼时刚起来没多久，坐在车上身体有些疲惫，嗓音也有些哑，手机随机放着歌儿，一首现场版《加州旅馆》最后一段电吉他 SOLO 让他想起了小时候练吉他的画面，便随手在备忘录里写了一句话：“去 ××× 的 21 世纪，吉他是最牛的。”灵感来了，张哲轩之后又即兴写了几句歌词。

就在张哲轩赶路的途中，早早从国企下班的刘家已经在约好的采访地点了一杯拿铁。瘦高的身材，白色的渔夫帽下是一双典型的细长眼睛，一张嘴便是一口京片子。

与刘家一样，赵钊除了音乐人的身份，平时同样也有另外一个角色，目前他在一家互联网公司做体育媒体方面的工作，当时还没到下班时间，赵钊只好跟领导打声招呼再出来，采访结束后，他还得回公司补卡。

目前身为国企员工的刘家担任乐队的吉他手，互联网从业者赵钊担任贝斯手，乐队中唯一一位全职音乐人张哲轩为乐队主唱兼吉他手。盘尼西林——这支由几位“90后”成员组成的年轻摇滚乐队的构成有一些矛盾，非典型，但同时也很现实。

张哲轩笑着说，如果没有音乐，没有盘尼西林，他们三个人的生活一定是完全不着边儿的。

矛盾即合理

张哲轩习惯起床之后先喝一杯咖啡。去菜市场买菜也是他日常生活中喜欢做的事情，“看心情想想今天吃什么，回来一边听歌一边做饭，好好吃一顿。”张哲轩喜欢做肉，有时候需要炖上一两个小时，这个间隙他就上YouTube随便看看，弹会儿琴，看看书，吃完饭就出去看球、喝酒，天亮了再回家睡觉。

其实在成为全职音乐人之前，张哲轩上过两年班，做足球评论员、赛事分析和翻译的工作。“我特别喜欢那个工作，能见到很多球星和教练，到处跑、拍东西，但是人不能什么都获得。”更爱音乐的张哲轩毅然放弃了这份工作，开始专心做音乐。

在被问到是否羡慕张哲轩当前的生活状态时，赵钊表示，虽然挺羡慕自由支配时间的，不过自己当前的这份工作也很适合自己。张哲轩调侃着说道：“没乐队估计就不开心了。”

在大学时期，张哲轩就带着盘尼西林在各大高校巡演，彼时刘家则在另一支高校乐队中，他从未想过自己后来能以这样的“双重身份”成为盘尼西林中的一员，赵钊同样也没有想到自己在工作3年后还能成为一位音乐人。虽然，在张哲轩大学毕业后，最初的盘尼西林经历了大换血，刘家和赵钊也都有了自己全职的工作，不过在张哲轩看来，目前乐队的状态是合理的。

“现在乐队的状态没有办法让每一个人都像我这样活，这哥俩也是希望帮助我能这么过日子。”在他看来，刘家和赵钊都是比较务实的人，就像足球里的攻守平衡者，而他是那种不想防守的人。“我只想进攻，我不喜欢1：0（的比分），我更喜欢4：3。”

目前，刘家和赵钊已经完全适应了这种生活，在忙碌了一天的工作后，带着“另一个自己”，伴着夜幕穿过人群，闯入闹市中的地下室为演出排练；在每次外地周末的巡演过后，再带着“另一个自己”，赶着第一班火车回到自己的工作岗位。

在被问到两头跑是否会影响到两种角色分别的状态时，“不会”是两人异口同声给出的答案。

“每个人生活在社会中其实都处在矛盾之中，有情绪和不满，这是肯定的，当你进了排练室，电吉他第一声儿出来的时候，你就知道，我还有摇滚乐呢。”

在张哲轩看来，刘家和赵钊这种生活方式，反而让盘尼西林变得更有趣，更有魅力。“记得有一次刘家在舞台上特别国企范儿地对台下说：‘下面由小乐（张哲轩）为大家介绍一下这首歌的创作背景。’太有意思了。”

“浪漫主义”世界观

盘尼西林意味着青霉素，在二战时期救了不少士兵的命，小时候喜欢看电影的张哲轩，比较意识流地用了这个词命名了自己的乐队。希望自己的音乐也可以像盘尼西林一样治愈很多人。

然而，在大学玩乐队已经风生水起的张哲轩，选择了另一条

“治愈”自己的路—毕业后出国留学，“我这个人比较疯狂，大学玩乐队的时候每天喝酒，一年的时间里，手机加了很多人，但我根本不知道是谁，在一次巡演的路上我突然就觉得没意思，我把酒喝到头了”。在他看来，自己特别需要在国外的这一年，学会独处。

热爱音乐和足球的他最终选择了英国曼彻斯特，这一年，他加入了曼城的一支业余球队，天天踢球，也跟别人玩乐队，弹吉他、写歌。曼彻斯特世界级的音乐氛围和底蕴深深地影响了他。“在曼城，除了遍地的 Livehouse，大学自己都有非常好非常好的场地，一到周末，到处都在演出，大学生乐队都特别厉害。”张哲轩表示，当时的自己走在大街上，都感觉跟别人不一样，因为他觉得自己离喜欢的东西很近。渐渐地，在大西洋彼岸的他找到了做音乐的原因。

除了音乐和足球，张哲轩还在留学期间去世界各地旅行，法国、德国、西班牙、意大利、比利时、奥地利、荷兰、摩纳哥、捷克等等。这段时间也为他在留学阶段的浪漫主义创作奠定了基础。“我记得在捷克布拉格的老城区，那儿的石板路都是 500 年前的，我会觉得像雨果、巴尔扎克那样的大师在那待过，我也同样能得到精神上的熏陶，没准走到哪儿我也会碰到灵感。”

2017 年 4 月，盘尼西林发布了他们的第一张正式专辑《与世界温暖相拥》，这张专辑也完整记录了张哲轩留学两年时间的生活。

2018 年 5 月，盘尼西林乐队做了自己第二次全国范围内共计 14 城的巡演。据乐队提供的数据，武汉、重庆、成都等地的票房都接近 700 人，广州、杭州、深圳三地甚至达到了 800 人。几乎场场爆满的演出战绩，让他们成为今年票房成绩最好的摇滚乐队之一。

问及今年进步如此大的原因，张哲轩也给出了自己的答案，他表示，最重要的就是要让乐迷听见乐队的歌。除了今年两轮的全国巡演，在他的提议下，盘尼西林团队目前已经建立了多达10个乐迷互动群。此外，无论是与其他艺人还是商业品牌方的合作，张哲轩认为只要是他们觉得可以做的，能出好作品的，乐队都不排斥。

谈到未来乐队的发展，张哲轩表示现阶段他想把盘尼西林做到极致。秉持"浪漫主义"价值观的他同时表示，人的生活轨迹肯定是要有变化的。"或许乐队一直都在，但未来或许我会做一个足球教练，赵钊喜欢户外运动，刘家没准做了国企的领导，大家可能都有别的事情了，感受完生活，乐队两年再巡演一次，这都有可能。"在乐队的几位成员看来，"浪漫主义"不太像一个风格，更像是一种感觉，一种世界观、价值观。

更多角色、更多经历，让这支盘尼西林有了更多故事；更多"客观矛盾"、更多"现实冲突"让这支盘尼西林更加真实；更多选择、更多生活方式，让这支盘尼西林有了更多"浪漫主义"的可能性，这也许就是他们的生存之道，和他们治愈自己以及更多人的"盘尼西林"吧。

（文 / 宋子轩　2018年7月）

胡彦斌 ♪ 毛不易 ♪ 徐梦圆 ♪ 曾轶可

郭顶 ♪ 万妮达 ♪ Bridge ♪ 张艺兴

流行

POP

综艺导师 + 牛班校长——创业者胡彦斌迎来人生高光时刻

> 胡彦斌，最后一位靠出传统唱片成名的‘80 后’流行歌手。经历了数次创业的他，通过牛班音乐学校找到了守护音乐最稳妥的路径。

【一】

生于 1983 年的胡彦斌，是知名歌手、音乐制作人，被称为仅存的靠实体唱片出道的“80 后”音乐人，现在是一名创业者。

2016 年 12 月 20 日下午三点，笼罩在雾霾下的北京迎来了大风。穿过三里屯 SOHO 环形长廊，走到 6 号商城附近就会看见二层牛班音乐学校的牌子。三天前，这所学校正式对外开业，之前这里是一家金融公司，房租不菲。走上二楼楼梯，推开门，设计成磁带状的前台在白色灯光下更显复古。胡彦斌穿一件橙色套头运动服从里屋走出来和我们打招呼，他刚开完一个会。

“大家全搬到上海去，容积率低了，北京的空气就好了。”胡彦斌笑着调侃这两日糟糕的天气，我们走进里面一间不大但明亮的教室，隐隐传来一位学员“嘶哑走调”的歌声。胡彦斌随意坐在墙边一张黑色单人沙发上，头发剪得很短，刘海遮住了眉毛，忙碌后稍显疲惫，但此刻的表情很放松。

歌手胡彦斌的微博有 340 万粉丝，与流量小花郑爽的分分合合更是隔一段就会上头条。他出道快 17 年了，身边所有人、包括司机都已养成习惯，出门就会看后面有无狗仔的车跟着。在一次演讲里，胡彦斌调侃自己眼睛小，也提到“什么难听的话都承受得了”。身在音乐圈，应付娱乐圈种种光怪陆离炼就了他强大的内心。胡彦斌在外没有锋芒毕露也没有显得过于世故，他说自己没有负能量，“我们这行每天会见很多人，在成长过程中，吃的亏多了，弯路走多了，情商自然就高了”。

“我是非常真实的人，基本上你问我什么，我就按照我的心态来讲。我们每天可能面对媒体比较多，有些你问到我不太愿意讲的，我就不讲绕过去了。”胡彦斌又笑了，细长的眼睛眯着，诚恳地说，“但我能讲的就尽量讲，大家聊天嘛。其实记者会是一个很好的朋友，一个人成长就是要不停地问自己问题。我也可以通过问题印证自己，咦，有点意思，回去好好想想。”

胡彦斌这次来北京是为了 12 月 19 日牛班的年度战略发布会，这次发布会包括牛班 App 4.0 版本预告，零基础课程、大师直播课程，牛班线下音乐学校“乐”人计划引入战略合伙人，与滚石移动旗下美妙音乐联合推出“寻星计划”，发掘乐坛新生力量等。胡彦斌把关每一个环节，凌晨 4 点多躺下早晨 8 点起，一身白衬衫马甲黑色西服神采奕奕地出现在媒体和合作伙伴面前。在极为庄重的场合，胡彦斌才会这么穿。

当天在北京的行程十分紧张，除了上午牛班的战略发布会，

中午接受一波媒体的专访，他还要在下午两点之前从东三环的康莱德酒店赶到大麦在西三环金融街威斯汀酒店举办的新闻发布会。牛班是大麦 Live 一个现场音乐品牌“一人一巡”的合作伙伴，牛班将为所有参加巡演的年轻歌手提供长期培训计划，胡彦斌当天要上台“助阵”。

上午发布会来了不少忠实女粉丝，在一层酒店门口等待商务车接他的间隙，“胡太太团”们央求着挨个合影。时间指向 13:40，商务车终于驶出酒店开进灰沉沉的雾里。到了西边，牛班联合创始人汤佩弦已等在酒店楼下，他敲了敲玻璃，“你先不要上去，大麦徐总在一层大堂等你过一下事情”。

在发布会前一天，上海牛班音乐学校首批 30 名学员向现场观众及十几家直播平台唱歌，展现了各自的音乐学习成果。而在发布会当天，久未露面的滚石移动 CEO 刘元庆也出现了，他上台宣布旗下唱片公司美妙音乐和牛班达成合作，通过比赛和牛班的集中培训，将在新星中选择 3 位签约成为美妙的艺人。

胡老板的三次“创业”：难能可贵的成长，用钱买不来

胡彦斌对成为一名真正的“胡老板”抱有热望。在他小时候，父亲做过设计的生意，胡彦斌在身边耳濡目染，也爱出点主意，家里人称赞他“挺有商业天赋”。

2000 年，胡彦斌 16 岁，他从一众竞争者中脱颖而出，成为动画片《我为歌狂》原声音乐的演唱者，这张专辑卖了 700 多万张，按照 20 元 / 张来计算，唱片狂赚 1400 多万元。2002 年，18 岁的胡彦斌发行了第一张专辑《文武双全》，专辑销量 140 万张，19 岁去香港发展，经历过实体唱片辉煌的时代。从一家 6 个人的小公司上海艺风到步升，再到环球音乐、EMI 和金牌大风，胡彦

斌一直在专注做音乐，直到2008年。

那一年，胡彦斌与金牌大风的合约到期，他不想再续约了，公司就说“要不我帮你弄一个厂牌吧”。于是有了“风风火火”，金牌大风老板郑东汉力推，公司出资胡彦斌占大头，还开了一场盛大的发布会，签了青鸟飞鱼。那时他对“胡总”这个称呼还很不习惯，懵懂干了两年多，胡彦斌负责写歌带人，几乎不参与经营管理，公司做到后面“乱糟糟的”，索性关门大吉。2010年，胡彦斌选择放弃当下的一切，前往美国进修学电影导演。

“我记得很清楚，那时候为了宣传专辑，公司在上海淮海路口的大厦上挂了一幅我的巨幅海报，那时候我路过那里看着自己，就想：‘胡彦斌，接下去你还要做什么？’当时觉得不知道自己要做什么，而且我觉得我当时的心态是有一点浮躁的，可能是因为那么多年工作压力积累下来了一些负面的东西。”2014年，在一次采访中，胡彦斌这样回忆当时的决定。

公司关门的一刻，胡彦斌学到一个经验至今受用：“一定要独立，一定要亲力亲为。”现在的胡彦斌极少有感触，他将这种思维上的转变归结于在美国学导演的经历，导演是上帝视角，这一点和企业家思维一致。

第二次当老板是2014年初成立厂牌“太歌文化”，他当时和几乎所有唱片公司都谈了一圈，觉得这种你绑我、我绑你的模式已经过时了，便决定自己做。太歌名字来自他的英文名（Tiger），尝试为不想与唱片公司捆绑的歌手提供“菜单式增值服务”，解决音乐制作、MV制作、宣传发行等问题，当时签了郭一凡在内的三个新人。单干是趋势，行业需要整合者，但做得不好归根到底还是人和执行力的问题。

目前太歌仍以胡彦斌的个人业务为主，也签新人，接下去还

会按照这个步骤去走。“不能排除说将来转型，当我没有想到一个很好的出口的时候，保守是最安全的方式吧。”

发小汤佩弦是《中国达人秀》音乐执行总监，自己有一家年赚数百万元的音乐制作公司，两人常聚在一起喝酒，力所能及地探讨了音乐产业里的所有模式。直到最后找到了教育这个方向，既符合现阶段的资历、资金投入和情怀，模式本身又有极强的变现能力，于是胡彦斌开始了自己的第三次创业——牛班。

除了汤佩弦，胡彦斌拉上了北京电影学院进修时认识的好友、沪上知名广告导演张辉（当年进修毕业时，胡彦斌也投资入股了张辉的公司），以及在恒大游戏担任游戏运营总监的好友 Cici，一起合伙创业。

2013 年 2 月过年，胡彦斌给 Cici 打了一个长电话，生拉硬拽把她拉入伙。Cici 是个美女，总戴一顶鸭舌帽，在团队经常被“嘲笑”酒品，因为她一喝多就开始流泪述说辛酸史。有一回喝多了，Cici 讲：“我们学音乐的人，总觉得跟别人有点不一样，我们总觉得比别人厉害。留在这里是因为我内心对音乐不服输，我也是学音乐的，我也想唱歌想出专辑想当明星。但命运不同，事与愿违，没做成，我去了游戏行业。现在回来，我总觉得这个事情可以证明自己，我就是很厉害，我可以告诉身边这些人，学音乐的人就是不一样！”胡彦斌回忆说，这场景让他印象特别深刻，Cici 总能说得特别让人感动，说完了一桌子人跟着流眼泪。

四位创始人之间也会不时争吵，吵完骂完后还得分工干活，有问题一起协调解决，“我没有对他们提很高的要求，但是如果你想让员工跟我们一起跑得快，我们四个合伙人就越要有标准出来。比如最简单的，别迟到这事，我们能不能坚持一年？只要养成习惯这其实不难。我们要有老板的姿态，这是争取要求员工的筹码。

这一次，胡彦斌真正找到了创业的感觉。

“因为我是全情投入的，总是嫌他们时间还不够。”胡彦斌说到这里哈哈大笑，他以一种全神贯注的眼神坦荡地调侃他的困惑，“我出道很早，成名蛮久，其实相对于同龄人，完全有资本去过得安逸，为什么我会去选一件这么折腾的事？我觉得可能只有创业者才能理解。因为内心还是有不甘，希望再创造一些挑战自己的事情。”

汤佩弦暂停了自己的公司，张辉经营的上海光影社是一家影视广告制作公司，擅长广告视频拍摄，也已交给了弟弟经营。汤佩弦表示，大家都不是第一次创业，现在大家把所有的精力都放在了牛班，今年牛班线上已经实现了盈利，牛班有 4 个创始人，一个搞游戏的，一个搞电影的，两个搞音乐的，未来的牛班他想贯穿这些领域，用游戏的方法学音乐，用音乐来谱写电影。

“我是乐手出身，而老胡是歌手出身。对于初期教案研发我们的设计理念不同，总想用自己的逻辑说服对方。至今对此我们还是会争吵，而且喋喋不休。”汤佩弦说，“歌手胡彦斌是艺术家，而创业者老胡是冒险家和野心家。但貌似这两年我们天天在一起的时间超过了家人。我已经逐渐忘记歌手老胡的样子了。”

胡彦斌每天早晨 9 点上班，晚上基本在 10 点以后才离开办公室，放弃创作和演出的时间从早忙到晚，脑子里想的都是如何尽快把事情扎得更深，“如果这时候我去做综艺，又去做什么别的，那根本就是步子跨大了会扯了蛋”。

在《寻找中国创客》中，“不要命的人是能做成事情的，”教育界大佬俞敏洪对胡彦斌说，“不能用战术上的勤奋来掩盖战略上的懒惰，这是最可怕的事情。我原来就是这样，新东方为什么

后来落后了，因为我每天冲到一线，比手下的人还要忙。”胡彦斌深以为然，无论是教育圈还是音乐圈，他发现这种交流特别有价值，学习让他有安全感。

胡彦斌 2017 年 3 月要发新歌，但已经不写特别剜心的歌了，人生所处阶段不同。“当人生不确定的时候，人就会彷徨，创作者能写出很多这样的歌，很拧巴，真的是把心脏当毛巾，那么拧啊拧啊，一首歌才出来，所以创作很累的。”但创作人所处的状态与企业家是相反的，企业家是理性思维。

“我很想找一个 CEO 替代我，但可能不行，还是得自己上，整个牛班的发展方向以及将来的规划，我没有办法逃掉，我逃掉的话那就不是牛班了。”音乐没办法放下，歌迷还在，要对他们有所交代，但创业看的是未来，胡彦斌只能让自己的效率变得更高。

商业的精明：Plan B 的安全感

早些时候，牛班获得逐鹿资本百万规模天使投资。2016 年年初，牛班完成乐清丰裕教育产业基金的 1820 万元天使轮投资。时间回溯到 2015 年 10 月，牛班正式启动融资却遇上资本寒冬，胡彦斌前后见了大概十几拨人，“实在是讲累了”。

在融资顾问（FA）方创的引荐下，汤佩旋和张辉见的投资人就更多，累计差不多有四五十拨人，各种约，最后也没谈成，但有一些基金里的投资人成了牛班的朋友。所以发布会这天也来了十多位投资人。胡彦斌一脸孩子气，严肃打趣道：“都是以前跟我们聊过的，现在肠子都悔青了，真的，那时候早知道就投了，现在可后悔了。”

“那时候他们不投的原因是什么？”

“他们觉得虚，无法变现，想不明白，其实我们那时候也没想明白。”

“我记得你在优酷《创业分子》上公开当时牛班报价是1.5亿元？”

“对！”

“觉得贵？”

“他们觉得太贵了，那时候只有很少的营收，在烧钱阶段。后来教育基金投了，因为他们看得懂教育。”

“这个过程中焦虑吗？”

“那时候资本寒冬，我说要不别融资了，我自己拿钱出来，但是他们说不行，如果我们连投资人这一关都过不了的话，没人给我们投钱的话，证明这事好像做得不靠谱。后来就拿了教育基金这笔钱，还挺快的速度，现在人家赚了一大笔。”

牛班为了让有音乐初心与资源的人参与其中，推出了“乐人计划”，具体是为每一所牛班线下学校引入战略合伙人出资出场地出当地资源，战略合伙人不仅可以在固定期限内拿回所投资金，而且还会持有牛班公司合伙人期权池里的股份，成为牛班的合伙人。这个思路走起来很快，2016年7月17日第一所牛班音乐学校上海音乐谷成立，有11间教室，随后北京和深圳的学校也陆续开了。目前丝芭文化的SNH48、香蕉计划的艺人周二珂、Trainee 18训练生、歌手庄心妍正在牛班深造。

发布会上，与胡彦斌同期出道的好友、拥有代表作《明天》的前创作歌手王珏也上台了，他淡出音乐圈多年，但创业十分成功，也是“乐人计划”的战略合伙人之一。“可以有更多的战略合伙人加进来，把牛班学校带到各个地方去，每所学校的投资也没有很大。”胡彦斌说：“如果是基金的话，给了你钱，很多的问

题还是解决不了，比如说你扩张的速度，没有地方怎么办，师资的问题等等。”

不过对于外部融资，胡彦斌并没有完全放弃，他不是做一件事情只有一个目的的人，他会有 A 计划、B 计划、C 计划，这样的话，他永远都不会害怕。如果说“乐人计划”是 A 计划，B 计划就是融资，因为牛班 App 马上也要开直播课程，这需要更多大师更多的钱。不过因为现阶段融资的需求没有那么强烈，胡彦斌团队也就不会把精力放在这上面。

“这一次我告诉你的东西，未来三年里你再来问我问题，我都说不出新东西来了，因为就是这些事——把牛班落地到更多的学校，从 5 家到 50 家到更多，线上用户现在 200 万，再努力一些看怎么做到 2000 万用户。”胡彦斌说。

从小时候父亲反对胡彦斌走音乐路，把吉他给砸了，到 16 岁胡彦斌唱了动画片《我为歌狂》里的所有主题曲，胡彦斌一路都以“非常厉害”的成绩在父亲面前证明了自己。在即将到来的 2017 年，胡彦斌日程依然满满，新年第一件事是参加湖南卫视的跨年演唱会。

早已学会与自己和平共处的胡彦斌现在更加自律、更加有执行力，但并不急于求成，他说，“我也害怕被淘汰，但我希望把我淘汰的这个人一定要是我培养出来的人”。

千万别觉得自己聪明，创业是一路摔跟头一路成长

以下内容根据胡彦斌接受音乐财经的专访资料整理：

> 我 17 岁就签唱片公司了，2007 年正好十年，那时我和金牌大风的（合约）到期了，我也不太想再继续做这样的工

作，因为做艺人就是一直透支自己，我觉得自己已经被掏空了，我想休息、想喘口气。后来公司就跟我聊，说可以让我休息一段时间，看看还能不能再合作，但其实我已经不想签约了。公司就说："要不我帮你弄一个厂牌吧，你看陶喆也是有一个厂牌。"

因为我一路在做艺人，根本没有思考过别的路径，所以公司和我讲这些我基本上是蒙的，虽然那时候年纪也不小了（27岁），但是我真的什么商业逻辑都不懂，我就觉得做厂牌这事挺厉害的，我有面子，加上公司说给我签点新人，我再带带他们，一块儿做，做起来以后可以接他们的商演。我一听，这事靠谱，我就问："我要做什么呢？"公司说："你写写歌，出去的时候就带着他们走一走。"这事容易啊，反正都是我平时干的事情，行，做！正儿八经注册公司，我占大头，投资款第一笔也是公司出，那个时候还没什么天使投资的概念，只知道是公司出钱。所以那时候我们做了一个叫"风风火火"的厂牌，签了一个组合叫青鸟飞鱼，还出了唱片，现在两个人也挺火的，其中一个演了《太子妃升职记》里的绿王。

但是后来我发现了问题。因为我是完全不参与管理和运营的，我只管写歌、带着他们演出，财务到底什么情况我根本不清楚，到最后我觉得有点"挂羊头卖狗肉"。但是当初为什么这么做呢？还是觉得背靠大树好乘凉，当初公司的想法一是可以通过这种方式留住我，等于把我的合约又延续了三年；第二，他们也真的想试试看到底能不能做起来，有天使投资的概念在里面。那个时候，我还很稚嫩，但是我觉得这些都是让我成长、学到很多东西的经历。

到了2010年的时候，三年到了，我就跟公司说真的不想干了，要不咱们把公司关了吧，该清算的清算一下。关了之后我就去美国读书了，我特别想去读电影导演，就去了美国纽约电影学院。

在我整个商业的成长历程里，这段学导演的经历，是比较重要的一部分。学了导演之后，最重要的是改变了我的思维方式：导演永远是上帝视角，因为在他眼里，每一个演员、每一个情节，所有的东西都是俯视的角度在看。这一点和企业家的逻辑是相似的。

从美国回来之后，我好奇国内的电影导演是什么样的，于是又去了北京电影学院进修，读了一年电影导演。读完发现还真的不一样。北电对于整个故事剧本结构方面的处理是领先的，但在实践解决、方式方法以及管理的严谨方面不如人家。我就放弃了先拍电影这件事，觉得还是做音乐吧。所以那个时候，我就自己出唱片了。

当时，几乎所有唱片公司都找我聊了一遍，我第一句话是问："你能给我什么？"其实很多人给不了你什么，那我说："你要跟我谈什么？"其实唱片公司就是帮歌手/艺人出钱做专辑，也想分成，然后我问："有没有一些我干不了的事情你可以帮我做的？"但是谈完了发现也没有，因为时代变了，以前厉害的是渠道，面对互联网就弱了。所以我就说，咱们就别签约了，你绑我、我绑你，这事也不合适了，我们就谈合作吧。这个行业不同的时代都应该有一种商业精神，现在不是我绑你你绑我的时代了，因为根本就绑不住，而是要有自己的价值，让别人需要。

2010年成立太歌文化，第一是解决我自己发片的问题，我需要一个团队帮我来运作；第二，我那时候就有一个想法，既然有这么多的歌手跟我面临一样的问题，是不是我们就可以把这需求解决了？以前唱片公司有制作部、宣传部等等，其实公司想要的是你的经纪权。经纪是什么？是我答应你切掉一块收入给你。那我不要跟你聊经纪，那我们可以只要代理权做增值服务，做你做不到的事情，我帮你赚来钱然后咱们俩分。因为一个人没有话语权，10 个人就有话语权，我觉得我的概念到现在都挺牛的。

我们当时不需要天使投资，我赚的钱足够拿一部分出来做启动资金。现在太歌也签了一些新人，发了唱片，但主要职能还是服务我。

后来我琢磨了好多，那两年我和老汤差不多把音乐产业所有的逻辑都分析了一遍。我老是天马行空、胡思乱想，很多事情跑得太快也不现实。不过有一个方向比较符合我们的资历，成本也是可控的，就是教育。如果我能把牛班做起来，这才是我们的第一桶金，才是资历，才是行业对你的认可，并不是钱。

能不能管理一家公司？把公司做到一定规模？这个资历我们当时是没有的，那我们就先做这件事，至少大家不会饿死，不然 0 到 1 这个过程好像永远起不来。然后他们说“行”，我们投了 500 万元下来，先做了一批小视频，就这样，牛班开始了。

牛班从 1.0、2.0 到 3.0，其实真的就是一路摸索，一路都有摔跟头。为什么？就是音乐教育这个专属的细分产业没有人在做，我们没有模仿、参照的对象，包括在国外，我们找了一圈 App，工具类的 App 多，培训类好像没有。所以

我们一开始做1.0，就做明星教你去唱歌，大师陪你玩音乐，后来发现成本太高。

我们其实都不是做互联网出身的人，我们这些音乐人聚在一起想做一个PGC（professional generated content，专业生产内容）的公司，出自己的内容。但是你发现做了内容去跟很多平台谈的时候，他们不会给你保底也不会给你回报，因为这些东西都没有人做过。你会发现做一家单纯的内容制造公司会很辛苦，回报太慢，主动权掌握在别人手上。而且你觉得自己的价值感好像没有达到我们自己内心的认可，所以我们选择自己开发App。

第二点，有明星以后就有粉丝导入，但是正儿八经留下来学东西的人，他们其实没有关心你的明星，他们只关心自己学不学得到东西。这个时候我发现内容有点专业，小白用户无法够到。我们就做了一个2.0的版本，希望可以引入娱乐化，降低进入门槛。所以那时我们做了一个叫音乐圈的美图秀秀——“音乐滤镜”，等于我唱了一个风格，可以美化变成不同的风格。但是在这个过程中，我们自己慢慢发现，路线其实有点偏了，因为真的进来的用户偏娱乐化，教育的这个属性就会有一点偏离了，这不是我们的中心。那到了这个时候，我们选择忍痛割爱，做了3.0版本来跟进。

第三点，我不做全产业链。因为只有这样我才有核心竞争价值。很简单，如果说你连艺人都做掉了，那请问美妙音乐要跟我合作什么？我们90%是小白用户，但有一些学员有职业诉求，我可以有很多渠道对接给他们。牛班已经在筹备设立一个“学员输送监督”部门，有一点职业规划的性质，我觉得我们需要为学员打通这条路，让他们看到其实自己离梦想很近。

这三年创业遇到很多坑，我忘记是在哪里看的一本书，那本书给我的启发非常大，里面说“其实能够推动这个国家进步的所有行业，都是要有最好的商业模式才可以推广”。因为如果你全部是免费，你根本无法长久生存，你想做的事情就不可能成功。所以后来我们改了，引入用户收费这个模式，你会发现，付费之后，用户因为有购买，他会认真地学。

我也不觉得我们的选择聪明，我们是因为遇到了一些坎，就决定往那个方向转。当然最主要还是人的问题，比如说现在我们非常注重公司员工的价值观培育，因为我觉得如果寻找到不对的人，可能会毁掉你整个企业在做的事情。而且我觉得我们在做教育，员工需要的是初心、胸怀、情怀以及大爱。

我们希望2017年能真正打通线上线下的用户，因为之前牛班都是线上用户在看教育。现在线下的学校形成了一个生活里的生态圈，很多同学会去到那里玩音乐，那么我们接下来就是把线上线下打通，做O2O音乐教育。

我身份上的转变是我自己选的，其实创业者内心都是不满于现状，希望可以去做一件伟大的事情的。所以我招技术总监时，他问了我一个问题：“我们能改变世界吗？”他讲得非常大，但是我很喜欢他，我就是因为这句话把他招进来的，内心有没有热情非常重要，不能变不能减，不然的话还是坚持不下去。

音乐行业为什么很多人现在做不下去了？因为大家不栽树，都等着摘果子，我觉得这不行。为什么我绕了那么一大

圈回来做教育？第一，当然是情怀，因为不能只等结果不栽树；第二，我希望能在这个时代寻找到音乐产业的一种变现模式，栽树的过程中你也要赚钱，否则你生存不下去，到最后还是会死。

教育行业无论以后会怎么样，它永远处于承前启后的位置，而我们这种O2O模式在国外是没有的，美国的教育体系已经非常完善，现阶段可以满足整个市场的需求。但中国不一样，我们对音乐的需求越来越大，但素质没有提高，还是延续俄罗斯老一套的东西。老汤是上海音乐学院作曲系毕业的，他写的歌肯定没我的好听，因为他基本上被条条框框框住了。音乐是很感性的，是玩出来的，这也是牛班的理念，你如果用那种很技术的东西去框住它就不对了。

从未来来讲，创业是对于自己人生价值的体现，企业家是理性的，他会非常清晰地知道自己下一段干吗，可能我做的是五年、十年以后的规划，非常清晰理性。但是艺术家不是，艺术家就是在内心里面绕。

我现在没有负能量，我很清楚明年要做什么，下一步要做什么。其实如果我不创业的话，我可能一辈子不会去思考管理企业的问题，比如员工晋升的渠道、怎么样留人、企业怎么发展等。所以对于这些体验我很珍惜，我觉得这些体验很值钱，你看我在《我是歌手》的舞台上也是，人家改一首歌只需要一天，但是我要花一个星期，我就非得把它搞得特别折腾我才爽。那么我出来的东西就是不一样的，这是给自己的一个交代，是我个性的原因。

音乐人出来创业是一个非常好的现象，能出来一个爆款，行业才会热闹起来。很简单，影视行业只要是有一个演员做导演成功了一部电影，其他演员当导演的就蜂拥而上，因为大家知道有成功案例了就敢做。但是没有这个成功案例死活都不敢做。所以，我就特别希望有一个音乐圈的人做成一件事，这样的话，所有在音乐圈做事情的人就都是受益者。这个行业需要大家的毅力以及一颗初心去坚持，我觉得其实不是难，而是我们一直在等待或者是寻找一个最好的方式去把音乐行业做起来。

现在已经进入到“大人被小孩玩”的时代，“00后”也16岁了，我觉得他们很有思想和想法，因为他们出生的时候就接触全世界了，他们的思维没有被锁定，可以飞得很远，而我们多少有一点固化了，这也是最恐怖的事情。我会害怕哪一天不懂他们在说什么了。

像哔哩哔哩（Bilibili），很多流行趋势全从那儿出来的。微博的使用群体也都是中学生。比如我们看微博，我们基本不会去刷一刷，评论，转发，有也有，但频次很少。在下面评论、骂人、夸奖、追随，全都是小孩。但是呢，只要一上热搜我们就会去看吧？其实你看到的是很小的一个世界，是“95后”“00后”的这个世界所注意到的观点。但是30多万刷的量就可以上微博搜索的头条，这是小孩子的观点，但是因为互联网的作用，所有大人都被小孩“玩”了。

（文/董露茜　2016年12月）

【二】

“什么才是我内心最喜欢的东西？我渴望成为一个真正的自

己。在我们变得越来越现实，越来越被这个社会影响，它让你知道什么是可以，什么是不可以的时候，我们的想象力就不见了。”

2018年7月4日，胡彦斌即将迎来自己的35岁生日。他刚刚度过了混乱而酣畅的三个月，在国内首档女团青春成长节目《创造101》中，胡彦斌担任节目的音乐总监和唱作导师，他创立的牛班音乐学校派出20余位核心成员挑起整个节目的音乐部分。

2018年6月23日决赛直播中，胡彦斌在台上对女孩子们说出如下这番话：“真正的艰难和挑战，这一刻才刚刚开始……从今天开始，不会再有任何一个人告诉你们要去做什么，你们只有自己给自己压力，自己给自己设定目标……”直播之前，胡彦斌发出长微博鼓励女孩子们勇往直前，“《创造101》是个每一期都有几亿播放量的节目，代表着只要你们表现好就会备受关注，这个时候努力换来的出色表现会更容易被看到。”

这些话，也印证了胡彦斌一直以来所走的路：努力被更多的人看到，打造黄金的前程。

在101，我只关心专业

发文惋惜3unshine退赛，学员试拨琴弦时听出两个弦音不准，指出学员演唱中一句低了半个pitch（音高）。在整个《创造101》的过程中，胡彦斌常双手合十，表情温和，教导耐心，但他其实是一个非常务实强硬的人。

“舞台是残酷的，当我们入行这一天就知道游戏规则，有的人靠天赋，有的人靠努力。”在4月22日发布的“我为什么要来《创造101》”的长微博中，胡彦斌这样写道。那时，胡彦斌应该没有想到，会有一个名叫杨超越的女孩子赢得了那么多粉丝的追捧。

6月23日，时间一分一秒地流逝，出道名单终于在午夜公布，王菊出局，杨超越以第三名出道。舆论质疑声再起，根本没人关心 C 位出道的孟美岐此刻的心情，《GQ》随即抛出一篇重磅长文章，全文围绕杨超越现象展开叙事。

在《创造 101》唱作班中，原创对像杨超越这样的选手而言，异常地吃力，编曲、填词、舞蹈等组合起来，要呈现出完整的表演，每一个环节都是一个灾难。杨超越称胡彦斌说的每一句话她都听不懂，称自己脑子放在榨汁机里榨都没有榨出水来。“因为她真的听不懂。”胡彦斌只能一遍遍重复，歌词不能太直白了，一定要绕着弯写，琢磨不透，每个人才会投射到自己的内心。

胡彦斌尊重所有的争议与女团创始人（即观众）最后的选择，“它映射着职场，请问你，在职场长得漂亮重要还是能力重要？公平吗？什么才是真的公平？”

胡彦斌努力寻找一种比较恰当的回答，“在这件事情上，我只关心专业，我希望每一个人变得专业，但是对最后的结果我表示尊重，因为最后的结果是你们选出来的。”

牛班：To B 业务猛增

在过去将近四年的时间里，胡彦斌少有上通告，他一直在忙着牛班音乐学校的事情。

这也是媒体反复咀嚼他和郑爽那场恋情的时间段。媒体倾向于强调胡彦斌颜值方面的劣势，尽管胡以智慧的自嘲化解了很多尴尬，但舆论天平的微妙之处仍在。而且，从前胡彦斌被认为技艺精湛、实力被低估，但到底怎么被低估了？他需要被更大众的群体看到。

采访当日天气酷热，胡彦斌戴一顶鸭舌帽出现，爽朗而笃定地笑，仿佛刚刚过去的热闻从未曾发生过。他无比钦佩地谈论着

自己的偶像张学友，但最让他津津乐道的还是发生在牛班的每一个细节——团队如何满怀激情，勇于承担挑战，输出专业。胡彦斌开心的时候喜欢喝酒唱歌，率性而为。如果说让他表情严肃的可能是对于行业内“公式化写歌”的反感，这也是他毫不避讳发声批评的地方：音乐现在过于数据化了，一切唯流量的时候，谁还关心音乐本身呢？行业价值判断出了问题。

不过，流量综艺带来的好处还是显而易见，在短短的三个月时间内，胡彦斌和他旗下音乐教育品牌牛班树立起一种更加深入人心的形象：在竞争激烈的娱乐圈，以音乐专业主义的方式切入并提供一整套服务。节目还没有结束，四五十家经纪公司就已找上门来，牛班北京 To B 的业务增长迅猛。

“《创造 101》已经跳圈，变成了一个全民老百姓茶余饭后都在讨论的话题，当它破圈的时候，能量会是不一样的，我们终于开始缔造自己的偶像了。”面对媒体和朋友，胡彦斌总是说着就自己先哈哈笑了，他对外界市场讯息极度敏感，他也擅长以商人的理性和精明，促成大家达成共识。

在《创造 101》中，牛班服务团队包括声乐指导老师——王梓、金智慧、李泫憙、谭洲，编曲导师陈思瀚，《创造 101》现场乐队核心成员是来自牛班的董音、倪方来、Chris Trzcinski、邱培荣，每一位都是在本行业内有深厚积淀的行家。当练习生招募大潮来袭的时候，专业化也就成为行业服务中不可缺少的一环，“音乐综艺节目、艺人经纪公司、唱片公司都是我们的客户”。

牛班和腾讯音乐娱乐集团达成了具有建设性意义的战略合作，紧接着要登场的是原力计划，牛班和腾讯经过一番内部讨论，推出了全新的 Live 选拔模式——Studio Concert，在专业培训方面，成功晋级原力计划 20 强的选手会加入“原力释放营”，牛班负责为他们在节奏律动、制作编曲、作词、混音录音、音乐赏析等方面进行培训。

在牛班的线下部分，目前发展到拥有3000多名学员的规模，学校分布在北京、上海、南京、成都等地。北京公司营收比上海弱一些，但To B业务一直在增长。在上海，因为兴趣爱好来到牛班的小白居多，消费力更强，上海学校一年流水在1500万元左右。牛班计划扩张到10座城市，目前全部是直营学校，没有加盟。

“男生55%，女生45%，大部分学员的出发点是兴趣爱好，专业人群占比在15%。对于专业人群，我们会帮他们做歌做发行。我们就是出人、出作品，精准地推到一些演出渠道。”胡彦斌说，独立音乐人一定不要上电视节目，应该去各种各样的现场Live，上节目就上节目，每个人属性不一样，牛班帮他们在现有的属性上再爬一层。

再爬一层，这是胡彦斌思考了很久后得出的结论。市场瞬息万变，当难以确定远大前程到底与运气和颜值有多大关系时，“努力的话，至少你在这个行业能走得更远”。毕竟，颜值会逝去，才华和专业才是立身的真本事。

现在是单曲时代，可音乐视频还是成本项

十多天前，胡彦斌制作精良的《爱不得恨不得舍不得》MV上线，MV由金曲奖最佳音乐录像带导演黄中平操刀，充满未来感的画面和光影变幻，将歌曲中爱不得的痛苦、恨不得的踌躇、舍不得的纠缠表现得淋漓尽致，歌迷留言评论，“这舞步太骚了”“高级MV”“新风格”。

“一支好的MV大几十万投进去，完全不会有收入回来。”胡

彦斌长长叹了口气，直言现在是单曲时代，每一首歌都很重要，自己想为每一首歌配一支制作精良的 MV，YouTube 建立了一个很好的分账系统，但在中国，MV 还是从宣传上去考虑的支出项。

今年 1 月份，近 4 年之后，胡彦斌才终于发行了新专辑《覅忒好》，这一次加入了很多新潮的音乐风格，有 EDM、R&B、Future Bass、HIP HOP 等，在音乐性上更潮流更有态度了。专辑中的抒情单曲《你要的全拿走》的灵感来源于他身边的一位选择净身出户离婚的朋友，也包含了他自己失恋后的心情，一经上线就在抖音迅速走红，成为热门的 BGM。

被问到《爱不得恨不得舍不得》起名这么惨有什么讲究时，胡彦斌哈哈大笑，“真的是团队一起风暴，随便起的名字”，转头他笑着批团队：“你们要反思，为什么起的歌名都这么惨？”而后他举 *Chasing Pavements* 这首阿黛尔的成名曲，“阿黛尔大红后登台领奖的时候，说了一句：感谢该死的前任。情歌还是占华语市场的 80%，其实全世界都一样，爱情是永恒的主题，人们通过你的歌，听到的是自己”。

对于现在的胡彦斌来说，音乐带给他精神上的愉悦或许更像是在“玩”了，他终于更加自由了。胡彦斌说希望现在自己能够一个月发一首单曲，单曲够了，就发下一张新专辑。

音乐财经：这三个月里一直在节目里，通宵熬夜，面对这么重的任务量，会有压力吗？

胡彦斌：不会，我天天在做这件事，所以我非常的笃定，我非常的有信心。上来谁行谁不行，一眼就看出来了。我就告诉她们，你们想干吗就干吗，把你们所有想表达的东西全部都放出来，菜在这里，我帮你们选择材料来炒菜，而且每一个人我都叫她们不用怕。

音乐财经： 今年发了新专辑，刚刚也发了一首新单曲。四年之后，你突然又找到了创作的感觉？

胡彦斌： 嗯，对。你会发现最近我发的很多歌都不是常规意义上的流行歌曲，是因为我想要做一些新的尝试，可以引领潮流，因为我自己觉得音乐不能真的基于那种传统的方式。就像中国人对词很敏感，但音乐上花的时间太少了，为什么不研究一些音乐真正的色彩呢？可以给人无限想象力的音乐才是美好的，如何才能让音乐的色彩更加明晰，那我觉得大家在这上面功课做得太少了。

音乐财经： 当下喧嚣的环境会影响到你的创作吗？

胡彦斌： 最近我也听到一些大佬们跟我讲的话，比如会跟我分析每一首歌曲的走向、曲调，全部都大数据化、流量非常好。他们找了这些歌手聊天，聊完后发现这些歌手的创作方式全部都是有公式的，用公式来写歌。我听了之后，内心其实非常抗拒。因为这样的话，音乐完全就没有创造性了。全部算法、全部数据化之后，越来越精准的时候，信息量就越来越小，会越来越狭隘。那么，对于音乐行业的贡献在哪里？创造就不见了。

李宗盛大哥说大众是猪，你喂什么就吃什么，大哥大声地讲这句话代表什么？他恨透了那些写歌有公式的人，他认为中国的音乐还是要有自己的观点、态度和特色的。

音乐财经： 你很痛心。

胡彦斌： 我不知道为什么他们只在乎数据，只在乎谁流量高，谁卖得多，评论数高、转发量高，全部都是这些。我觉得对音乐的敬畏感不见了，音乐人表达的东西才是这个行业的价值。

音乐财经： 你出道差不多有 18 年了，这些年经历了哪些心

态上的变化?

胡彦斌：一直在变，每天都在变，最初的时候是觉得无所不能。所以我那天在车上，我跟他们（太歌工作人员）讲，我最近在思考一个问题，我比以前有能力了，但我没有以前“帅”了。

大多数的人都是这样，因为人在年轻的时候有锐气，有很多事情你敢去做。越来越有能力之后，你的想法多了，顾虑多了，你那股帅气就不见了、杀伤力没有了，所以我最近一直在调整我自己的心态。最近感觉又找回来了一点，很好，要保持。

音乐财经：所以你还在坚持创作？这么多事情，怎么分配时间到创作上呢?

胡彦斌：因为要合理利用自己的时间，我真的无时无刻不在想我要写什么。我是一个先有词再有曲的人，如果词没有出来，我曲很难写。除非这首歌我就想好了找别人填词。我问了很多填词人，比如像甘世佳这种，他们就很喜欢先有曲再有词。

在创作的过程中，我一直会想我要表达什么，在飞机上、路上、床上、早上起来，我今天看到的，我思考的什么……当文字的重心点有了之后，就会变成歌词，有一些了我会找一个集中的时间写下来。

音乐财经：这几年创业对你做艺人有什么心态上的负面的影响吗?

胡彦斌：管理公司的时候，会有种往后拽的力量，因为公司的 Leader 不需要英雄，真的是需要有奉献精神，你是幕后的推手，要让团队所有人当英雄。但艺人不是，艺人是台前的英雄，为什么艺人会被人崇拜？因为艺人在台上必须有杀伤力。

音乐财经：最近最开心的一件事是什么?

胡彦斌：很多网友在讨论我，说现在终于发现，喜欢一个人终于不看他的颜，这是最近对我最大的褒奖和赞美。

音乐财经：你对艺人和音乐人这两份职业的理解是什么？

胡彦斌：艺人要给大家带来快乐，这是职业性质的要求，要让所有人看到快乐，要用你的人生经历去影射，去告诉每个人你将来的方向在哪里。

作为音乐人，最牛的是作品可以改变很多人，可以影响很多人，当你在最需要安慰的时候，在你面对考试的时候，在你失去爱情的时候，在你开心的时候……一首歌可以陪伴你渡过一些难关，帮助你释放你的热情。音乐是这样一个角色，衬托你人生的色彩，所以这才是这个行业的精髓。

音乐财经：作为主流歌手，你觉得会有什么难处？

胡彦斌：我在十几年前就玩R&B什么的，但当时被大家认可的程度很小。公司的人就说我不要做这种音乐，所以永远在迁就市场，所以才会出来像《男人KTV》这样的歌，虽然很红唱出了很多人的心声，但那唱的不是我内心的Tempo。我还是想要去做一些我觉得有groove的音乐，像R&B这种，其实才是我内心最喜欢的东西。

音乐财经：设想过自己能走得有多远的那个目标，会是多远吗？

胡彦斌：远的目标，我就希望自己在张学友这个年纪，还可以开现场的巡回演唱会，我希望那个时候牛班已经培训出来很多个周杰伦，很多个林俊杰，我也希望当我死掉的那一刻，牛班音乐学校还在，这就是我想的事情。

我很佩服张学友，是因为我觉得他在大众面前，完全没有做一点点多余的事情，好厉害！全部在音乐里，这是一个传奇，没有一个人能做得到。他是我真的很崇拜的一个人。

音乐财经：会觉得遗憾，自己没有办法在这个阶段像张学友那样做减法？

胡彦斌：我已经在做减法了，现在消耗类的商业演出，基本上我都不太愿意接，因为我觉得“被需求感”不强。我希望我们去的地方，是很需要我的，和钱没关系。对于张学友，因为我是从小喜欢他，一路看着他走过来，人生的精力大都放在了音乐上，你就觉得这个人好厉害。

音乐财经：最早自己做厂牌到现在管理一间300人的公司，商业意识上的变化是什么？

胡彦斌：以前最早做厂牌有点叛逆的心态，在一家公司待了10年，很想当家做主人，很想自己说了算，很想自己为自己做决定，是一种很自我的选择。

现在的话，还是会多听大家的意见。我很多时间都会放在看人上。看人这件事情是一个成本很高的事情，因为你没有一定的时间、经历过一定的事根本看不准。

音乐财经：还想做厂牌吗？

胡彦斌：有想法，如果做的话，风格可能是EDM和R&B，这是我目前最想做的，但还在听大家的看法和市场的讯息。

音乐财经：你是一个什么样的管理者？

胡彦斌：我蛮严厉的。我觉得我自己要求很高，会定KPI。不定KPI，大家不会有很出色的成绩，都不会干活的，或者干的不是你想要的。

音乐财经：作为CEO，你对自己的角色思考最多的是什么？

胡彦斌：我一直在思考一件事情，那就是在牛班其他的事情都有人可以干，那我和他们的区别是什么？有什么事情是只有我干得了，他们干不了的？所以，你会发现对接资源、争取资源、对商业的拓展以及决策，这些事情是没有人可以做的。下面的所有事情，能放就放，咬着牙放也得放。

当 CEO 所有的时间全部被事情占据了以后，你就没有时间思考了，而且当你足够了解公司业务的时候，你就无法保持一个很清醒客观的方式来看待这家公司，你不客观的时候，做的决策就有问题。

（文 / 董露茜　2018 年 6 月）

“新人”毛不易：“像我这样的人”

> “生活上可以懒惰，但工作上还是不能那么自私。”

2017 年，毛不易在参加《明日之子 1》期间回到家乡的小县城拍了一些照片和视频，这也许是节目组为选手们日后“出名”时准备的素材，拍摄的时候毛不易演唱《消愁》那一期还没有播。

镜头前的毛不易，显得很放松也很兴奋，由内而外诠释了“回家的感觉真好”，以主人的姿态向摄影师介绍着那片他从小生长的“大野地”和乡民的“活动广场”，还不时和着音乐跳起了广场舞。记忆中，那段视频应该是毛不易除了上节目之外最自然最放松的一次。

就在《明日之子 2》开播前 9 天，恰逢夏至，北京炎热得像个大火炉，烤得人发晕。在三里屯的洲际酒店，“盛夏创作3部曲”音乐作品发布会正在这里举行，作品的主角是参加《明日之子 1》的毛不易、廖俊涛和钟易轩。

在正式出道一年后，毛不易发布了他的首张录音室专辑《平凡的一天》。而这一年，他经历了人生二十余年来最不平凡的每一天。那天也一样，当天毛不易的通告已经排到了夜里 12 点。

见到毛不易的时候是晚上 9 点多，此前他已经接受了 N 多家媒体的采访。一身淡蓝色的休闲西装，给燥热的夏至带来了一丝清爽。还是戴着那副宽边眼镜，习惯性地称呼别人“老师”，知道音乐财经是一家偏产业的音乐媒体后，毛不易轻声说：“刚进入行业不久，不太了解产业上的事。”与一年前在《明日之子 1》上的毛不易相比，第一眼看上去似乎成熟了不少。

“第一次发了新专辑，不过关于专辑今天已经聊一天了吧？”

“对，但无所谓，自己的专辑怎么聊都可以。”

“专辑中的 6 首新歌跟之前的风格有什么不一样吗？”

“以前的歌很多写的都是生活中的一些遗憾和不如意，这次的歌更多想传递给大家对生活中美好事物的留意，也想提醒大家，其实我们的生活中有很多美好的东西，不要等到失去了再来歌颂。”

《平凡的一天》也是毛不易出道以来的第一张录音室专辑，在网易云音乐 App 上线后，目前已经售出超过 547 万首，记得薛之谦在《明日之子》初选的时候告诉毛不易：如果只凭“有钱”和“巨星”这样的歌去发唱片，你会死得很惨！但让所有人没想到的是，毛不易其实在不经意间已经积累了不少“扎心之作”。

在新专辑中，毛不易又创作了 6 首新歌。他还邀请了李健担任专辑的制作总监，对专辑中的 12 首歌进行重新编曲。李健曾是毛不易心中的男神，“他一直以来对我的影响都非常大，听过很多李健的歌，还翻唱他的作品，多多少少对我的创作有影响”。

第一次见到李健，毛不易还不太敢说话，以前只是远望，这次能跟李健合作，“发现老师是一个音乐里的人，个人风格也特别明显，他有严肃的一面，也有浪漫的一面，非常自由洒脱，但也是一个特别知道克制和自律的人”。

有了李健和赵兆的加入，毛不易的首张录音室专辑算是一个高起点的作品，"等实体唱片出来的时候，也是这12首新老歌曲，里面还会有两首彩蛋，就是两首歌在创作时没有经过雕饰之前的样子。唱片里还会有所有歌曲的伴奏，每一首音乐都是经过李健老师和赵兆老师非常用心的编曲，单听音乐也非常好听。"

2017年2月1日，毛不易在微博上写下了很长的一段话：巨星2017过完年从老家回到杭州感觉不是很愉快。我清楚地知道，接下来这一年对于现阶段的我来说会是与以往不同的一年，但目前为止我对所要面临的任何变化完全没有任何想象……

"为什么会写下那样一段话？好像感觉到自己要发生的变化？"

"因为那是我毕业之前的最后一次寒假，夏天就要毕业了，毕业之后可能会参加工作，我又不擅长做护理行业，但又不知道会去参加什么样的工作，会认识什么同事，会对未来有一个不确定感。"

"不喜欢做护理行业？为什么大学还报了这个专业？"

"调剂的，服从分配。"

大四的最后一个寒假，毛不易从冰天雪地的大东北回到江南水乡的西湖边，他突然觉得这个冬天的杭州异常寒冷。为了完成大学四年的学业，拿到毕业文凭，毛不易不得不去医院里实习，实践他不喜欢的护理工作。

尽管毛不易清楚地知道自己不喜欢做什么，但又不知道想做什么、能做什么。面临着难找工作的现实，他尝试着去医院之外的公司投简历：医药公司、旅游公司等等，对未来感到迷茫。尽管喜欢音乐，但他从来没有想过做音乐会成为自己的职业。"音乐作为爱好就足够了，让我有渠道可以表达，很开心，我身边爱音乐的人很多，但在音乐上能做成功的人太少了，从来没有想过把它当成一份事业。”

“五月份实习结束后，我会在哪个城市平凡地生活，从事一份什么样的工作，微信里又会多出哪些好友。期待，但更彷徨。”毛不易在微博里写道。在医院里实习的那段日子，每天面对的都是生老病死、人生百态，看多了人也变得麻木了。“我非常不喜欢这种麻木的感觉，希望自己的生活有一点感性元素，希望自己的情绪还能起起伏伏，能哭能笑，但在医院工作很难（让人感性），会把人磨炼到波澜不惊，这个不适合我。”

毛不易希望在医院的实习尽早结束，但又不知道未来自己会在哪里，会干什么。下班回到几平方米的出租屋，没有人可以交流，一张单人床是他唯一栖息的地方。

喜欢音乐又刚学了吉他的毛不易，在那段漂泊、迷茫、没有安全感的日子里选择了用音乐表达自己的情绪，一首首歌就在那间小屋子里诞生了。原以为这些歌只是毛不易缓解压力和烦恼的一个出口，没想到在最恰当的时候遇到了最恰当的《明日之子》。

毛不易的高中同学在另一所大学学习编导专业，他的学长当时刚好在《明日之子》的节目组里工作，节目筹备阶段所有工作人员都在四处搜集参赛选手，毛不易在大学期间参加过校园歌唱比赛，还当过评委，所以他的同学就跟学长推荐了他。“当时不知道《明日之子》是一个什么节目，也不知道导师是谁，反正就什么都不知道，只知道是一个音乐比赛，没想太多就去了。”

第一次出场前，毛不易因为怕太紧张发挥失常，偷偷在后台喝了一瓶“小二”，“之前在校园表演都是翻唱，真正唱原创这是第一次，而且有那么大的明星坐在你面前，想通过喝酒的方式放松一下。”

第一次出现在镜头前的毛不易，可以说没有一点特色，整个人就是稚嫩的学生样，当他跟主持人和评委报出自己的歌名《如果有一天我变得很有钱》时，引起了现场的哄堂大笑，正式表演开始还没唱完第二句歌词，吉他琴弦突然就断了，突发状态虽然让毛不易有些不知所措，但因为喝了酒，表演没有受什么影响。“这把吉他从我开始写歌就一直用它，是我同学借给我的，是他哥哥传给他的（笑），反正就是很久远的一把吉他，一直都没什么问题，那天弹琴不知道怎么了，忽然弦就断了。”

一首看似不着边际却很有态度的歌，让毛不易留了下来继续比赛。

“你现在比以前有钱了？”

“是，但是也没有很有钱（笑）！”

“现在过的是不是你想象中变有钱的生活？”

“我尽量去靠拢，但是有钱的前提是要去挣钱，挣钱需要时间，这个时间可能占用了你用来写歌、用来陪家人朋友的时间。但是你不付出这个时间又没有钱，这个事情很难两全。所以我尽量找到这个平衡点，但其实很难找，希望能有那么一天。”

“你想象的最舒服的状态就是躺在最大最软的沙发里，吃了就睡醒了再吃？”

“对，但也不是那么躺着，就是做一些更有意义的事。”

做完了“有钱”梦，毛不易在他的第二场表演中继续做他的“巨星”梦，他请现场的导师和观众都装作是他的粉丝，他在现场唱了一首《感觉自己是巨星》，薛之谦点评道：“写的词曲怪怪的，但是好像又有点道理，搞笑得有点道理，你懂不懂？”“好像有点懂。”毛不易愣愣地回应道。

“你之前想过自己要成为一个明星吗？”

“没有，这是遥不可及的梦想。那个时候有一种自嘲的心态，就是周围朋友开玩笑，说‘你写歌以后可以当明星’什么的，我当时也比较孤独，写这首歌来缓解一下生活上的压力，但没想到有这么幸运的机会。”

“你现在也算是明星了，这一年的生活跟你歌里写的一样吗？”

“其实是不太一样的，唱歌作为爱好的时候给你带来的是快乐，作为工作了就要追求一定专业程度，自己会有更高的要求，别人对你也有更高的要求，所以有时候会有一些压力。”

“如果变有钱、感觉是巨星”，这些都是毛不易之前不着边的幻想。唱过了名与利，《消愁》《像我这样的人》《借》等一首首触动人心的歌就这样随着一期期《明日之子》的节目视频传遍大街小巷。突然间，大家开始对这个其貌不扬、畏手畏脚、不善言辞的男孩刮目相看，每一期最新的《明日之子》播出之前，很多人都等着听毛不易的下一首新歌。

“大家特别喜欢你后面唱的几首歌，为什么比赛的时候没有先唱那些歌？”

“《巨星》和《有钱》是我那时候最新写的歌，我觉得能让大家记住，这两首歌也代表了我的一部分个性，这个个性可能是我区别于其他人的特点，所以我把它们先展示出来。最主要是我也没想到《消愁》这些歌能被大家喜欢和认可。”

毛不易在谈到创作感受时表示，《消愁》放大了生活中的某种感受。生活总是平平淡淡的琐事，但总会有触动到每个人的点，把这个点放大，然后把它完整地讲述出来；《像我这样的人》有一种迷茫和无奈的感觉，总有一些弱势群体没有被大家注意到，但他们也需要被关心，需要被祝福，出于这样的小动机，用音乐

和文学语言把它表达出来。

随着一首首原创歌曲被大家认可，毛不易对这次比赛从最初觉得完全没戏，变得越来越有信心，比赛到 13 强的时候开始总决赛，每期淘汰一个人。“那时候我想我不会那么倒霉吧，自己应该是大多数，剩下 12 个人应该会有我。到了三强的时候觉得三分之一的概率（得冠军）应该也不小，但当时并不知道名次意味着什么，出道了还是怎么样？没有那么强的概念。在我心里作品得到认可比荣誉更重要，得了（冠军）之后就不好意思说这个话了（笑）。”

总决赛进行到最后，主持人宣布毛不易成为冠军的那一刻，从视频上看来，他整个人是懵的，站在他身旁的伙伴们都兴奋地欢呼起来，只有毛不易异常冷静。“我当时觉得这只是一场比赛结束了，朝夕相处了几个月的伙伴和工作人员大家要分开了，就像毕业了一样。”

“当时想过自己的未来吗？”

“其实想过通过这个比赛成为一个歌手，但不知道歌手应该是一个什么样的生活状态。”

跟很多有“明星梦”的孩子不一样，毛不易以“巨星”自嘲，但没有经历过“童子功”的苦练，也没有刻意去当过“练习生”，只是让音乐成为那一年他认为是“苦难”经历的出口，而那些音乐恰巧支撑他完成了那场比赛，让更多平凡的听者引起共鸣。

这一切都不在毛不易的想象和规划之中，甚至有些猝不及防，从一年前的采访中能看得出来，一个刚刚开始被媒体包围的“明星”，面对这么多问题表现得有些不知所措，甚至有些不耐烦。

而接下来的这一年里，毛不易的出镜率甚至超过了一些大牌明星，很多综艺节目中都有毛不易的身影：《王牌对王牌》《吐槽大会》《向往的生活》《歌手》《创造 101》《无线歌谣季》《快乐大本营》《天天向上》《阅文超级 IP 盛典》等等，这还不包括他参加的很多音乐节、文艺晚会、各大盛典，为电影电视剧创作和演唱主题曲，偶尔还去影视剧里客串露个脸，就像他歌里唱的那样：有时候我感觉自己是一个巨星，每天各大时尚 party 出席个不停……

“这一年来你的生活发生了翻天覆地的变化，喜欢这个样子吗？”

“总体来说是喜欢的，但任何一种生活都不能让人百分之一百地喜欢，目前我工作中的一大部分是我自己喜欢做的事情。但有时候很累很辛苦，（生活）不规律，不太适应，会觉得要做一些跟做歌手和创作无关的事情。但仔细回想一下也是有必要的，你的歌如果想被大家更深刻地理解，观众就需要了解你这个人，就要多维度地去展示，通过各种方法，这也是完成作品的一部分，也很重要。”

在毛不易如今的台历本上，日程排得满满的，这对之前懒散、意志力低的毛不易来说，是之前完全无法想象的。

“因为你不是一个人，你能够站在这个舞台上，背后有很多团队在帮你，身后无数人帮你，让你能站在舞台上唱歌，是所有人的心血，这其实是一个契约精神在里面。生活上可以懒惰，但工作上还是不能那么自私。”

最近毛不易参加的《无限歌谣季》节目正在热播，毛不易还偶尔在节目中客串主持人，“怼”得主持人张绍刚和段子手薛之谦都接不住他，难怪张绍刚开玩笑说：“这个小孩不是你们想的那么可爱呀，待一块儿气死你。”而只有在讨论音乐的时候，毛

不易才一脸严肃认真，不放过每一个细节。

在这个网络时代，曝光度太高的人一定会成为话题的焦点，只要有毛不易参加的节目，媒体都会把他单独拎出来做一番评论，这也许就是一个新人出道后的必经之路吧。

高强度的工作节奏与他从小生活的小县城的安逸形成了巨大的反差，也与毛不易《感觉自己是巨星》中唱的梦幻般的画面形成了巨大的反差，而毛不易觉得这样的节奏是"希望自己能敢于在舞台上展示更多面的自己，现在还是稍微有一点犹豫，也是经验少吧，或者个人性格的原因，比较内向，我也不知道"。

毛不易接受的很多采访中，对于记者的一些问题，他都会迟疑着回答"我不知道"，这也许是毛不易真实的一面，他曾说"我这个人欲望很少，想的太多了，又得不到就徒增烦恼"，而对于一个没有受过任何专业训练的新人来说，在娱乐圈露脸，也许"低调、少说话"才是他认为的生存法则。

在毛不易的家乡，冬天永远是一副冰天雪地的景象，而毛不易带着摄影师去的那片"大野地"其实是当地的湿地公园，这里栖息着珍贵的国家保护动物丹顶鹤。从小在这里长大的毛不易，认为这片土地即亲切又平淡无奇。每年春节回家是毛不易最开心的日子，因为在中国人的记忆里，冰天雪地、爆竹声声、围着热炕头吃团圆饭的景象，才是过年该有的样子。这也是很多东北人无论平时身在何处，过年一定要回家的原因。

成为明星的毛不易，也许对家乡小县城安逸的生活习惯还有一丝眷恋，他在之前接受采访时说："如果以后还在北京的话，可能要赚到一套房子的钱，才能松一口气，不用早起，不用熬夜，周围有很多朋友，晚上可以互相去对方的家里，晴天比雨天多。"

这也许就是毛不易性格的真实写照，他喜欢安逸稳定的生活，不喜欢改变，但从他走上歌手这条路开始，他理想的生活状态也许只能成为想象。“每年都会回家，不知道下次回家的时候，我是谁，在哪里。希望彼时再看到这些字可以会心一笑。我也知道，届时又会有新的困扰出现在我平凡的生活里。”不知道今天的毛不易看到自己一年多以前写下的这些文字，是不是还可以轻松地会心一笑。

很多喜欢毛不易的人还是很理性、很爱护他的才华，李健在帮毛不易制作了第一张专辑后发微博告诉他：你需要格外保护好自己的才华，去锻炼身体，减少不必要的工作，买辆车远离人群自己生活，多练琴、多阅读，至少现阶段需要这样做。

很多粉丝也更喜欢参加《明日之子》时的毛不易，那个看上去胆怯、卑微、害羞、木讷但很真实的毛毛，选秀中他唱的那14首原创歌曲，也许在旋律、编曲和制作上不那么成熟和完美，但很多人对毛不易和那些歌原来的样子念念不忘。

身边一个“95后”告诉音乐财经：“毛不易在我心里是最好的，我也并没有多么关注他，就是只知道这样一个人的存在，但为他高兴，才华终于被发现，还有那么多人喜欢他，特别欣慰。可能因为他的才华，他跟圈子里的很多人不一样，所以大家都抢着请他，不知道他能不能出淤泥而不染？不知道他会不会变啊？其实他可以叫‘毛不俗’，专心做音乐就好了。”

“你会通过参加这些节目和演出，让自己有所改变吗？”

“我也不希望自己被改变太多，如果能克服（放不开）这一点的话，算是自我的一个提升吧，因为并没有改变我性格的某个点，我只是把它更多面地展示给大家，这对我来说是好事，我不排斥任何提升，不排斥任何学习的改变，如果是提升的话我觉得

不算改变。”

《明日之子 2》刚刚开播，毛不易会从 8 月份直播那一期开始担任主持人，大家想象不出来毛不易做主持人会是什么样子。他的偶像一直是小 S,《康熙来了》没有停播之前每一期他都会看，“我特别喜欢小 S，她活得很真实，聪明机智、幽默得体、张弛有度，长得还好看，感觉没有不喜欢她的理由”。不知道毛不易能不能从偶像身上学到些什么。

从《明日之子 1》到《明日之子 2》，从参赛选手到主持人，毛不易在这个舞台上的身份在改变，但大家期待的毛不易，应该还是那个不忘初心、不想改变的毛毛，尽管一路走来会很不易，就像李健告诉他的：你天生就是一个歌者，幸运的是你现在只有二十几岁就开始了真正的职业生涯，而所谓不幸的是你刚刚崭露头角人们就对你寄予厚望，稚气未脱的少年竟直接进入漫长无比的成人跋涉中最艰难的路途，没办法，这就是命运。

命运给了毛不易一次改变人生的机会，在这个综艺称王的时代，但愿他能像自己的名字一样，不易改变，一直在歌唱的舞台上主宰自己的音乐之路。

音乐财经：你写的第一首歌是哪一首？

毛不易：第一首没有发表，就是特别小品类的作品，完善的空间也不大，就让它在那里吧，如果从第一首一直听到现在，发现最开始（的作品）还是很不成熟，也是一个成长的轨迹。

音乐财经：你在杭州上学？

毛不易：对，大学四年在杭州。

音乐财经：既然觉得漂泊，其实你可以回家（找工作）呀？

毛不易：不让，实习是指定的医院。

音乐财经：我的意思是你毕业后可以回家（找工作）？

毛不易：毕业就直接参赛了。

音乐财经：我知道，就是你……

毛不易：那又不想回家了，说实话，因为我们家里太小了，你说回去了能干什么呢？其实跟在外面是一样的。

音乐财经：从你的气质也好外表也好，可能大家会觉得跟小鲜肉比……

毛不易：不那么鲜肉。

音乐财经：但你有才华。

毛不易：没有，大家都有才华，他们都有才华，而且很多小孩是因为长得好看，大家反而忽视了他们的才华，我觉得也很不应该。

音乐财经：你写得一手好字。

毛不易：中学的时候练过，为了提高一些卷面分。

音乐财经：《明日之子》带给你最大的收获是什么？

毛不易：让我交到了一些好朋友，这个节目给我带来最大的价值是让我的作品被大家听到，然后有更多的人来支持我的作品，关注到我这个人。

音乐财经：参赛期间有没有让你特别难忘的事情？

毛不易：每次有选手淘汰的时候，我们都很悲伤，也不知道大家还能不能再见面，从最开始很多人很热闹，后面变成了几个人，但最后大家都回来的那次特别感动。

音乐财经：觉得你还挺幸运的，没有像很多孩子一样，为了追求梦想苦哈哈地学习和练习？

毛不易：我也经历过一段实习期，跟音乐无关，但那是我创作最旺盛的一个时期，也算是一个积累吧，跟很多练习生比起来

肯定没有他们辛苦，没有他们为了音乐付出过那么多努力。

音乐财经：你觉得自己是什么性格的人？

毛不易：正常人，稍微有点内向。但好多人都是两个面，我跟朋友（在一起）也挺外向的，爱干的事也挺爱干，不爱干的时候也挺懒的，也想跟人交朋友，又懒得去交际。

音乐财经：你有交际恐惧症吗？

毛不易：还好，主要我遇到的人都很好，没有碰到过特别难相处的人，所以大家都变成了朋友，确实（做）朋友需要时间去慢慢积累友谊。

音乐财经：其实你是一个很单纯、腼腆、害羞的人，在这个行业里待久了会不会也变得有点复杂？

毛不易：我真的觉得还好，我碰到的人都很单纯，但是复杂，每个圈子都复杂，都是人复杂，不是圈子复杂。

音乐财经：你会希望自己成为小S那样的人吗？

毛不易：很难成为她那样的人，但我很喜欢她的性格，我希望能有一部分活得像她一样自如。她在舞台上发挥特别开，我还是不够放得开吧，但是跟最开始相比好了一些。

音乐财经：遇到一些不适合你的事情会怎么处理？

毛不易：我们会提前沟通，不适合我的肯定会提，公司也好、对方也好，告诉他们我为什么这么做，或者说服对方，或者对方说服我，总有一方被说服，那我就完成这个工作了。

音乐财经：你会坚持自己的想法吗？

毛不易：当然，原则性（问题）可能是音乐上的，或者表达的观点上，肯定要争取自己想表达的东西，其他的（事情）可能就要交给专业的老师，专业的人做专业的部分。

音乐财经：别人说你是“少年李宗盛”，你什么感觉？

毛不易：我不是，想都不要想，李宗盛老师的歌对华语乐坛影响非常大，肯定也影响到我。能被这么称呼，我觉得是对我的一种表扬，但是太有压力了，可不敢这么说，我觉得没有人能成为李宗盛。

音乐财经：你最喜欢他的哪首歌？

毛不易：《山丘》，还有他给莫文蔚写的《阴天》……很多歌，他写词就是很直，又不白，这个很难，就是严肃文学的感觉，还是需要岁月的沉淀。

音乐财经：专辑发完之后会巡演吗？

毛不易：可能不会做巡演，但应该有演唱会，最近也在准备，巡演确实消耗很大精力，我们想做比较有品质的演唱会，只做几场。

（文 / 李斌　2018 年 7 月）

古风电音“新星”徐梦圆：1992 年生人的敏感

> “他不知道前方等待他的将会是什么，选择相信未来也无法停止现在的担忧。”

到底要不要签公司呢？这个问题思考到最后好像越来越无解。他一面压抑着自己想要成名的野心，一面又无法克服走到台前的恐惧。他不知前方等待他的将会是什么，选择相信未来也无法停止现在的担忧。他佯装潇洒却又小心翼翼。

早晨 9 点，徐梦圆极不情愿地按下手机闹钟，半眯着眼起了床。酒店大床让他备感舒适，但他知道新的一天必须开始了！他趿拉着拖鞋走进盥洗室，挤牙膏、闭着眼刷牙、洗脸。清凉的自来水并未让他变得更精神一点。通常情况下，他会在夜里工作到凌晨两三点睡觉，下午两三点才起床，然后他会坐到电脑前，等待音乐灵感的降临。

这是 6 月初的一天，恰逢北京降温，早上 10 点半气温不足 20 摄氏度，天空还飘着小雨。迎接他的将会是自己 DJ 生涯中非常重要的一天。下午 2 点，他将在一场发布会上向所有人正式宣布，签约厂牌，结束单打独斗。

就在两个月前，徐梦圆还在为要不要走到台前而纠结。一直以来音乐制作人的角色让他更习惯存在于幕后，他性格原本内敛，不愿让太多人点评自己的音乐和生活。不少公司找上门来，他都礼貌地一一回绝。“这个可以说吗？”面对追问，他睁大了双眼，流露出一个24岁年轻人的好奇与惶恐，欲言又止，最后还是本能地选择了回避。无论如何，没有人能否认，他身上有着许多公司需要的东西：流量。

从默默无闻到走红网络，徐梦圆只用了短短不到一年的时间。网易云音乐是他起家的地方，2016年1月时，他在这一平台的粉丝还只有3500人不到，现在，这一数字已经超过了71万。

今年1月25日，网易公司CEO丁磊在网易云音乐发布动态，分享了他的古风电音单曲*China-Dragon*。徐梦圆有些受宠若惊，他在第二天评论，“哇，荣幸”，加一个可爱的表情，共收获了688个赞。这个数字还远不算多，在他最热门的50首歌曲中，有9首的评论量都超过了1万；单是他在自己最受欢迎单曲*China-X*下的留言，点赞数就有11万……他是网易云音乐算法推荐机制的受益者。“我第一次听到徐梦圆就是在网易云音乐的私人FM，”热爱古风音乐的大三学生小刘说，“一听就觉得喜欢极了。”

他的走红，或多或少也与过去一年两种细分音乐类型在国内的爆红有关。电子音乐与古风音乐，他两者皆占。在他的曲目下，点赞量最高的评论写道，“诸君，向外国电音拔剑！”不论他如何向外界解释结合古风和电音是他兴之所至，他的音乐，总能勾起某些听众心中隐秘的“爱国”情感。

徐梦圆第一次在现实中意识到自己拥有大批粉丝是在今年3月的广州，他在香蕉电音主办的moonbase室内电音节上进行了首次公开演出。他身穿印有自己个人logo的黑色文化衫站在台上，在观众热烈pogo的呼应中渐入佳境。他没想到会来这么多粉丝，

他们穿着和他相同的文化衫，高举写着“徐梦圆 WE ♥ U”的应援牌，随音乐疯狂晃动的身体几乎要把防暴护栏推倒。在将近 70 分钟的演出里，他每每拿起话筒，说得最多的就是“感谢”。

“我不把我的粉丝当粉丝，我把他们当我的贵人。”面前的徐梦圆目光坚定，语气诚恳，动情程度让人无法将之与一般偶像明星的讲话套路相提并论。他不拿架，对待粉丝亲切友善，虽然在很多人看来，他拥有着这个信息时代让人无比眼红的东西。

徐梦圆也许具备了成为一名偶像的全部素质。虽然对于自己为什么走红还一知半解，但他清楚地知道两件事：一是要把作品做好，二是要把人做好。他不想辜负支持自己的人，不论是音乐的品质，还是生活与言行，他对自己的要求都越来越高。他打趣说：“我是天秤座，完美主义者，做什么事都想把它做到最好。”“你相信星座吗？”“我很信的，特别信。”

但是到底要不要签公司呢？这个问题思考到最后好像越来越无解。他一面压抑着自己想要成名的野心，一面又无法克服走到台前的恐惧，他若有所思的神情让人难以相信他真的像嘴上说的那么“随意”。时至今日，签约仪式在即，他脸上依旧流露出那样的神情。但最终，他以如下理由说服了自己：我要把音乐做好，不让粉丝失望。他不知道前方等待他的将会是什么，选择相信未来也无法停止现在的担忧。他佯装潇洒却又小心翼翼。

上午 11 点，徐梦圆已经梳洗完毕、穿戴整齐。他个头中等，相貌亦称不上出众，是走在大街上没人会认出来的那种。在麦爱音乐曹博轩的陪同下，他准备前往发布会现场，位于百子湾苹果社区的来福 Livehouse。行头还是老样子，反着戴的平檐棒球帽，黑 T 恤，长袖牛仔外套，灰色有些发皱的五分裤，红色球鞋，露出瘦瘦的小腿肚。一天前他刚到北京，一个人在酒店实在不知道做什么，就骑着摩拜到附近5公里外的一个商场转悠。“因为我平时不运动，正好无聊的时候，去运动一下，觉得自己豁然开朗。”

从酒店到活动现场不过10分钟车程，一路上两人聊得最多的就是汽车，不过徐梦圆更多扮演的是一个倾听者，偶尔发表看法，说话时语速快，带有略重的四川口音。他称呼曹博轩“曹哥”，中途路过一家餐馆，曹哥问他吃早餐了没有，他摇头说没有。“饿吗？给你去买油条。”他稍稍犹豫，“发布会几点开始？”“下午2点。”“还早，一会直接找个地方吃午饭吧，我一般也不吃早饭。”

不论是对粉丝、合作伙伴还是其他任何人，徐梦圆都会表现出一种礼貌与恭谦，这是今天很多年轻人身上已经很难再看到的品质。网络上流传着他“希望能成为国内顶尖DJ”的言论，他笑着否认。“他们会这么说，可其实有的时候我还是挺难受的，”他停止微笑，眉宇间划过一丝阴翳，“这其实挺给我招黑的，因为我自己是不这么认为的，我并不想去成为什么国内第一，我觉得我能当一个优秀的人就可以了。”

徐梦圆的确属于招黑体质，因名利带来的争议也确实困扰了这个1992年出生的年轻人相当长一段时间。喜欢他的人认为他代表了中国本土电音崛起的希望，鄙视他的人则觉得他在玷污纯正的电音。“古风电音也上得了台面？”有人在他的社交账号下留言。类似的评论还有很多，他都看在眼里，却鲜少找人倾诉，更不可能骂回去。唯一的一次反驳是有人质疑他姓名的真实性，“你怎么能确定徐梦圆三个字是他爹娘取的？说不定还是个网名而已”。徐梦圆回复，“名字受之父母，不尊重自己也请尊重你父母”。

他觉得憋屈，莫名其妙，一个人躲在角落生闷气。“我为什

么一定要上台面呢？”他想，“有人听，我也喜欢就可以了，如果我做的是我不喜欢的音乐，那我就不是一个音乐人了，那是商人要考虑的事。为什么我从一开始就好好做音乐、认真做音乐，做到现在可能有了一定的成绩，你们就要出来说我呢？这是件特别奇怪的事情。”

虽然嘴上说着无所谓，但心里还是会难受。有一次他看到一名粉丝回复喷子说的话，“你就继续喷吧，当两年后徐梦圆站在一个更高位置的时候，你还坐在电脑面前打字”。他心里突然好受了许多，觉得这句话说得特别好。从此他想明白了一件事，“花时间在你自己需要努力的东西上才是最重要的”。

“很多人爱去争，和谁都想争，我是属于别人越是想跟你争，那我就宁愿不争，我宁愿退缩一点，无所谓的，我的性格就是这样。”徐梦圆一字一顿地说，他觉得自己这种性格的养成，有50% 来自家庭。

1992 年，徐梦圆出生在四川泸州，一个距离省会成都约 3 个半小时车程的地方。他的父亲是一名普通职工，母亲则是一名语文老师。这是一个典型的中国小城市中产阶级家庭，他的父母也是“知识改变命运”最典型的例子。年轻时，父母从农村考入城市，“小的时候可能过年才能吃一次猪肉”。他们常常向他回忆年轻时的生活。直到现在，每年过年，全家人还是会回到农村老家探亲。

“他们考出来之后，觉得得到的许多东西都很不容易，”徐梦圆说，“所以他们常常教育我，对我说人的品行一定要端正，要礼貌，要知恩图报……这些东西他们给我灌输得特别深，我觉得做人就一定要这样，如果一个人做人都做不好，做事情也会做不好的。”

父母的教育在徐梦圆的性格中留下了不可磨灭的印记，甚至于改变了他的人生轨迹。从儿子决定走上音乐道路的那一天起，父母就给予了他无条件的支持，不论是经济上还是精神上。为了资助他学音乐，父母把房子抵押了出去，贷款给儿子凑学费。同事们都觉得不可思议，“你们两个是我见过胆子最大的父母，敢去花这个钱”。

“对于一个孩子来说，父母支持不支持，会是两个结果，”徐梦圆深知父母给他的人生道路带来的指引，“这可能是我这辈子最幸运的一件事了。”现在的徐梦圆经常会给母亲听自己做的音乐，于是母子之间常常会出现温情一幕，身为老师的母亲习惯了教育人的姿态，开口提意见之时，总会被儿子以“对一个音乐人提意见是很不礼貌的”理由顶回来，不过母亲不会真的发怒，儿子也不会真的生气。

从很小的时候起，徐梦圆就展示出对于音乐的兴趣。小学时，周杰伦开始风靡内地，很多人对这种从未听到过的曲风感到耳目一新，其中就包括徐梦圆。他清楚地记得过年时，收到长辈 5 角到 2 元不等的红包，他舍不得乱花，全部攒起来去买周杰伦的盗版磁带。每天午睡到一半，他都会蹑手蹑脚地穿过父母已经熟睡的房间，来到书房，打开小霸王复读机，开始放周杰伦的磁带听，默默跟着唱，背歌词。他几乎攒钱买了所有能买到的周杰伦的磁带，几乎学会了之前所有的周杰伦的老歌。

他因此喜欢上了音乐，并最终走上了音乐的道路。当别人每每问起谁是他的音乐启蒙老师时，他都会回答：周杰伦。

眼下，来福 Livehouse 门前已经零零星星聚集起了一些前来参会的人。来福门外有一个巨大的约 2 米高的鸟笼，里面欢腾着几只黄白相间的鹦鹉。“这个好玩！”徐梦圆很激动，惊喜得像个孩子，拿出手机开始拍照，在楼梯走上走下，直到找到一个合适

的角度。进入室内，椅子和桌子随意散落在门口位置，不多几个人正在布置会场，还有几个人坐在一旁 social。一进门，徐梦圆变得紧张起来，眼睛留意着四方，不错过每个认识的人。曹哥带他见了几个熟人，他都礼貌周到地点头、握手、微笑。

等不及盒饭了，他和曹哥还是决定出去吃。大众点评一搜，湘菜不错，四川人能吃辣。他让其他人点餐，说自己没有忌口，“什么都吃”。饭桌上，聊起四川美食，大家惊讶他居然不知道甜水面的存在。饭后，他走到餐厅门外点了烟盒里的最后一根烟，是个日本牌子。天气很冷，他打了个哆嗦。

在来福 Livehouse 隔壁的酒吧区，他见到了自己的新老板、麦爱文化 CEO 宋洋。宋洋看起来心宽体胖，留着山羊胡，比起老板，他的模样更像是个音乐人。两人简单寒暄几句，徐梦圆的注意力很快被厅里放置的一台“拳皇”街机吸引，他玩得很熟练，游戏手柄被搓得啪啪响，遇到厉害的对手，他嘴里时不时还冒个脏字出来，也丝毫不避讳。

他最初接触到电音就是因为游戏《英雄联盟》。2011 年，他进入北京现代音乐学院研修学院，读录音艺术专业。“原因很简单，就是因为成绩考得不怎么样，有学校要我就来了。”他没有想到要给自己来北京学音乐增添任何浪漫主义的描述，原因朴实得像一碗白水。大学时期的徐梦圆是一个宅男，经常逃课打游戏。他相信努力大于学历。

大学最后一年，他在看《英雄联盟》的集锦视频时，第一次听到了 Tobu 的音乐。Tobu 是一名拉托维亚电子音乐制作人，曲风以轻快明亮的 Progressive House 为主。Tobu 的音乐为徐梦圆叩响了新世界的大门，他立刻被这种新鲜的音乐吸引，“一听就觉得特别特别热爱，比我以前做的任何音乐都要热爱”。于是他开始疯狂地学习制作电子音乐。他成了同学里为数不多依然留在音乐行业的人，“现在还在这个行业的只剩下两三个，其他全都转行了”。

“很多人会说自己的创作灵感来自看到了什么东西，或者经历了哪些事，但这些可能存在于稍微比我成熟一些的人，”徐梦圆十分明白自己现在的局限，“很多人说我为什么写不出好的歌词，就是因为我没有经历过太多事情。我现在写歌，纯粹是靠感觉。还没有一件事或一个人能给我的创作带来灵感，以后可能会有吧。”

创作上，徐梦圆不算有天赋，但却努力。他着实高产，在一个月里经常能发三四首新歌。他没想这也成了黑粉们攻击他的理由，有人说：“徐梦圆为了名气，一直发歌，产量是高了，质量呢？”他真的不再想去争辩了，愤愤然，“我高产是因为我宅，我无聊，我的兴趣只有音乐，我没事儿就做音乐”。

他熄灭了手中的烟，鼻腔迅速吐出最后一丝烟气。还在中学时，他曾对抽烟的父亲说，自己一辈子都不会抽烟，闻到烟味就会难过。后来他抽烟的原因大抵和一部分人相同，因为失恋。“那个时候挺颓废的，颓废了就开始学抽烟。”那是在高中。

他觉得自己太感性了，爱哭，看电视剧会哭，看动漫会哭，看后院酒店的人杀羊会哭，看父亲杀鸡也会哭。他不喜欢自己的感性，感性让他变得脆弱、轻信、敏感。

大部分的时间，徐梦圆都喜欢宅在家里。但与其说那是喜欢，不如说是没有选择。他常常一个星期都足不出户，觉得点外卖、购买日常用品都是在浪费时间。心情不错的夜晚，他会打开B站直播如何制作音乐。画面的主角通常是电脑录屏，他永远占据画面左下方一块很小的位置，胡子邋遢，偶尔顶着明显的黑眼圈，

双眼因离屏幕太近而略显无神。这也许是他一天里最自由快乐的时刻。如果你发现他暂时从左下角的小窗中消失了，那么他一定是因为忍了很久去上厕所。

他已经很久不玩游戏了，“人到了一定的年纪可能就不是特别热爱这件事了”。现在他有了粉丝，有了事业，有了要奋斗的方向。坐在电脑前，他想起大学时没日没夜打游戏的蹉跎时光，觉得恍如隔世。

离发布会开始还有 10 分钟，他突然说很想回家，他不习惯在外地待太久，因为无事可做的感觉很糟。

虽然已经见过了更大的场面，但此时坐在台下、隐匿在昏暗光线中的徐梦圆依然难掩紧张。这次，意义真的不同了。他拿出手机，向朋友发送了一条微信，在紧张的情绪之中寻找出口。他第一个上台，“当时宋洋专程飞了一趟上海，来到我家楼下。我们一块儿吃了一顿饭，他和我详细聊了一下对我的整体设想和规划，也保证我可以专心做音乐……”他努力表现出第一次说出这些话的样子，虽然在之前的彩排和访谈中，他已经重复了无数次。合影环节，他最后一个走上台，站在后排，他好像在微笑，又好像没有在微笑。

在乖顺配合地完成当天的仪式之后，他订了当晚 8 点 20 分飞往上海的机票。最近他刚搬到了浦东，他说那个地方只有他一个人，就像千千万万独自生活在城市的年轻人一样。

（文 / 李禾子　2017 年 6 月）

“选秀歌手”曾轶可的华丽突围：“我的心永远是自由的朋克的”

> “出道九年来，曾轶可终于从选秀歌手蜕变为充满灵气的创作者、区别于娱乐工业流水线上的唱作人。尽管外界津津乐道的绝非如此。”

在位于北京广渠东路园区里摩登天空创始人沈黎晖的办公室，我们见到了曾轶可。沈黎晖的办公室被设在了三层的西南角，大片透明玻璃窗户正对着外面旧厂房屋顶。

在2018年北京最炎热的时节，音乐财经如约敲开办公室的大门时，曾轶可正坐在沈黎晖日常会客的黑色皮椅上微闭双眼拉小提琴。经纪人带着记者进门打招呼，她才缓缓放下琴，回过神来。在访谈中，曾轶可用一种漫不经心的语气以及和缓的速度回答问题，她当天穿一件雪白的衬衣，模样羞涩，笑容温柔，这是她身上最有吸引力的部分。当她在回答问题时，仿佛她在这里，又仿佛她陷入了自己的思绪中。

曾轶可称自己是一个记性极差的人，回顾她过去九年的人生和作品时，她经常发现自己应该记住的场景常常模糊了，“不太记得了”，这是她面对一些问题时给出的答案，随后，是一个轻

松又十分诚恳的微笑。

反娱乐工业

早年，出现在节目舞台上的曾轶可抱着吉他，总是肢体僵硬，眼神低迷仿佛刚睡醒。人人都在议论她颤抖的尾音，“拜曾哥”成为当年的网络热词，质疑、嘲讽和谩骂轮番上阵，如海浪般凶猛，这也成为世俗眼中知名度的“高起点”。

事实上，作为选秀歌手出道，一旦被贴上了某种标签，再想摆脱绝非易事。很难说选秀出道这个让曾轶可一夜成名的起点，是成就了曾轶可还是拖累了曾轶可。在接下来9年时间里，曾轶可先后创作发布了专辑 *Forever Road*（10首歌，制作人高晓松）、《一只猫的旅行》（12首歌）、《会飞的贼》（10首歌，制作人高晓松）、《25岁的晴和雨》（10首歌）、*Anti! Yico*（11首歌）。

九年来，曾轶可一直在稳定地出着专辑，音乐性和制作质量逐步上升。

20岁时，青涩的曾轶可在《勇敢一点》里问：“是不是我的声音不够好听，就不能打动你呢？”25岁时，在《胆小鬼》里，曾轶可述说自己的不敢，“为了不让车里的巧克力融化，我便不敢开暖气……为了不让叶子凋零，我便不敢种树”。在《星星月亮》里，曾轶可唱出她性格里“义无反顾”的勇敢，“夜空让我照亮，流言让我来挡，只要记得，你是星星，我是月亮”。在2018年的《私奔》里，曾轶可再度述说从“不敢”到“勇敢”的心路，“不敢宣言，不敢见面，不敢透风的想念……只要你愿意跟我走，只要你愿意不回头，只要你愿意在一片怀疑声中牵起我的手”。

九年来，她终于从“选秀歌手”蜕变为一位充满灵气的创作者，一位区别于娱乐工业流水线上的唱作人，尽管外界津津乐道的依然是她的“车祸现场”。

2010 年，大众对曾轶可第一次参加草莓音乐节，众多观众烧香向舞台“膜拜”的场景仍印象深刻，一度剑拔弩张的气氛至今仍是反思网络暴力的案例之一。

在 2018 年一次草莓音乐节上，一个“车祸”现场的短视频在各大营销号的转发下，再次登上微博热搜，网友对曾轶可的恶评也愈演愈烈，然而这个跑调的短视频却并非事实，真相是演出结束后，曾轶可摘掉耳返为了带动现场气氛乱唱的，却被别有用心的人拍下来传播出去，又正好符合了大众对曾轶可的“刻板印象”，让这段断章取义的视频成为被传播的热点。

2018 年 6 月，曾轶可签约摩登天空后的第一张唱片 *Anti! Yico* 发布，标题便是《从“人设”时代的货架上夺回“曾轶可”》，内文写道：“*Anti! Yico* 是一张无法用任何音乐风格和概念定义的专辑，而它最想传递的就是破除人设”，让大众看到一个真正的曾轶可。

创作者的快乐

《私奔》是新专辑热度最高的一首歌，在抖音 App 作为 BGM，《私奔》这首歌被 70.8 万人使用，8 月 24 日的数据显示在音乐榜上排名第三，累计使用 300 余万次，在网易云音乐的评论量接近 4 万条。

这是曾轶可和发光曲线合作的一首歌，曾轶可回忆中的合作的场景是，大家唱着唱着就掉眼泪了。曾轶可是一个非常感性的人，发光曲线乐队也非常感性，曾轶可叹，“感人 + 感人，就是太感人了”。

与音乐里传递的多层次痛苦与温和又复杂的感情不同，在日常生活中，曾轶可完全没有身为创作者的痛苦，如果没有做创作者，她不会像现在这样快乐。在现实生活中，没有去做、不敢去做的事情，没有说出、不敢说出口的话，她都通通放进了音乐里。多年来，曾轶可写的歌，大都唱着一个女生在这个小时代里的爱与悲伤，有人告诉她，“这世界不止是爱”，她在歌里回答，“爱是刺在我胸口的字……”

在宋冬野担任编曲制作的《三的颜色》这首歌里，曾轶可唱着“你如此特别　如此特别　被你伤害　竟留下幸福感觉”，为所有和她一样的“异类”表达态度。在 *Need A Friend* 里，曾轶可唱着：“我需要一个朋友，我需要一个知音，我需要一个同类”。在《同类》里，曾轶可带着绝望唱着：“谁先勇敢呢？如何相爱呢？能感应到我吗？”在《爱是一切》里，曾轶可带着付出的决绝：“我是你的，但你是自由。”

沈黎晖对音乐财经说：“以前歌是歌，旋律是旋律，编曲是编曲，这一次新专辑的气质形成了一个整体，是一个和以前特别不一样的（地方）。到摩登来，音乐上有了很大提升，整个音乐的概念，制作的概念，我就觉得她应该一直是这样的才对。”

与天娱 8 年约满后，2017 年 8 月，摩登天空正式签约曾轶可的消息发出后，粉丝们开心地奔走相告。在 2009 年的《快乐女声》比赛中，当时力挺曾轶可晋级全国十强的正是沈黎晖，多年来，两人“亦师亦友”，而现在，曾轶可笑道：“感觉像是同事了。”

沈黎晖喜欢一切不完美的、有灵气的、特立独行的“人事物”，这一点曾轶可亦如此，沈黎晖说：“她一直挺好的，我们也不需要聊，挺心有灵犀。她的约到了，我说签摩登呗，她说嗯。有十年了，没想到会真正做这件事，她也等了很久，有一点点互相证明的意思吧，因为现在签下了她，是对当初的她最大的认可。”

据曾轶可回忆，应该是一次吃饭的时候，沈黎晖问了她一句，“我好像是心里说的好，我忘记当时说了好没有，我就没说其他的，他也没再说其他的”。

从最初开始一直听曾轶可歌的人，都会觉得这个人太毫无保留了，把自己内心所有的一切都写进了音乐里。而在日常生活中，曾轶可是一个按照北京话说有点“缺”的人。

在采访间隙，曾轶可一本正经提到自己刚才拉二胡的场景，记者以为自己刚进门时看错了，“不是小提琴吗？”她挥手笑，“那个是我逗你的”。她表情有一点小小的得意，接着慢条斯理地解释道，“因为我很久没拉小提琴了，就拉得有点像二胡的声音”。

“那个时候觉得她歌写得好，才华是天生的东西，有些事后天可以去弥补，唱得不好可以练。”沈黎晖评价道，“我觉得她现在唱得很好，在录音的时候，气息和声音的细节，处理得非常细腻，在现场比很多歌手都唱得好太多，辨识度非常高。”

在沈黎晖看来，曾轶可本质上就是一个音乐人，不是一个选秀明星，到摩登后，音乐和风格上可以做得更加纯粹，未来可以坚定地往音乐人这条路走，创作更多好的作品，积累更多的 Live 经验。

这两年，为了新专辑，曾轶可去了洛杉矶学音乐，也去了很多地方旅行，参加了一些国外的音乐节，去纽约和英国看了 Bruno Mars 的演唱会。今年她很喜欢 Cigarettes after Sex，因为喜欢这支乐队那种有点蔫特别悠着的感觉，对于曾轶可本人来说，在褪去年幼时的青涩后，她在精神上变得更自在也更 Cool 了。

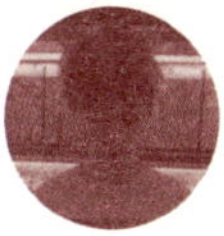

曾轶可不是一个对艺人商业价值极具野心的人，从没有刻意给自己设定过目标。“我只会想生活上的东西，能够越快地进入下一张专辑可能会越好，但不会太刻意去制订计划。有时还蛮自我，这是别人说的，我自己觉得我还蛮沉得下来的。”

音乐财经：这张专辑和以前相比最大的不同是什么呢？

曾轶可：和前四张比的话，它会自由一些。包括合作的音乐人也更广泛，因为之前偏向于找同样的人，可能会做几首乃至一整张专辑，但现在基本上划分成了很多部分，有很多乐队和音乐人一起合作，更自由一些。

音乐财经：看到网上有评论，更放飞自我了。

曾轶可：放飞自我这个词也可以，这一张专辑里面，摩登方方面面都很尊重我的想法。

音乐财经：Gentlewoman with Punk Heart 这个词怎么理解？

曾轶可：这是我在纽约的时候，我跟我的朋友都很喜欢的一个词，我觉得我的表现我的待人接物我希望是礼貌的，但是我又希望我的心永远是自由的朋克的。其实这两个特质是矛盾的。在我的生活当中分大小，小的事情我可以很礼貌客观地去做，但人生里面有很大影响的事情，我一定会坚持我自己的理想。

音乐财经：讲讲《同类》这首歌吧。

曾轶可：之前是遇到了一个同类，非常非常想要靠近，然后去找对方，对方也觉得我跟他是同类。后来经过了一年多，我觉得那个词太浅了，因为那属于刚刚找到同类的时候，后来又碰到了一个同类，但其实同类是很难找的，所以心情会平静一些，就会发现其实这个世界上还是有同类的，由最初特别热情变得稍微平和一些。

同类之间有一个好处，就是我们都有同样的一些东西可以聊，有互相吸引的感觉，但是不好的地方在于，所有的东西如果都是相同的话，也没有办法去做，比如说一个人害羞，那另外一个人更害羞，如果都害羞的话，谁跟谁聊，谁邀请对方出来呢？互补的人才更容易走到一起，同类即便是非常吸引，但其实是很难走到一起的，所以这首歌写出来，就是为了表达这个感觉。

音乐财经：就像算法推歌带来的烦恼一样。

曾轶可：对，我会听每个月给我推荐的歌曲，它是按照我的品位去给我推荐的，但突然有一天我发现，为什么都是同样的？我以前的歌曲每一首都不一样，但每一首都打动我，现在基本上每一首音乐都是差不多的，所以我就开始跳开，去找其他的歌曲。但是没有办法抗拒的是，你遇到同类，就是会被吸引，就是哪怕是再觉得很像，你都没有办法去控制你自己。

音乐财经：这是本性。

曾轶可：寻找同类是本性。

音乐财经：在创作上有什么习惯吗？

曾轶可：晚上，天黑的时候，有时候是在外面，有时候是在家里面，到十一二点，凌晨也有。

音乐财经：一般什么情境下比较容易触发你的灵感呢？

曾轶可：都是比较临时的，可能见到了一个没有见到过的东西，或者说那一天的感觉很不一样，然后就写下来。灵感一定是在你做生活上的哪件事情的时候突然迸发的，我从来没有坐在房间里去想过一首歌要怎么写，我会去做各种各样的事情，我去玩或者去体验或者去更多地交流去认识新的人。做事情的时候就想到某一件值得写的东西来。

我专辑里面有一首歌曲叫《守望星》，就讲的是一颗很遥远

的星星，它想要守护地球上的一个人，但是它太远了，只能守望，所以就叫《守望星》。然后那一天我记得就是刮风，我开着车，载着一个吉他手，他说他以前见过外星人，真的，你看你不相信（笑）。他真的见过外星人，哦，不是外星人是飞碟。然后我就看着当天的天，就写出来了《守望星》，当然还想到了其他的事情，但是这是一个（创作的）出发点。

音乐财经：你的歌里出现了很多星星，你是怎么样去理解这个世界的？

曾轶可：我觉得就是很渺小，人类很渺小，而且人类的爱恨情仇跟一颗星星比起来，也特别渺小。你去想象，我们几百万年以前的人，看到天上的星星其实跟你今天晚上看到的星星是同一颗。

音乐财经：你是什么时候开始在思考你所处的这个世界呢？

曾轶可：小时候其实去天文馆看过，我们所处的这个地球是其中的一个，小小的一个，地球之外还有银河系，银河系之外还有更大的宇宙，是无穷无尽的。因为每一次我就会想，人类就是蚂蚁，蚂蚁看到的世界更小（叹气）。

音乐财经：有没有一首歌在写的过程中，让你觉得特别揪心？

曾轶可：没有揪心，但写的时候会很难过，就是那种比较悲伤的歌曲，《私奔》就是很难过，又有美好的幻想。

音乐财经：哪一首歌写下来特别顺？

曾轶可：《守望星》，然后就是 *Give You All*，是我在洛杉矶一个学校学音乐的时候写的。

音乐财经：在那儿有什么特别有意思的经历吗？

曾轶可：有一个老爷爷，他告诉我们，协作写歌是非常难的，这句话我有共鸣，因为我到目前为止还没有和别人合作出一首什么样的歌来，我都是自己写，也没有给别人写过。对我来说很难。但是他告诉我有一个办法，跟你的灵魂伴侣，跟你最爱的人一起写就可以，他跟其他的人都写不出来。

音乐财经：会很好奇怎么做到的？

曾轶可：对，我还没碰到可以跟我一起写歌的人。当然有碰到喜欢的，觉得很欣赏的朋友，但还没有遇到一个完完全全可以一起写歌的人。

音乐财经：老爷爷的妻子是他的灵魂伴侣，你会怎么去看待什么样的情况下，才能被定义为“灵魂伴侣”？

曾轶可：我觉得我应该有一个，灵魂伴侣和同类还不太一样，因为同类只能说你们两个很像，灵魂上也有一些交流，但真正的灵魂伴侣，可以不是同类，但对方一定理解你的方方面面，支持你的方方面面，包容你的方方面面，我也同样对待他。

音乐财经：这好难。

曾轶可：这需要双方的品德，双方心胸的宽广度，因为一旦心胸狭窄了，就会去计较，怎么我付出多了，或者我要为你去怎么样怎么样。两个人一定要非常为对方着想，非常无私。

音乐财经：你怎么理解“占有”这两个字的意思？

曾轶可：其实在某一个时刻，如果你被一个东西或者人吸引，你真的是有这种欲望去占有的。但当你达到另一个境界的时候，到达一种比较无私的境界的时候，你也会很怕去占有，因为占有只是一瞬间的事情，我觉得这才是真正的一种伟大的感情。

音乐财经：大部分的关系都还没有升华到这个阶段，就戛然而止了。

曾轶可：和人有关系，这个人一定是有底蕴的，见过各种各

样的东西，达到了某一种心灵上的自给自足，不需要通过别人的案例来证明什么，所以可以一直给予，心灵是自由的，一定是高尚的，高尚很重要。

音乐财经：为什么？

曾轶可：因为现在我看到太多那种人，他们的爱很廉价、很计较，在索取和付出中既卑微又掉价。高尚的爱应该是发自内心地去爱护灵魂、去呵护灵魂，让对方的灵魂慢慢地成长，你自己同时也跟这个灵魂成长滋养。不要去计较任何的付出，有一些人平时连基本的做人都不高尚，就更没有办法爱得高尚。

音乐财经：刚刚描述的状态，是那种独立生长的两棵树，互相又能帮助的状态。

曾轶可：对，一定是彼此独立生长的，一旦有一方要有渴求，一定要从你这里得到什么，或者是说不满足的，就会有问题。

音乐财经：对你影响最大的音乐人是谁？高晓松抑或是沈黎晖？

曾轶可：他们就像是我的导师，肯定是比较重要的人。但对我影响最大的音乐人其实应该是来自一些音乐制作人。

音乐财经：高晓松如何影响你呢？

曾轶可：他有给我帮助，当完整的两张专辑，第一张跟第三张的制作人，他对词的审美影响到我，曲的方面，我没有跟他探讨过。

音乐财经：会一起探讨创作吗？

曾轶可：之前做专辑的时候会。

音乐财经：时间过了太久了。

曾轶可：因为潜意识里面已经学到了。我记性不太好。

音乐财经：你是一个从来不回头看的人？

曾轶可：偶尔回头，但不会回头走。记性真的很差，我各种丢东西，什么都丢过，光是小时候骑自行车，就骑了20多部，都丢了，有时候就是被别人拿走了，真的没有夸张。

音乐财经：和沈黎晖呢？

曾轶可：他真的是蛮厉害的，非常有坚韧品质的一个人，能够坚持很多他想坚持的东西。其实我们的命运是在某种程度上有一定联系的，因为他也是看着我这样走过来，我也是看着摩登这样走过来，其实大家都是互相见证的一个人。

音乐财经：你们有觉得是注定的吗？

曾轶可：我没有问过（他），我觉得这是一件很好的事情，如果能够互相见证对方的成长。我们亦师亦友，因为我当时在比赛的时候，他是评委，然后也有一部分原因是他选择了我，当然也有其他的部分，他的选择也蛮重要的，师父领进门，就是进门了。

音乐财经：签约摩登后的感受是什么样子的，感觉完全自由了吗？

曾轶可：我觉得我会更自由了，想做什么就做什么，然后来了之后发现也不完全是那样子，但也是因为他们对我好，会给一些建议之类的（笑）。比如以前公司会准备一些衣服，有时候会让你穿这种（衣服），我觉得来了摩登之后应该可以随便穿的，但发现其实也可能会有自己的要求，会比较注重风格，当然我自己也喜欢这种风格。

音乐财经：你在演出的时候，只喜欢待在暗处，现在也如此吗？

曾轶可：对。我录音的时候喜欢全部关灯。演出灯光越暗越

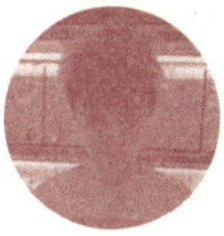

好，这样听觉会更伶俐。

音乐财经：现在演了那么多音乐节，站在舞台上的时候，内心还是觉得暗处更安全？

曾轶可：我看过一本书叫作《黑夜心理》，人在晚上跟白天的表现是不一样的，我也是这样，完全不一样。

音乐财经：你喜欢黑夜？

曾轶可：喜欢，黑夜的时候会更加勇敢，更加放开，白天的时候正常。

音乐财经：白天更拘谨。

曾轶可：对。

音乐财经：演音乐节会带给你什么样的感受？

曾轶可：就像玩儿一样，因为其实音乐节是最好玩儿的一个音乐形式。

音乐财经：你怎么看待巡演这种方式？

曾轶可：巡演是一个比较长期的演出活动，相对于个人演唱会的话。从粉丝角度来说，我觉得会更亲密，因为以往我们站在比较偏演唱会的舞台上，或者说音乐节的舞台上面，我对台下的观众是没有什么概念的。我知道这个人在为我欢呼或者说这一群人是喜欢我，但是我没有什么概念，但是在巡演的时候，因为很多这样的方式，你会很清楚地跟他们有一些互动，甚至你会记得某一个人。

音乐财经：是一直追着你的粉丝吗？

曾轶可：有时候我就那么一瞄过去，就是很熟悉。会开始有一些在乎的感觉，这种感觉很奇妙的，因为之前没有过，从巡演的时候那几天下来，就会觉得会有一点想的感觉，是真的，很奇妙。

音乐财经：2016年你做了一次巡演，今年发了新专辑会有巡演吗？

曾轶可：可能今年年底会有。之前跟上一个公司的约快到期之前做了一个北方的，就几个城市而已，做完之后，刚好换约了，所以没继续。

音乐财经：其实快10年了，现在的你怎么看待当下音乐综艺节目造出来的具有争议性的偶像？

曾轶可：现在的一切我会看得很清楚，观众其实某种程度上是被节目牵着走，或者说节目丢过去什么观众就会接受什么，就是说观众看到的是节目想让你看到的。所以我觉得没必要有那么大的反应，觉得这个人怎么了，没有实力或者怎么样，你就等着吧，就看她之后是什么样子的。

音乐财经：你自己怎么看待综艺选秀出来的艺人的发展呢，靠命还是靠实力？

曾轶可：都有，我觉得幸运是一点，实力也是最根本的，靠的是作品。

音乐财经：怎么看待今年19岁的杨超越？

曾轶可：这个小女孩的话，跟我那个时候一样。我觉得只要人品没问题的话，怎么样她都是有可塑性的，可能这个节目也需要她，但是要看她未来是怎么样的一个发展。

音乐财经：你19岁的时候，面对那么大的舆论压力，怎么走过来的呢？

曾轶可：那个时候我完全不懂，因为那个时候我太小了，我被保护得很好，就是我完全不知道外面都炸锅了，我朋友告诉我的，外面已经炸了，我说真的吗？然后我不知道（怎么办）。

即使后来知道以后我也觉得没什么，因为我不在乎陌生的人

的一些看法，我只在乎我身边人，如果说我身边的人怀疑我、不相信我，或者说怎么样我了，我会很难过。那些陌生人我甚至不知道那是谁，我就没关系。

音乐财经：你怎么看按照"人设"路线发展的艺人呢？

曾轶可：那不是音乐圈，他们觉得他们自己在音乐圈里面，但并不是。那就是可能比较娱乐的圈子，如果真的要慢慢地走到音乐圈里面来，还需要很长的路要走。

音乐财经：你会被风潮所困吗？

曾轶可：不会，我没有下载那些软件，所以我不太关注这些风潮来了又去。有时候我跟朋友出去吃饭，他说这个是抖音上面一个很有名的（红人），我们要去做一个什么东西，我都不知道。

我只专心地去在音乐里面表达我想表达的，对这些事情我很着迷。我很想要去做一点事情，因为很多东西，你没办法去做也没办法去说，你只能在音乐里表达。

音乐财经：你会为什么样的事情焦虑？

曾轶可：我想养一条狗，刚养它的时候，会有一点焦虑，因为我不懂怎么养好一条狗，所以我会跟它一起去上学，然后慢慢发现，原来（养狗）是这样子的。

音乐财经：你会在大的事情的决策上纠结吗？

曾轶可：我自己去做决定的时候我不会纠结，但是如果考虑到对对方好的话，我会纠结一下。我很少会体谅别人，但是会有体谅。

音乐财经：什么样的人才可以到你会主动去体谅的程度？

曾轶可：我觉得就是看自己的心情。怎么说呢，其实我有时候，包括朋友都会说我，我太自我了，说可不可以起码在对待他们的时候不要那么自我或者怎么样。

音乐财经：你更喜欢社交吗，和大家在一起的那种感觉？

曾轶可：我不是更喜欢（社交），我安静的时候也可以，你让我去社交我觉得也可以，看我自己的心情，但是我不会压抑我自己（去社交）。

音乐财经：你欣赏的女性是什么样子？

曾轶可：我欣赏的女性是很独立的，但是我也不喜欢那种特别激进的女性主义者，或者觉得是女权那一种。我觉得男女在我眼里面没有太多的性别之分，我觉得一个人优秀不优秀或者一个人好不好是靠自己，不是靠他/她的性别去评论的，我是觉得是他/她的人格还有他/她的内涵还有他/她的思想去决定的。所以女的男的在我眼里都是同一个样子的。

（文/董露茜　2018年8月）

金曲奖得主郭顶：“与实用主义对抗”

> 这一年里，郭顶经历了人生的两件大事：《飞行器的执行周期》拿了金曲奖，落地之约圆了出道 12 年来的巡演梦。

【一】

“时隔七年才出一张专辑，因为我不想创作一些不痛不痒的东西。”郭顶说。

郭顶，可能很多人并不熟悉这个名字，他 15 岁就第一次创作了两首完整的歌。他的音乐天赋很早就被唱片公司看中，19 岁正式出道，曾为那英、周笔畅、薛之谦、刘惜君、吴建豪、付辛博、王睿等创作歌曲。

12 月初，音乐财经第一次见到了郭顶，已经过了而立之年的他，看上去比实际年龄年轻得多，细腻白皙的皮肤让人瞬间把他跟“小鲜肉”几个字联系在一起，齐颈的短发拢在脑后，讲话的时候语速不慢，回答问题时字斟句酌显得十分老成，跟他年轻的外表又形成了鲜明的反差。

已经在业内打拼了11年的郭顶，既是歌手，也是创作人，刚刚还获得了“MusicRadio中国Top音乐盛典内地年度最佳制作人”奖项。

在近一个小时的访谈中，我们的话题很自然地从面前那张小巧精致的专辑开始。从专辑概念的诞生，到制作的细节，再到发行策略，郭顶与我们分享了很多他在音乐创作上的想法。

捡到盒子的人

郭顶告诉音乐财经，做《飞行器的执行周期》这张专辑的时候相当“任性”，因为关于它的一切都是按照自己的想法做的。

这是一张怎样的专辑？我们可以轻松地在专辑封面上辨识出外太空的元素，专辑名称里也包含着“飞行器”这类与科技相关的字眼，科幻主题无疑十分鲜明。

整张专辑用了复古的曲风和传统的录音方式，十首歌讲述了一个故事，使这张专辑显得独特而有性格。

郭顶表示，创作的灵感来源于他看过的科幻小说和电影。在这些作品中，原本冷冰冰的机械往往寄托了人们最浪漫的幻想。对于生活在现代社会的我们，其实不难理解这种科技进步所带来的感受。

这样一种关系往往会使机器被赋予人性，成为人类感情的某种载体。通过对这种现象的思索，郭顶找到了专辑存在的意义。他恰好又读到了霍金一篇关于“纳米飞行器”的论文，于是一个完整的故事脉络出现了：

执行任务的飞行器顺利返回，在它带回的一个盒子中，装着宇宙某处一个人所发送的信息——“我在这里”。这个人除了表明自己的存在以外，还讲述了种种关于自己的故事，一并放在盒

子里。

盒子机缘巧合下被飞行器发现，带回给了地上的人们。不久后，胜利回归的飞行器迎来了自己的又一个任务，重新踏上旅途。

整张专辑的十首歌就是以那个孤单者的视角讲述的十个故事片段，共同组成一个完整的整体。

复古还是科幻？

与概念不同的是，专辑里的歌曲本身并不科幻，反而十分复古，因此与未来感产生了强烈的对冲。郭顶拿库布里克的经典影片《2001: 太空漫游》来当例子。

"现在我们再看这部影片的时候，它的视觉风格对我们而言肯定是非常复古的，可是它讲的却是一个科幻故事。我的专辑也是这样，我想以这样的方式向听众传达一个观点，过去和未来都不重要，重要的是当下。"郭顶解释说。

刻意模糊年代，试图寻找音乐本质的诉求，让郭顶的作品在旋律上更加简单，充满即兴感，而录制的方式也大体还原了传统唱片的录制方法，尽可能避免一切电子合成的范式，声音素材均取自真实演奏。

这种质朴的理念下产生的作品，真实得略显粗糙，更像是一张现场演出的专辑。鼓声的颗粒感，吉他换把时的摩擦，演唱中稍微出现的音准偏差都分毫毕现地体现在专辑当中。

"如果你用 DVD 听，甚至可以发现用车载音响播放的音量会比在电脑上播放时更大。"郭顶讲了很多细节。"这张专辑确实不是特别讨好听众的耳朵，而且用十首歌只讲一个事也不利于吸引更多的听众。"

显然这张专辑的理念与市场的逻辑相去甚远。郭顶并不是没有考虑过专辑做出来没有下文的可能性，但与环球唱片的合作还是让这张任性之作得以顺利与听众见面。

在与环球合作之前，郭顶已经完成了专辑的设计和母带录制，作为双向选择，环球和郭顶对于这张专辑本身的关注都是放在第一位的。

因此在后续达成合作的过程中，郭顶与环球有了很高的契合度。环球也给了郭顶“无边无际”的自由度，同时也拿出了许多创意和郭顶来探讨，最终使专辑以现在的面貌呈现出来。

一张“新人”的作品

尽管郭顶认为发这张专辑并不会给自己带来什么负担，但收到良好的反馈之后还是有了如释重负的感觉——毕竟这样一张概念先行的专辑很容易出现只有自己明白是怎么一回事，听众们却一头雾水的情况。

专辑于11月25日正式在网上发行，供听众免费收听和下载，吸引了不少的关注。网易云音乐App上，专辑主打歌《凄美地》的评论数接近五千，不少评论者都表示自己是郭顶多年的粉丝。

距离发行上一张专辑已经隔了七年，郭顶此次的宣传显得有些低调，基本上只围绕音乐，很少涉及他本人。接受采访时，郭顶也刻意少聊起一些过去的事情。

“我不是一个特别想当明星的人，做音乐对我来说只是一种常态，这次推出新的专辑也是因为有了一些积累和想要表达的东西，水到渠成就做出来了。”郭顶表示，“而且新专辑真的很有性格，将它看成一个新人的作品会更公平一些。”

如同专辑里的音乐一样，郭顶不希望自己做那种用高低频率

刺激人耳的东西，而是想做平衡的、持久的作品。为了配合专辑的调性，宣传侧重点放在音乐本身以及专辑的概念上面。

12 月 7 日举行的专辑分享会上，郭顶和环球以视觉专辑的概念推出了三支 MV 作品。视觉化的手法有助于呈现那些隐藏在旋律和晦涩的歌词中的想法，原本抽象的概念因此变得更具体，更容易被听众所理解。对郭顶来说，想要让听众更好地理解自己的故事，这不失为一个有效的方式。这些 MV 作品在 Apple Music 上进行全球首发，目前已经发出了歌曲《水星记》的 MV。

郭顶表示，在此后的很长一段时间内可能都不会有新的专辑了，因为没有那么多的故事可以写。在未来，不管是作为制作人还是唱作人，做音乐始终是他的常态，他也会以自己的方式为音乐服务。

一切都是最好的安排

“很多人会用什么蛰伏七年之类的话来形容，其实没有，这段时间里我也是一直在做我所喜欢的音乐事业，没有那么苦，就是普通人的生活。”

虽然不愿过多提及，但在采访的后期，郭顶也逐渐与音乐财经分享了一些他之前的经历。在描述创作《飞行器的执行周期》时，他提到了这样一种感受。“就像是无意中获得了那个外太空的盒子，别人需要通过我去讲述他们的故事。”

整个专辑的故事其实是以一个“他者”的视角来讲述。郭顶选择这样一种视角，并不难理解。对于专辑来说，他是那个“捡到盒子的人”，而对于音乐来说，某种程度上郭顶是那个“他者”。

19 岁出道，回过头看才发现，那时正是音乐行业逐渐陷入困境的年代。在做第一张专辑时，出身音乐世家的郭顶就展现出了自己在创作上的天赋，那时的他颇有属于年轻人的傲气，被现在的自己归结为“不够脚踏实地”。

由于各种原因，直到四年后郭顶才发行了自己的第二张专辑，而且没有做成实体唱片。

“其实做前两张专辑的时候，有种被推在那个位置的感觉。一直以来我好像都在为自己受到的喜爱和期望还人情债。当然，那时最主要的问题还是出在自己身上，一方面能力还不足，另一方面，我的性格一直都不太适合去当一个明星。”

2009 年之后，郭顶慢慢淡出了人们的视野，在幕后以一个制作人的身份继续他的音乐事业。

在百度上搜索郭顶的名字，结果中关于他提问最多的是“郭顶为什么还不红”。可以看出，前两张专辑为他积累了数量不少的乐迷，他们在期待着郭顶的新动作。

七年的积累让郭顶成为粉丝们口中的“失踪人口”，但这段经历让他沉淀下来，对于创作和制作有了新的理解，对音乐行业也有了更清楚的认识，才有了这样一张《飞行器的执行周期》。

“对于音乐来说，只有喜欢和不喜欢，我不想自己的专辑是一张不痛不痒的东西，你觉得它出不出现在你的生命中都无所谓。”郭顶说。

采访结束，大家起身作别，这时郭顶突然想起了什么，指了指放在桌上的专辑，“专辑里面歌词本的纸，当时选了很久，所以质量非常好”，他这样说道。

（文 / 王华中　2016 年 12 月）

【二】

音乐财经第一次见到郭顶还是在一年半以前的 2016 年年底，他的专辑《飞行器的执行周期》刚刚发行，距离他的上一张专辑整整过了七年，当时郭顶聊得最多的就是他的"飞行器"故事。看似科幻、实则复古，认真听了、看了《飞行器的执行周期》才发现，这张专辑无论曲风、录音、封面设计都非常契合黑胶这一载体，而出黑胶其实是郭顶做这张专辑最初的设想。

"我当时预想的是 CD 和黑胶一块出，但又不想把 CD 版本直接复刻到黑胶上，所以时间上就不充裕了。这次出黑胶版也不是为了赶时髦，其实是契合了我最初的想法，我觉得现在的人更需要重新认知黑胶。"

2018 年北京入夏后最热的那天，在上次采访的那个会议室，我们又一次见到了郭顶。他看上去跟一年多以前没什么变化，只是留了披肩的卷发，讲起话来还跟以前一样，平静又不失成熟。而我们知道，其实他刚刚经历了从幕后到台前、从沉寂到爆发、还迎来了出道以来最忙碌的一段日子。

在前两张专辑以后，郭顶用他最舒服最想表达的方式做了《飞行器的执行周期》，但当初他并不清楚这张唱片能不能发行，大家会不会喜欢。2016 年年底，郭顶带着《飞行器的执行周期》签约环球唱片，专辑顺利发行；2017 年 5 月又意外拿到金曲奖六项提名，成为当年金曲奖的最大黑马，这让更多人关注到了这张专辑，也开始认识郭顶。在金曲奖颁奖典礼上，他整个人都是蒙的，"你们看回放就能看出来我其实是蒙的，第一，我没有预料到会被提名；第二，我参加这种场合的经验很少，以前根本没得过什么提名。而且颁奖礼时间特别长，四五个小时坐在那儿，我就一直告诉自己：你得绷住不能睡着。"

谈到金曲奖颁奖礼，郭顶还是觉得，能得到提名让自己很惊喜，现场大屏幕上会多次放他的歌，他坐在台下看大家上去颁奖、领奖，"还是挺好玩的"。

《飞行器的执行周期》的成功终于让郭顶从幕后走到台前，2017年是郭顶出道12年第一次巡演，为了这次巡演，郭顶还设想过更有意思的玩法，他想租一辆车带着乐队在各个城市跑，不一定要去演出的场合，大家可以在家门口或者广场上看他们演出，"我觉得不一定在演出的地方才能接触到音乐。"但最后还是因为申报困难和容易扰民等隐患放弃了。

2017年年底，郭顶准备开始15城的Livehouse巡演，跟当初的专辑发行一样，郭顶对自己的第一次巡演心里也没底，"很紧张，最紧张的是怕票卖不出去"，所以先开了重庆和成都两场门票，没想到开票5分钟就被一抢而空，这再一次给了郭顶一个大大的惊喜。

巡演第一站在重庆，郭顶第一次近距离感受到乐迷的热情，他在台上挥汗如雨地表演，台下的观众从头到尾跟着他一起唱，"我也不知道他们为什么都会唱，而且声音非常大，感觉台上都没声音了，这让我挺惊讶的，完全没想到。"重庆站的首战告捷，让郭顶悬着的心终于放下，整场演出他很少说话，用歌塞满了全场，而台下观众也用大合唱的方式跟他互动。第一场演出，郭顶与观众都给彼此带来了惊喜。

来到长沙站是郭顶回到家乡的第一次演出，郭顶的家人都默默来到现场为他打气助威，他们没有事先告诉郭顶，都是自己抢票来到现场。演出过程中郭顶突然听到台下有人喊：郭顶，从小我就认识你了。"我当时还在想，从小就认识我，这不是扯吗？"

演出结束后回到休息室，郭顶的家人已经等在那里，之前他们一直在台下看他的演出，观众席有人喊的那一句，是郭顶的姑姑喊的。

见到家人，郭顶既意外又兴奋，他做了十多年音乐，但从来没有在家人面前表演过，“说实话，如果我提前知道家人来的话，我不知道他们看到我的表演会是一个什么样的感觉，会有一点点紧张。其实我家人也是特别克制的那种，很不外放，所以他们应该也了解我，让我提前知道了怕我有压力。”匆匆道别了家人，郭顶又赶往他的下一站。

“落地之约”圆了郭顶出道12年来的巡演梦，《飞行器的执行周期》的黑胶版制作也同时启动，虽然专辑的整体风格已经很贴近黑胶品质，但郭顶还是做了全新的调整，希望更符合传统黑胶的听感。他邀请了自己最喜欢的母带制作人Brian Lucey重新做了专辑的母带，“我很喜欢Brian Lucey做的唱片，他做的母带版本（唱片）我基本都有，我觉得他做的母带释放出的一些音乐特质刚好是我这张专辑需要的。”

在郭顶眼里，他并没有把Brian Lucey看作一位母带工程师，而是觉得他是一位音乐人，他期待Brian Lucey可以从音乐的角度来把握唱片的整合度。黑胶版在声音的处理上比CD版更克制、更收敛，保留了很多原声乐器，音乐听起来更自然。黑胶版也比CD版多了一首歌，是去年9月份郭顶发的一首单曲《不明下落》。“CD版的故事结尾有点像‘下次见’的意思，黑胶版加上这首歌后，又有了一个比较悬念的结尾，在黑胶唱片里是一个特别的呈现，也比CD版更完整。”

《飞行器的执行周期》的黑胶版相当于重新做了一张专辑，除了里面的歌大家听过之外，整个唱片都是重新做的。郭顶说：

“我很认真地做这些音乐，希望大家听的时候，可以与音乐之间有互动，让音乐有温度，能摸得着看得见。现在的人们听音乐都走向了特别极端的实用主义，直接把一些挺浪漫和有意思的东西省略掉或者直接切割掉，我不想那样，甚至想要对抗一下这种模式，我更希望用传统的方式认真对待音乐。”

音乐财经：金曲奖你成为了当年最大的黑马，与你之前出那两张专辑后的效果完全不同，金曲奖之后你觉得自己有什么改变？

郭顶：我自己没什么改变，但有更多人认识了这张唱片。其实之前觉得有一段时间没有出现过特别完整的概念性唱片，所以想做一张这样的唱片，而且唱片出来后很多人听的都是整张专辑的音乐，而不是只听某一首单曲，这对我是一个非常大的鼓励。

从专辑出来到现在，我感觉一切都是比较自然的状态，我做了自己最想做的Livehouse巡演，也干了挺多事。之前我是空了很长时间，所以想在短时间内把自己想做的事情都做完，让大家在听这张唱片的时候，可以有更多的可能性。在Livehouse演出也是非常符合我想象的一个表现状态，用了我自己非常满意非常舒服的方式呈现了这张唱片。

音乐财经：记得上次采访的时候，你说过自己的性格不适合做明星，现在从幕后到台前，你觉得哪种更适合你？

郭顶：现在依然是这么觉得，我不想有那么多包袱在，不愿意有太多的事情，这是我很真实的想法，不管在台前或幕后，还是希望以音乐为主。包括这张黑胶唱片制作的过程中，我也在做幕后帮别人写歌，巡演的时候还要抽空盯一下混音。我很享受做音乐的过程，演出和写歌是不同做音乐的方式，做音乐我觉得很

舒服，不需要想那么多事。我也不会觉得在台前就是明星，我还是个音乐人。做明星的条件太苛刻，不是谁都可以做的，还是要对自己有清晰的认知。

音乐财经：15城巡演是你出道以来第一次巡演，你最大的感受是什么？

郭顶：从2005年出第一张专辑之后从来没有巡演过，这是12年后第一次巡演。在Livehouse演出挺有意思，我们离观众很近，台下都能感受到我们在出汗，台上台下完全是挨着的，那个状态就是真正意义上感受音乐的状态。之前的十几年在我脑子里出现过很多次巡演的场景，但从来没有真正演过，这次巡演我知道一定也很青涩稚嫩，但每演完一场都会是一个成长，会希望后面的表现越来越好。

15城的巡演排得非常密集，对我来说也是挑战，最后一站北京演完后，人绷到最后已经非常累了，但情绪特别兴奋，像是在台上完成了一次由内而外的进化过程，巡演结束后第二天，整个身体和状态像做梦一样。

音乐财经：我们注意到你现在微博每天发的很多都是关于音乐节演出的动态，排得也很密集，你参加音乐节是一种怎样的体验？

郭顶：我觉得音乐节是很音乐的一种商业模式，表演的时候也不用想太多，真实的乐队、真实的演唱。还会认识很多台下听过我歌的人和没听过我的歌的人，那是一个巨大的交互环境，有可能让更多人认识我的音乐。现在国内音乐节越来越多，大家也做得越来越专业，音乐节的受众是一个相对开放的群体，来的是乐迷而不仅仅是粉丝，这种模式对音乐人传递音乐也是一种帮助，所以音乐节是一个很好玩的事情。

音乐财经：通过这次巡演你应该积累了不少经验，与创作相比，你会在哪方面投入更多的精力？

郭顶：我一直在细化自己的表演，希望表演能让大家体验到我真正想表达的东西，我们都会特别认真地去场地排练和彩排，希望每一次都有一个稳定的现场表演。但不同的现场都会有不一样的问题，跟主办方协作也会产生一些需要应变的事情。而我觉得这些都是非常有趣的插曲。在台上遇到什么问题，都是很真实的，台下的人也会完全感受到这真实的一面。

对我来说演出和创作的状态没有太大变化，而创作的时候我需要一个特别完整的时间，如果中间穿插了一些别的事情，会打扰我的整个思路，所以就要做好取舍，尽量为了创作减少演出，如果时间碰撞了会以创作为主。

音乐财经：从你的唱片创作、录音、包装等一系列环节来看，你应该更喜欢黑胶载体适合的音乐风格，为什么会喜欢黑胶唱片？

郭顶：小时候家里多了一台黑胶、CD和磁带的一体机，上面还放了三张黑胶唱片，分别是邓丽君、迈克尔·杰克逊和Marvin Gaye的唱片，第一次听到黑胶，听到了特别鲜明的时代感，但我并不觉得那个时代离我特别久远，好像坐在室内听室内乐的感觉，那个声音把你耳朵每一个挑剔的点都贴合得特别好，特别温暖，也很真实。

我自己做了音乐之后，经常跟监听音响打交道，声音听起来是解析度非常高的纯频的感觉，所有的声音都非常清楚，好像有棱角。但黑胶不同，非常契合听觉本初的状态，是人类非常喜欢听的声音。但黑胶在目前的音乐消费状态下显得不太便利。对我来说，黑胶可以提醒大家用另一种方式去听音乐，可以不优先考虑便利性，在这个快速到迷失的时代里做一些能慢下来的事情。而且听黑胶也是大家跟音乐之间彼此的一种尊重和互动，真真实实地看到音乐是如何从黑胶里发出来的，而不是虚无缥缈的数字化的东西。

音乐财经：这次与 Brian Lucey 的合作，对你有什么启发吗？

郭顶：国外做混音跟国内不太一样，国外更强调音乐本身，出唱片会对音乐有一个基本门槛的要求，你之前做音乐的所有环节必须做到一定的标准，母带做出来的时候才有可能让音乐变得更好；如果你的音乐达不到那个门槛，单靠母带的后期制作来提升音乐质量，其实不太行。国内做唱片的时候，都是把最后的文件拿过去做母带，但其实母带是没有办法帮你改变整个音乐的。

音乐财经：《飞行器的执行周期》离上一张专辑隔了七年，上次采访的时候你说过，也许很长一段时间都不会有新专辑了，因为不会经常有故事发生，那你的下一张专辑准备什么时候做？

郭顶：其实一直在创作，不参加活动或音乐节的时候都在写，积累一些东西，到了可以录音的时候就可以开始做专辑了。做音乐我是比较随性的，想到一个可做的或者自己非常有兴趣的内容，就可以尝试去做，但我不希望让别人抱着期待等我，那样会让我觉得不是在做音乐，是在交作业。

来到环球他们也给了我特别大的空间，完全信任我，这对我特别重要。但我的新专辑也不会无限延期，就是想用比较轻松和没有限定的方式做音乐，这也是我最享受的做音乐的状态，做出来的音乐应该也是我觉得可以拿得出来的作品。

我没有预设要符合哪些听众的喜好，或者他们觉得我的音乐是这样的，下次做的音乐还是这样。我可能会相对叛逆，大家越这么认为，我可能越不会给他们听觉安全区内的东西，还是会想尝试不一样的音乐。

你看我之前的几张唱片风格变化都特别大，每张唱片之间都是不着边的感觉，所以下一张唱片也肯定不会重复之前的风格，太重复不是我想要的，我依然会保持个人特性和真正想表达的音乐。

音乐财经：享耳音乐是你自己的厂牌，目前厂牌都在运营哪些业务？

郭顶：主要是一些制作类的案子和我以前的版权。目前也没有以运营为主，厂牌主要是一个辅助形式，因为很多环节会要求有一家公司，比如版税，要求是公司才能收，厂牌目前也是积累经验的过程，未来可能会吸纳一些创作人和音乐人，我也想做一个团队，但这都是以后的事情。

（文 / 李斌　2018 年 6 月）

嘻哈歌手万妮达：“Hip-hop 有规则”

> 我希望别人在听我的音乐时，都会感到有希望，感到快乐。

“没有参加《中国有嘻哈》，你会不会觉得遗憾？”

这个在助理口中“不便作答”的问题，在万妮达眼中似乎并没有什么禁忌。她的答案是否定的，“参加完《新歌声》之后，我已经不太想比赛了，因为我一直在想一件事，如果连音乐都要像交一张考卷一样，拿来评分，拿去做比较，那还有什么意义？”她的言语间有一种平和的感染力，她说没有遗憾，会让你相信就是真的没有遗憾。

2016 年 7 月，万妮达参加了《中国新歌声》的节目录制，作为其中唯一一个说唱女歌手，加上独特的外形，她旋即在节目播出之后受到了大量关注。

她也许是这季《新歌声》里话最少的一名学员。有人理解这是“神秘”，是“酷”，也有人理解这是“装”，是“虚伪”。有溢美之词就会有恶言相向，在节目播出当中及之后相当长的一段时间内，她常常会受到风评的困扰，“我站到这个舞台上，只是唱一首歌而已，你为什么要攻击我？我又没有做什么对不起你的事，也没有杀人，没有犯法，我想不通。”

距离常常是误解的帮凶，恶意的揣测总是毫无凭据又甚嚣尘上。但万妮达最终还是选择了与自己和解，面对无法控制的人群，她尽量选择不去看那些评论，控制自己的情绪。“有被生活压倒的人，也有战胜生活的人。”说这话的时候，你甚至无法相信眼前这个瘦小的女子只是一个1994年出生的年轻人。

谈比赛：终于结束了

音乐财经： 当时你为什么会决定参加《中国新歌声》的比赛？

万妮达： 我其实都不看这个节目，只知道当年谢帝去参加了一个《好歌曲》，我觉得那我应该还蛮适合这类节目的，都有人去过了，我为什么不去试一下？后来《新歌声》找到我，问我要不要参加，我想反正都要毕业了，闲着也是闲着，让我去做我的专业（注：万妮达在大学时学习美术专业）也做不好，那就去呗，然后我就跟我的制作人去了。

音乐财经： 比赛过程中你是一个什么状态？

万妮达： 我第一次去的时候，没有一个导师通过，他们说我有黑幕，其实我心里很高兴，想说终于解脱了，不用再折磨我一天写一首歌了，然后我就回去了。结果在第二天我回去的车上，导演又给我打电话叫我马上过去，他们可能觉得我挺好的，但是没人认可，所以给了我第二次机会。

然后我就想真诡异，一路下来我就觉得我创业创得很诡异。很奇怪，当然我也觉得蛮有意思，开始我都已经想边打工边做音乐了，突然又把我拉回来，重燃了我的战斗热情。

越走到后面，我就觉得这个节目我一定要上，因为当你进到那个环境，听到各种各样风格音乐的时候，你就想说，这么主流

的节目，为什么都没有 Hip-hop 音乐？我觉得我一定要用力，再用力。

音乐财经： 整个节目感觉你一直都是酷酷的，为什么在节目上不爱说话？

万妮达： 其实我是真的不爱在节目上说话，当你站在一个受到很多人关注的舞台上，你说的每一句话都要很小心，有可能是好心但是把话说错，人家就可能揪着你的小问题，把你放大。

我也是一个不爱做解释的人，人们质疑你，觉得你这个不行、那个不行，他们其实不是真的了解你，只有你真的了解你自己。所以我能做到的就是尽量少说，把我的意图准确地表达出来。而且我觉得没必要说那么多，这个舞台本来就是一个音乐者的舞台，你要做的不就是音乐吗？又不是访谈节目，上去讲那么多话干吗，又不会因为我讲那么多话就给我加分。

音乐财经： 当知道自己被淘汰的时候，你的心情如何？

万妮达： 解脱吧，其实那个节目蛮磨人的。我心真的有点累了，到最后一场复活赛的时候，不管谁赢，其实已经没有多大的意义了。

我觉得对我来说已经很好了，我一直都觉得自己是一个很幸运的人。你想我做音乐到现在才三四年，就能得到这样的成绩，而且有那么大的空间让我去发展，所以蛮不错的。

我不是为出名来的，当时我只是脑子一热，想来试一下，最后能得到这么多，我的收获已经是双倍的了。

音乐财经： 比赛前后你的生活有什么变化吗？

万妮达： 我真没有想到会有那么多人知道我，原来我的微博有两千个人关注，上节目之后，能涨到两万我就已经很高兴了，到最后变成了三十多万，我想说赚了。然后我就想，那还不多发一点歌？一个人得到另一些人的支持和信任其实是很难的。

音乐财经：当时走在大街上，会有认出你来吗？

万妮达：节目刚开始播出那段时间会有很多，我去坐飞机，机场就放着我的歌，我戴着眼镜，想别人一定不要把我认出来。

也会有一点点困扰。因为我是从一个小厂牌，直接到了一个大舞台，我没有经历过那么多的官方培训，告诉我要怎么去面对观众，我只能靠自己的感觉；还有一些亲戚会打电话给我妈说，你女儿现在很了不起怎么怎么样，其实会有一点点怪，我小时候是不会得到很多关注的一个人，突然得到很多关注的时候，就慌了，觉得自己做什么好像都不太对。

谈创作：希望别人在听到我的音乐时觉得快乐

音乐财经：你一开始是 Freestyle 还是写歌？

万妮达：都有，我一开始会在网络上找一些 Beat，因为刚开始不懂，身边也没有人教我，第一首歌写得像屎一样，很恶心。我还把这首歌发到了网上，发出去以后以前的同学，身边的朋友，帮你点个赞，然后就没了。大概过了半年，我就把那首歌下架了。

音乐财经：当时是发在哪里了？

万妮达：微博音乐，我那时候还不懂怎么往其他地方发，也不是很会用电脑。2014 年，写了一首诡异的歌，在很诡异的一个时间段发在一个很诡异的平台上，然后有很诡异的人来给你点赞，整个过程都很诡异。

音乐财经：你的作品给人感觉好像旋律性更多一点？

万妮达：因为我觉得做音乐，一定要有音乐性，要让人记得住，有传达度，听众才能马上吸收到，一下就知道你在唱什么。

我最喜欢的两个音乐人，迈克尔·杰克逊和碧昂丝也都是这样。

然后就是有丰富的感觉，因为我喜欢饱满的感觉，我希望事物能饱满，鲜艳，快乐，我希望别人在听到我的音乐时，不管是在任何时间段，任何心情，他们都会感到有希望，感到快乐，这个才是我想做的。

每当写歌的时候，我会发现自己是一个第三者，从第三者的角度来看这个故事，不管你经历多糟的一件事，结局一定是好的，才会让人觉得有希望，这是我在词曲部分想要表达的。

音乐财经：你其实是一个挺乐观的人。

万妮达：我是巨蟹座，但我上升星座是天蝎，所以我是一个阴晴不定的人。但我不太喜欢去结交那种很悲观的人，因为我很容易受人影响，比如说我周围的人很难过，他坐在我旁边，我就被他弄得也很难过。

音乐财经：其实你很相信星座是吗?

万妮达：我什么都相信，一切好的东西都相信。比如，每天起床我就会看一下星座运势，我看今天运气是什么，比如我今天最 match 的星座是双鱼座，然后就开始搜索双鱼座的朋友，然后把他点开，跟他聊几句，开玩笑开玩笑（笑）。

音乐财经：你在大学的时候就开始做音乐了吗?

万妮达：对，我大学学的是美术，但大部分的时间都在做音乐，可能会去打一些散工。

音乐财经：打工是为了什么?

万妮达：买乔丹鞋。

音乐财经：不是为了做音乐?

万妮达：不是，就是为了买鞋，我那时候做音乐，不需要花那么多钱，而且当时我已经找到他们（注：指福州本土说唱厂牌

Freedom Plant）了，他们对我特别好，让我可以有做音乐的地方。

音乐财经：除了音乐，你平时还对其他什么感兴趣？

万妮达：我喜欢做菜，但我不喜欢洗碗，我喜欢听歌，看电影，喜欢看书，喜欢出去旅游，出去看海，反正都是跟我喜欢的人在一块，或者我的朋友。

因为开心的时候我不喜欢一个人，我喜欢去跟人家分享，比如说我今天很开心，我就要拉着别人一起，一个人感觉开心不起来，要一群人才高兴。

谈事业：“游走在规则边缘”

音乐财经：后来你签约了摩登天空，这是一个什么样的过程？

万妮达：比赛结束之后就有很多唱片公司来问要不要签约，我也一直在寻找一个更适合我的。最后我选择了摩登，因为他们的理念，可能跟我比较适合，比较搭。他们尊重音乐，尊重艺术家，我也想要跟这样一个东家合作。

整个做决定的过程很快，因为我不是那种喜欢犹豫太久的人，遇到我喜欢的就要马上下手。

音乐财经：签公司之后，你会担心公司对你有各种限制吗？

万妮达：这个还好，因为摩登是一个比较尊重艺人的公司。不像一些大的主流公司，现在市场上流行什么音乐，就要旗下所有艺人都做这个音乐。沈老师（注：指摩登天空创始人沈黎晖）是一个音乐人过来的，所以他完全尊重艺人的想法。

音乐财经：那你之前参加《新歌声》比赛的时候，节目组会对你提出一些限制吗？比如根据节目的调性，把你的歌改得更适合播出需要之类的。

万妮达：会，这个是肯定会的。但没有办法，因为你参加了这个游戏，就要遵守游戏规则，不然你随时都会出局，我不想自己之前付出的那一切全都白费了，所以有一些妥协，你是必须妥协的。当时的工作人员就一直跟我说，你一直游走在我们的规则边缘（笑）。

音乐财经：那你会觉得受到压抑吗？

万妮达：会，刚开始会，因为我是一个自由的创作者，对于一个创作者本身来讲，希望我写这个东西，应该是按照我自己的想法，而不是说按照你们的想法；你们想让节目变得更好看，让我们这样写，应该说会有一些违背。但是我可以用另外一个方式，让他们更容易去接受，这需要一些技巧。

音乐财经：你是摩登天空签的第一批嘻哈歌手，我记得同期签约的还有陈冠希……

万妮达：我听到他名字的时候很兴奋，他是我小时候看过的一个长得超帅的明星，就觉得太好了，想有没有机会可以见到他。

音乐财经：后来见到了吗？

万妮达：还没见到，因为他的演出时间跟我都是错开的，不在同一天。

音乐财经：想象过见到他的那种场面吗？

万妮达：没有想象过，太可怕了（笑），我很想说拍张照给我小姨看，因为我小姨很喜欢他，那个年龄的人都很喜欢陈冠希。

音乐财经：今年的草莓音乐节你参加过好几次了，感觉怎么样，之前你也有参加过别的音乐节吧？

万妮达：我连看都没看过。

音乐财经： 是吗？

万妮达： 我就是一个很诡异的人，我整个创业的道路都很诡异，包括我第一次去Livehouse，也从来没有去过，就直接上去演。因为我这个人社交有点问题，但是愿意和我做朋友的人，都会是我很好的朋友。

反正参加音乐节的时候，我蛮紧张的，我想象中的音乐节，应该是男生女生穿得很波希米亚，各种头上戴花环，然后听摇滚乐……我第一次去音乐节的时候，就是在上海的超级草莓，真的很紧张，我就一直在祈祷，我说主啊，一定要让我成功，不要摔倒，我真的很怕摔倒。

音乐财经： 当时演完上海草莓是什么感觉？跟你想象中一样吗？

万妮达： 演完之后我就想快点去吃小杨生煎，我当时好饿，因为很紧张，中午的时候吃不下饭，我唱歌之前也没法吃饭，我很怕会打嗝，所以我就想说快点演完，我要去吃小杨生煎。

（文 / 李禾子　2017 年 10 月）

扛起 GOSH 大旗的 Bridge：“看我能独当一面吗？”

“　　不签公司，不剪脏辫，头发染黑了，结婚了，这是一年多来扛起 GOSH 厂牌大旗的布瑞吉 Bridge。从选秀中‘不清楚自己要什么，但清楚不要什么’，如今，他更清楚自己‘要什么’了吗？”

2018 年 12 月 15 日，“新大陆 NEWLAND”巡演北京站在糖果空间三层举行，当晚演出嘉宾 GAI 上台前哭了，他对布瑞吉 Bridge 感叹，“骄傲，骄傲，兄弟能独当一面了，我要开始向你们学习了……”

提起布瑞吉 Bridge 和 GAI，就不得不提其所在的独立说唱厂牌——GOSH MUSIC（以下简称 GOSH）。作为重庆乃至西南地区最具代表性的说唱团体之一，GOSH 成立于 2013 年，由前身 Keep Real 改名而来。来自 GOSH 的 Rapper 们都很好辨认，他们在歌词和谈话间总会夹带一句，“嘞是雾都”，这四个字被使用了上亿次后，成为重庆这座最具网红气质的大都市的一大标签。

在没有凭综艺节目走进大众之前，GOSH 厂牌拍的作品就已经在 YouTube 上点击过千万，获得 VICE 的视频报道《川渝陷阱》，小热了一次，而当时他就提到自己要扛起 GOSH 大旗。《有嘻哈》之后，GOSH 厂牌两员大将都红了，GAI 选择签约刘洲，但布瑞吉 Bridge 很清楚“不要什么”，坚持不签任何唱片公司和经纪公司，坚持不剪脏辫，原本就要“替兄弟们扛起 GOSH 大旗”的他，在这一年多的时间里，经历了很多，成长了很多。

作为厂牌的“领军人物”，布瑞吉 Bridge 不仅要想着自己做音乐的部分，还会想到团队规划和公司管理。这对于一个生于 1993 年的年轻人来说，是一种“从男孩到男人”般的成长。2018 年 10 月 8 日，布瑞吉 Bridge 宣布与相恋六年的女友领证结婚，这种“怎么就突然结婚了”的感叹，也让大众对年轻的布瑞吉 Bridge 有了新的认识。

从一间只有 30 平方米的工作室搬到了一个 200 多平方米的工作室，从一间非专业的工作室，到自己花钱组建了专业工作室，从没有母带机到自己购买了母带机。这一年多来，GOSH 所有装备都更新换代了，和以前无人问津的苦日子比有了质的飞跃。但在布瑞吉 Bridge 看来，所有的兄弟还不能说富裕，只能说是吃饱穿暖，基本能维持生活，“我不仅对自己要求很严格，我还希望我的兄弟们都可以穿金戴银，都可以过着自己想要的生活，但现在还差得远。”

简单来说，以前的 GOSH 是一个松散的组织，这与现在组团队当公司的老大完全不同。做兄弟的时候，十个人十个意见，不统一也无所谓；现在 GOSH 团队有十多号人，做团队做公司要有必要的规则。布瑞吉 Bridge 对音乐财经感叹道，十多号人花了一年多时间才慢慢理顺“规矩”，自己也对什么叫“坚持”，什么叫“妥协”，有了更深刻的理解。

“因为音乐人都很感性，感性一点才好，但音乐人也都非常

主观，有自己的情绪，如何把 20 个人的脑子变成 1 个脑子，劲往一处使，这是最主要要去思考的事情。"布瑞吉 Bridge 说。

2017 年，在 Hip-hop 势不可挡的潮流下，GOSH 主办的"腾云驾雾"全国 6 城巡演场场爆满，更进一步为 GOSH 在业内奠定了"重特兰大"的核心地位。在巡演之外，厂牌这一年来与众多国内一线的潮牌、快消品牌、影视宣发及营销公司保持密切合作，合作了 Nike、杜蕾斯、魔爪等品牌。

2018 年 10 月 22 日，布瑞吉 Bridge 同 JOSH、K ELEVEN 合作的个人专辑《新大陆》在网易云音乐上线，定价超低只有 1 元，迄今销售超 23.7 万张，且每一首歌的命名都十分耐人寻味，从《胖屁股》、《每天都拿 A》、《买个包包》、《妈妈》、《洗衣机》、《三好学生》和《我喊我不要得意》，无一不是对于家乡重庆、校园生活、家庭生活和个人情感的表达，简单而真挚。

新专辑发布后，GOSH 随后启动了布瑞吉 Bridge 和 K ELEVEN 的全国巡演，一共 9 站，2018 年 12 月 1 日从成都起航，途经西安、北京、上海、昆明、广州、厦门、长沙，再于 2019 年 1 月 26 日回到重庆终点站。这一次巡演的冠名赞助商江小白，亦是重庆本地以洞察青年文化、Hip-hop 音乐闻名全国的品牌。今年巡演的 9 站票基本上都卖光了，布瑞吉 Bridge 笑，"你今年行，你十年后行不行？你十年后行，那你牛"。

布瑞吉 Bridge 把当下的自己比做"音乐捕食者"，他始终在学习，脑子里塞满了各种各样特别具体、细节的问题。2020 年的个人专辑正在规划中，这将是完全由他个人来完成的作品，他问："到了我该独自思考的时候了，看我能独当一面吗？"

2018 年，GOSH 旗下音乐人陆续登陆美国、加拿大和澳大利亚等地演出，所到之处，同样场场爆满，虽然来的基本都是留学生，但布瑞吉 Bridge 希望有一天来自中国的说唱音乐也能吸引更多的美国朋友进场。

2016 年，布瑞吉 Bridge 参加过一档汪涵主持的网络综艺，叫作《十三亿分贝》，当时主打方言和音乐，这档节目的背景是——中国的方言正在以每 2 周消失 1 种的速度灭绝。布瑞吉 Bridge 受美国南部说唱影响最大，南部说唱歌手的一大特质就是带着地方口音。布瑞吉 Bridge 用重庆话说唱，这让他的说唱音乐有了文化底蕴和养分，他说："这何尝不是一种文化输出？"

音乐财经："新大陆"这个概念是谁想到的？

布瑞吉 Bridge：我和 JOSH 和 K ELEVEN，三个人聊的专辑（概念）。有几个意思，第一个，"新大陆"是我们小时候在重庆吃的雪糕，我们希望我们的音乐是有味道的。听到我们的音乐，哪怕到了 2028 年，也能想起 2018 年的时候发生了什么故事；第二个，如今的中国大陆就是一块黄金地，就像 90 年代的香港，大家都想要在这里寻找自己的发展空间，在这里立足；第三个寓意是，这张专辑是五湖四海的结晶之作，劳动人民一起来完成的一个东西。

音乐财经：你曾和我们提到"捕食"这个词，捕的是什么呢？

布瑞吉 Bridge：录音、技巧、音乐人的素养。你可以有野的一面，那是你最返璞归真，最真实的一面，但你要做一个真正的音乐人，我觉得你是能上天，能入地，能下海，能经受雷打火劈的，以前可能这些地方差了一点，但经过 JOSH 帮我调整，我进步了一点点，但我离我的彼岸还差了 999 步。

音乐财经：具体举个例子？

布瑞吉 Bridge：比如：怎么录音？什么音轨是最好的？什

么样的声音在什么地方你到底要录几轨？要用什么样的歌词？形态化的？意识化的？动词？创作者的心理是什么？你要做自己的吗？还是做大众市场的呢？专辑的意义是什么呢？你想把专辑变成什么样呢？什么是专辑呢？什么是 Intro 呢？制作人到底有多重要呢？现场要怎么练呢？哪一句要有，哪一句不要有呢？现场为什么要加 DJ 呢？为什么要加鼓手呢？为什么还要有 VJ 的出现呢？在哪个点要带动（听众）呢？我一口气可以说很多，这些会更多地想一想了。

音乐财经：巡演的票房怎么样？

布瑞吉 Bridge：今年都在掌握之中，每一站都还是可以，但不要被浮云遮望眼，你今年行，你十年后行不行？你十年后行，那你牛。

不过你十年后不行，那又怎样，到现场的 1000 人多少人会一辈子记住一场演出，如果有一个人一辈子记住，那你就成功了，就满足了。

音乐财经：这次“新大陆”巡演中有什么印象特别深刻的事儿吗？

布瑞吉 Bridge：这次我不会把每一站作为特别的经历，而是要在 9 站过后才算是一次。因为新大陆的船，像一个旅途一样，等我到了终点才会去做总结。现在我都在过程中，我不会管我每一站有多好，新大陆的船从成都出发，开回重庆的时候，我再来复盘这一切，才能够判断哪一站是最棒的，哪一站是做得不好的，哪一站是让我觉得最兴高采烈的。

音乐财经：2018 年，GOSH 厂牌有哪些重要的变化？

布瑞吉 Bridge：因为 GOSH 人很多，十多号人，所以说我也从中发现，最难的事情不是做音乐，是做团队，是做公司。音乐人都非常主观，音乐人都有自己的情绪，怎么把20个人的脑子变成1个脑子，这是最主要的事情。怎么做老大？怎么做领袖？这是我在2018年感受到的事情。

音乐财经：把20个人的脑子变成1个脑子？什么想法上你觉得大家应该统一，什么想法上可以有一些差异？

布瑞吉 Bridge：怎么说呢，主要指的是生活中的很多事情，我举一个不是音乐的例子，打个比方，20人当中有11个人想吃饭，有9个人到了机场想吃面，那这个时候你要怎么做呢，你有的时候不愿意兄弟们走散，你有时候想要大家在一起，但我觉得做团队最重要的是有必要的坚持，也有必要的妥协，很多事需要时机，不是当机立断地去拆穿、去戳破，在道理面前，肯定就是分对错，但做兄弟有的时候不会争让这些。

音乐财经：你觉得做好一个厂牌，最重要是什么？

布瑞吉 Bridge：我希望所有的人（做厂牌），（就是）规矩，一个公司是一定要有规矩的，没有规矩就不成方圆，该画圆的地方就要画圆，该画“方”的时候就要画方，该“冒尖”的时候（就要冒尖）。规矩这个东西，我觉得非常重要。

音乐财经：你大概花了多久的时间，把厂牌的规矩建立起来？

布瑞吉 Bridge：一年，对。这个规矩也不是我一个人，而是通过这个大家庭共同的努力去建立起来的，直到现在也还在完善中。我今年遇到了你，遇到了很多个“你”，也遇到了很多个他，让我增长了世面，去到了不同的城市，看到了光明，了解了黑暗，认识到争取，了解到妥协，我比以前更了解我自己了。

音乐财经：按照百分比，现在这种了解自己的状态能占到多少？

布瑞吉 Bridge： 75% 啦，我（很清楚）什么东西是我喜欢的，也清楚什么样的歌一定能够红，什么样的歌大家不会喜欢，哈哈哈哈哈。

音乐财经： 有没有想过 GOSH 最后应该成为什么样的一个厂牌？

布瑞吉 Bridge： 我希望是传奇。哪怕最后散了。当然，不要散最好。古人有句话：分久必合，合久必分。如果真的到了分道扬镳的那天，我会非常心痛，但我无法做出改变。不过话说回来，我们就是要代表新的东西，我们最怕我们一辈子就是按照别人总结的经验在活。

音乐财经： 你相信这些吗？

布瑞吉 Bridge： 我相信，但我也相信创造，我也相信打破。

音乐财经： 2018 年有什么遗憾吗？

布瑞吉 Bridge： 遗憾还是挺多的，没有录过更多自己觉得满意的歌，没有演几个自己都心悦诚服的现场，没有认识几个让自己都超级想认识的人，为什么没有创造 2018 年最爆款出来，这就是遗憾嘛，遗憾这样说起来都有，因为你要拿这些去严格要求自己。但其实每一天是对得起自己的。

但人的心是贪婪的（笑），我就在想，我想和朴树老师交流一下，windows 98 为什么他那个要那么写，我也想要了解一下 B 哥（李志），他那个港岛妹妹为什么那样写，我也想问一下周杰伦老师……例如这个感觉。

音乐财经： 对现在的华语 Hip-hop 发展有什么看法？

布瑞吉 Bridge： 还需要进步，2017 年轰的一下都蒙了，商家蒙了，地下人蒙了，连媒体也蒙了，嘻哈来了，Hip-hop 来了。那到了现在，Hip-hop 怎么可以继续做好？什么是 Hip-hop？怎么延续？怎么来听 Hip-hop？媒体怎么来推广？Hip-hop 这个浪潮可以推多久？老美怎么玩的？日本人又是怎么玩的？韩国人又怎么玩的？那什么是属于中国人的 Hip-hop？中国人的 Hip-hop 应该长得什么样？这些我都会思考。

音乐财经：给“2018 年”做一个总结吧。

布瑞吉 Bridge：今年最重要的事情就是发专辑，找到了制作人 JOSH。制作人真的非常重要，他教会了我捕食，可能我之前只是压在五行山下的悟空，他帮我撕开了如来的咒印，轰——我被爆开了。当我不听话的时候，他给我戴上了紧箍，说带我去一个地方，叫新大陆，一去就遇到了各种困难，就像路上的各种妖怪，然后我们一个一个克服，一个一个打败，当你踏上了那一块新大陆，你才知道你和心中的新大陆差了 999 步，你只是刚刚上岸而已，所以这个新大陆的寓意只是一个开始。

音乐财经：讲讲你个人 2019 年的计划吧。

布瑞吉 Bridge：2019 年继续做演出，多做 MV，多做歌，多去一些能够让自己可以曝光的地方，多去一些能够走进大众视野的平台上，前提是不能让我妥协，但这个也没有那么绝对，我相信现在也不会提太多过分的要求，我会感谢能够给我的机会，我会做相应的改变，这没问题。还有就是为接下来的个人专辑做准备，这是一个个人的（作品），而不是三人行了。这次到了让我独自思考的时候了，看我能独当一面吗？

（文 / 董露茜　宋子轩　2019 年 1 月）

从“小绵羊”到制作人，张艺兴更“狠了”

> 从‘小绵羊’到‘张制作人’，一个背负着‘完美’的偶像明星，似乎更‘狠’了。

“你觉得原因是在哪儿呢？”在爱奇艺的《青春有你》中，“青春制作人代表”张艺兴一脸严肃，拿起话筒问刚刚表演完还微微喘气的练习生姚明明，“我非常喜欢这种寻找原因的人，也希望你在练习的过程中间呢，能够……你的舞蹈把你锁在了一个框架里面，你以为你做得很大，但其实很小。”

姚明明是一位被认为最具实力拿 A 的练习生之一，因为他曾参加过韩国选秀节目 *MIXNINE*，进入了 Top10，但最终他只拿到了 C 的评级。一如既往严苛的张艺兴，给了姚明明 C 评级之外，全员无 A。面对一拥而来参加节目，显得不那么尊重舞台，表演“不堪入目”的练习生们，张艺兴当时的表情是悲伤的。

时钟拨回到 2012 年 3 月 31 日，EXO 正式在韩国出道，在出道前一个月，因为大强度练习，张艺兴的腰伤了，不得不在床上躺了一个月，差点未能出道。即使妈妈哭着让他别再练了，张艺兴还是坚持了下来。

EXO 出道的第一首单曲是舞曲风格的 *MAMA*，为了让 12 个成员在舞台上展现出整齐划一的动作和节奏，为了观众根本看不出来的舞蹈动作偏差 5 度角 10 度角，成员们没日没夜地练习，编舞老师眼睛看不出来的地方，会通过录制的视频定格仔细看。

“直接压迫了神经，根本动不了。只能这么躺着。你想那一个月要出道了。我不敢躺了，我真躺不下去了，我最后的选择是打封闭。”接受音乐财经专访时，张艺兴回忆起 7 年前那个灰暗的初春，“好不容易有机会可以出道了，你想是不是？躺了一个月，站着腿还在抖，只能是打封闭出来咬牙跳。”

2018 年初，在某一次跨年晚会上，张艺兴接受采访时形容自己的 2017 年是表现平平的一年，但显然从热度来看，2018—2019 年却是张艺兴的“大红之年”。1 月 1 日，张艺兴发微博写道，“2018 年我休息了 8 天，希望 2019 年能够休息 7 天。祝大家新年快乐，休息日比我的十倍还要多。”

2019 年央视春晚，张艺兴与迪丽热巴、周冬雨、钟汉良、凤凰传奇合作带来开场曲，这是张艺兴第三次上央视春晚。开年密集的行程，也为张艺兴事业在新的一年写下了一个弧度漂亮的“逗号”。

对自己狠

张艺兴的行程实在太满了。见面这天，他似乎感冒了，一直在咳嗽，但兴致很高，聊起往日和爷爷外婆生活的场景，更是眉飞色舞，在那个世界里，他仍是一个尚未长大的小孩子。

刚坐下，我们先被张艺兴采访了一下，关于有没有听过他的歌，有印象的是哪一首。他坐在对面的沙发上，穿一条膝盖破洞

的浅蓝色水洗牛仔裤，脚上踩着一双黑色帆布鞋，脚跟露在外面，放松地靠着沙发，素颜。在等待答案的时候，他告诉音乐财经，“民意调查”对他来说很重要。

眼前的张艺兴，没有了大光圈背景虚化的镜头和海报、宣传照上磨皮美颜的后期，他给人的感觉，就像是一个音乐学院的在读生，一腔热血全都写在眉眼之间，说到音乐创作，便开始滔滔不绝。

第一次见面是在第三张新专辑发布之时，2018 年 10 月 7 日在红砖美术馆举行的“陌生人面对面试听交流会”。这一场聆听真实意见的活动，最终目的是在粉丝的保护之外，听到更严格的市场评价。

但遗憾的是，因为邀请来的很多朋友说话不够直接，张艺兴后来对音乐财经感叹：“我应该坐到外面，别的地方，可能大家更敢说。可能有的朋友也是要给个面子嘛，对吧？”坦然面对真实世界，跳出来更加客观地看待自己，这或许是跨年之际张艺兴决定上《吐槽大会》的原因。

在节目前半段，张艺兴整个过程的表情很尴尬，虽然在鼓掌，但比起欧阳娜娜的自如，张艺兴完全笑不出来，显得很异类，以至于关于他的表情管理能力当晚就上了热搜。但到节目最后一刻的反击，张艺兴似乎又扳回一些颜面。在这个娱乐时代，严肃认真通常意味着不那么容易接近，张艺兴过去带给外界的印象，或者人设，过于“伟光正”了，其实不够娱乐性。

节目最狠的是对张艺兴音乐部分的吐槽：你说你要带领华语音乐走向世界，那你能不能先带领你自己的音乐走进华语世界呢？把华语音乐推广到全世界？你自己都不了解什么是华语音乐；听了张艺兴销量第一的音乐，觉得还不错，又接着听了排在他后面的音乐，流连忘返，再也没有回去听张艺兴的音乐；评价张艺兴的音乐，不敢说不好，也不能说好，只能用一个词来形容：努力……

如果说壹心娱乐艺人张雨绮上《吐槽大会》坦承自己“看男人的眼光确实不行”这一槽点进一步获得了公众的理解。张艺兴微博附上的“白莲花”加上一句“看开了”，也同样达到了回应外界的目的。当期节目上，在为王建国颁完奖后，王建国在感言中说为了录制的演出，张艺兴凌晨一点还在排舞，“比我们这些本公司的人还拼，你不红谁红，活该你红！”

2019年2月1日晚，《青春有你》第三期正片出炉，在片子里，张艺兴被练习生们围坐在一起，问到自己在做练习生时是否感到迷惘，他褪去评审时一贯严肃的表情，这样回答：“人生正是找自己的一个过程，就是面对吧……不知道自己做的这些是不是对的，也不知道怎样可以成为宇宙最强。”

同样是在2月1日晚，腾讯视频《即刻电音》总决赛举行，张艺兴带领他的“宇宙队”与李玟合作，两人的舞蹈视频片段再次登上热搜，粉丝们欢呼：“太炸了，吹爆艺兴的业务能力。”

如果没有粉丝的支持，张艺兴不知道自己究竟能走到哪天。张艺兴一直非常尊敬粉丝，所以他会称呼他们为“尊敬的歌迷朋友们”“尊敬的粉丝朋友们”。

在《梦不落雨林》里，张艺兴写了一首歌《快门回溯》送给粉丝，但可能张艺兴不自己说出来，还有很多粉丝并不知道哪首歌是写给他们的，张艺兴把内心所有的悲伤都写进了里面。2018年11月，在面对《青春有你》总导演陈刚时，张艺兴在谈到和粉丝之间的关系时说，粉丝对他的爱是无私的，非常有分量的，但同时彼此之间也有距离，是忽远忽近的。

“我希望我回头的时候，我粉丝还在……我不会停止攀登，到那时希望和我的粉丝共享我的荣誉。”

在遇到一些问题的时候，人有两个选择，要么逃避，要么面对，张艺兴选择了“面对”。对于《青春有你》，最早张艺兴发了一条微博又删了，在回答对方的疑问时，张艺兴说其实自己内心对节目是抗拒的，因为他不知道自己能给这些孩子们带来什么。在上《青春有你》之前，张艺兴和团队有一个非常大的争执。但节目组和团队说服了张艺兴，他不得不重新审视自己，并且表示算是想通了吧。

陈刚问他：“你用什么样的方式想通的？”

“责任吧，如果我能影响更年轻的观众，用实力去接受市场对偶像歌手的一种检验，这是我的责任。”可是，令张艺兴生气和无奈的是，他看到的是年轻人对于舞台的不够尊敬和急功近利，现在的市场太浮躁了，“对我而言，我愿意为舞台去付出努力。”

张艺兴感叹，很多人来这个舞台，以为随随便便就能够出道，或者说引起不少的关注。对于这一点，陈刚也深有感触，“因为现在孩子们得来太容易了，稍微形象好一点或者是才艺好一点，走点直播或者什么其他的，还真的来得挺快的，不管是钱还是部分的人气……反而是机会在他们面前的时候，他们很不珍惜，而且内心浮夸得很，浮躁得很。”

“你会把要求定得很高吗？”陈刚问。

“我没办法把要求定得很高，那样的话所有人都去 F 了，”张艺兴耸肩笑，“所有东西都是要努力获得吧？最重要的是，市场会给予反馈的。”他希望最后成团的一定是那些有实力的、经受得住考验的、有梦想而且尊重舞台的人。

音乐：站到格莱美舞台上

在网络上，张艺兴有一个关联度极高的关键词，“格莱美”。张艺兴的梦想是以一个中国人的身份站在格莱美的舞台上表演，“张艺兴将出席第 61 届格莱美”的微博话题也已拥有 3.9 亿次阅读，讨论量达到 23.1 万。

对于在音乐路上的理想，张艺兴对音乐财经表示，最高目标就是格莱美。如果有一天能站在格莱美舞台上，那场景想象起来太美了，这也促使张艺兴在音乐道路上努力努力再努力。

张艺兴疯狂迷恋编曲，用各种方式不让自己睡觉，待在房间里编曲，以至于“十天不睡觉”做专辑成为一个广为流传的梗。在演员歌手综艺全面开花的版图下，张艺兴最希望被人认知的身份也是“音乐人”和“制作人”。如果媒体问他喜欢什么样的女生，他会开玩笑回答，“买我专辑的女生”。

张艺兴出生在湖南长沙，六岁时曾演过一个叫“欢欢”的角色，胖乎乎的很是可爱。张艺兴从小随外公外婆长大，因为外公外婆只得一个独女，因此在家中，张艺兴称呼外公为“爷爷”。爷爷是个老共产党员，非常严肃，外婆给予了张艺兴日常生活中细腻入微的爱。

张艺兴的父亲民歌唱得好，是一名声乐老师，张艺兴从小看了不少青歌赛（CCTV 青年歌手电视大奖赛），小时候也曾想过要不要去参加比赛走这个体系。张艺兴的妈妈崇拜麦当娜和迈克尔·杰克逊，在小张艺兴的音乐基因中，既有 17 年来中国民乐的熏陶，也有欧美流行音乐的影响。

张艺兴从小就迷恋两样东西：游戏和音乐。妈妈对张艺兴爱玩游戏的爱好很反感，但很注重培养他的艺术才华，大部分时间他是在少年宫度过的。小时候，张艺兴也活跃在湖南卫视的各大

节目中，算是个小圈子里的童星了，从小多才多艺，精通钢琴、吉他、葫芦丝，13 岁开始尝试作曲。但直到 14 岁那年参加《明星学院》获得第三名，才算迈出了人生节点上最关键的一步。

2008 年，SM 公司在中国选拔练习生的消息通过电视传到张艺兴脑子里时，正处于少年叛逆和迷惘期的张艺兴迅速为自己做了一个决定：报名去做练习生。条件出众的张艺兴很轻松地就拿到了资格，离家来到韩国，残酷的现实给了得意扬扬的张艺兴重重一击。水土不服、人才济济的环境下，张艺兴不得不日复一日枯燥地练习。一次，张艺兴因为“饿极了”，无意间把桌子上一锅饭给吃了，然后莫名其妙“打了一架”，被 SM 送回国内。他沮丧极了，品尝到等待中的辛酸，他开始反思自己。

2009 年对于张艺兴来说是最关键的一年。还在做练习生的张艺兴爱玩游戏，他想拥有一台玩游戏的顶配电脑，于是和老妈说自己想做音乐，“骗”来了一台苹果电脑。“根本就是为了玩游戏，根本就不是为了什么做音乐。小时候真是不懂事啊，有时候真想抽自己。不过，说实话啊，确实感谢我老妈，什么都没想，就给我买了。”张艺兴说。

同一时间段，张艺兴认识了同为 SM 旗下签约艺人、叫作 Henry（刘宪华）的前辈，热心的 Henry 劝张艺兴别玩儿游戏了，“我给你弄个软件吧，可以做音乐，你把 U 盘拿过来，给你拷一个”。Henry 给了张艺兴三个文件，“骗”他说这三个文件要一个装完了，才能装另一个，安装过程中不能玩游戏，不然整个电脑就会崩溃。对电脑系统一无所知的张艺兴，只能乖乖照做。

“好久啊！你知道吗？好久好久啊！”现在回想起来，张艺兴还是会把“好久”拖长声调，摇头感慨着。拷软件那天，他足足在那里坐了一个半小时，才终于等到三个软件全部安装完毕。但是他完全没想到，软件一装上，电脑玩游戏的速度就慢了。

张艺兴觉得不行，得删了，于是又带着电脑，去到 Henry 家里，对 Henry 说，这几个软件严重影响到电脑玩游戏的速度了，想请 Henry 看怎么能把编曲软件给删了。那天下午，Henry 反而打开电脑，演示了编曲软件的使用方法，张艺兴本着玩儿的心，发现越玩越有意思，从此过上了废寝忘食研究编曲软件的生活。他用这台电脑编了自己人生中的第一首曲子 *Super Missing*，同时也近乎意外地发现了自己在编曲上的天赋。加上后来妈妈身体不太好，张艺兴玩游戏内心会有愧疚感，就下定决心要好好地把音乐做好。后来因为电脑坏了，张艺兴当时已经做的“99 首歌曲”也随之消失了，这堪称他音乐路上最令人崩溃的一件往事。

也在 2009 年底开始，张艺兴对自己的练习要求达到了“苛刻变态”的程度，老师要求练习 6 个小时，他就练习到 12 个小时，把两三公斤的沙袋和哑铃绑在身上，边唱边练，自毁式练习让他在 2012 年春天出道前一个月倒下了。在采访中，张艺兴轻描淡写地提到“打封闭，脚站着不动都在发抖”，而在其他媒体的采访中，张艺兴还曾提到他哭着对妈妈说，“尽力了，如果出不了道，别怪我”。

老天爷给了张艺兴酒窝，一笑起来右边的酒窝甜甜的，正是女孩儿们喜欢的样子，这使得他的气质，既可清冷，又可温暖。在流量时代，“长得真帅”却并不是张艺兴成为流量明星、行走娱乐圈的不二法门，毕竟曾经在 SM 的长相评级中，他拿到的是 C。

时间走得很快，距离张艺兴 2008 年出国打拼，到组建国内个人工作室，至今已经过去整整十年。

“我一直在做梦”

“真的好奇妙啊，我的人生真的是一个奇幻之旅啊。”张艺兴说话的时候，喜欢用“嘛”“啊”之类的语气词，采访中途他要了一杯美式咖啡，感慨着自己“上年纪了”。

张艺兴还记得刚回国时，有一次在一个活动上，一位前辈说音乐市场死了，当时张艺兴就想：“它不是一直活着吗？”

张艺兴用“我们那个时代”来给时间做了一个划分。鹿晗、吴亦凡、黄子韬回国发展，张艺兴组建个人工作室后的这几年，的确对中国音乐娱乐行业产生了深远的影响。

“从我们那个时代开始，它一定程度上刺激了这个市场，不仅仅是粉丝经济的市场，它刺激了音乐市场，让更多人觉得音乐是有希望的。”

2018 年下半年，《梦不落雨林 /NAMANANA》作为张艺兴继和 *SHEEP* 之后的“第三胎”，可谓是来势汹汹。先行曲 *Give Me A Chance* 一上线就取得了亚洲新歌榜排名第 15 的好成绩。在国内三大音乐平台 QQ 音乐、酷狗音乐、酷我音乐开启预售之后，便成为目前 QQ 音乐平台最短时间内破认证纪录最多的数字专辑。正式发行第二天就以超过 1960 万的销售额登上了年榜第一，年底的销售数据依然排第一，这张定价 27 元的专辑，目前在 QQ 音乐已售 92.4 万张。

出于对音乐的尊重和对自己阶段性的创作总结，张艺兴没有选择先发单曲，再发专辑，而是像嘉年华一样，一口气发了 22 首歌。“还是要更多地感谢粉丝。都是要尝一口好不好吃，再决定买不买。你还没看到这东西是什么样，你就花这么多钱在这上面，这真的是对张艺兴的信任，也希望我的专辑没有辜负他们的信任。”

对于大多数创作者来说，创作灵感一般来源于生活，但是张艺兴在没有什么生活的情况下，他的灵感就只能是，死磕。说到这里，他加重了“死磕”两个字的音。他死磕的方式近乎粗暴，时常在录音棚里一坐就是五六个小时。

张艺兴有自己的一些独特的创作方式。比如他喜欢听欧美最流行的歌，听歌的时候，他会先听国外的歌，听了两三首，适应了“1234567”之后，马上切到自己的歌，看一下整体的感觉是“嗡”的一下子下来了，还是忽然切到自己歌的时候，依然能和原来的歌自然衔接。他也常常把这种亲身体验并且有效的“找差距”的实用方式推荐给所有音乐人。

在作曲的过程中，张艺兴首先会录一轨自己的人声出来，随后会请来自各个国家的亲朋好友们一起过来听，大家会给出不同的意见。

“我一个人的力量其实挺单薄的，我一个人的力量做不到，一定需要团队，他们就是我的氧气瓶嘛。”

2018 年，张艺兴提出了 M-pop（中文和其他不同国家语言融合的歌曲）的概念，就是为了给自己在美国出道找一个迅速“被看见”的定义。《梦不落雨林 /NAMANANA》整张专辑所有歌的作曲和编曲，张艺兴都亲力亲为。Future Bass、Dance、Urban 和 Hip-hop 等 9 种音乐类型，都以一种和平共处的姿态存在于他的音乐作品里。

相比之下，张艺兴在 MV 上所传达出来的信息，可谓“洒脱”。这支他并不想透露具体花费数额的 MV，横跨了几个国家取景拍摄，张艺兴用 MV 导演的视角来讲述了一个关于炼金术的故事。MV 的概念和整张专辑的概念相呼应，专辑封面上绿色雨林的生命力加上不会坠落的梦，张艺兴希望每个人都有属于自己的

一片天地，为了自己的梦想去奋斗。至于 MV，“我们要联系上下文来想”。

第一个镜头是大俯拍场景下流动的海水，这和第一张专辑里 *Lose Contol* MV 的第一个镜头的景别和角度几乎都一模一样。睡梦中的羊角项链和写着“巴黎”的快递单，和第二张专辑 *SHEEP* 又相呼应。这都是张艺兴醒来之前梦境里的画面。

“它其实就是一个传递，我一直在做梦，三胎啊，这个宝贝它在做梦，梦见的就是二胎，就是一胎。”

“硬气了”

天秤座的张艺兴性格其实有点闷骚，最初也不是一个看上去开得起玩笑的人，有时甚至有点不自信。譬如，在采访中，他会感叹道，“这位姐姐就对我无感，所以你的第一反应很重要”。

张艺兴曾承认自己是一个玻璃心的人，很不喜欢别人不重视他的感觉，就算内心尽力修炼到很强大，还是会很在意风言风语，他把自己框在了一个完美的架子里面。直到这半年，似乎他在偶像标准动作之外的“自己”更多了。

这几年来，来自身边人和周围过多的信任和赞誉，也难免让他在另一种层面上隐约产生不安和焦虑。“所以我要去打另外一个市场，去听一下攻击你的声音。”说到这个话题，张艺兴有点不好意思，“别人一直在说我好。我也没有什么好不好，我也是一般人，你要是想听负面消息，总有一天会有的”。

2017 年 10 月，在张艺兴举办的事业版图新闻发布会的最后，表演完新专辑主打曲 *SHEEP* 以后，在原创背景乐《约定》下，张艺兴为了感谢粉丝，弯腰鞠躬一分半钟，这一刻仿佛时间都静止了。下跪鞠躬弯腰等场景在张艺兴的艺人生涯随处可见。装？

张艺兴还是挺介意的，在2018年的《偶像练习生》中，张艺兴干脆说自己能装一辈子，装一辈子还能叫装吗？

“我希望你们做最真实的自己，有人会说你装，我可以装一辈子，这就是我自己，难道不是吗？我那个时候刚刚回来的时候，参加一个节目，一个真人秀，我尊敬每一个前辈，别人会对你说，哦，他装的。”

在2018年下半年启动的项目《即刻电音》中，张艺兴、大张伟、尚雯婕担任主理人。在这档自播出以来就十分有争议的电子音乐综艺节目中，张艺兴大部分时间扮演的都是安安静静的、温和的好脾气先生，也较难见到他在偶像选秀节目中的严苛。这可能与他是抱着学习的心态来到电子音乐领域有关，但对偶像领域，他十分熟悉且专业，也因此表现程度会有所不同。

不过，随着《即刻电音》节目的推进，依然出现了一些较大的争议点。首先是在节目之初，尚雯婕对商业音乐和独立电子的表态，让张艺兴不舒服，他无奈地反驳道，“我觉得我做的音乐也没有那么商业吧”。然后是1月5日，Anti-General选择了张艺兴，张艺兴本人也表现出自己态度硬气的一面，没有让步。

到了12月底的“三次被闭麦”事件，被大张伟粉丝攻击，在录制现场，张艺兴愤怒到了极点，青筋暴起，在连续几次发问却未得到回应以后，张艺兴愤然离场。这在张艺兴艺人生涯中，这种级别的现场发火也带来了“话题量”，热度随着现场录音在微博的曝光达到了高潮。

而在2月1日总决赛的开头，镜头切到主理人张艺兴时，他感叹道，不管结果如何，节目留下了这些作品。在这个过程中，无论是和陶乐然合作的《香水》、和Jasmine合作的《快门回溯》、还是和Anti-General及Jasmine合作的《无人之域》，给外界的感

觉是，张艺兴的 M-pop 确实海纳百川。

“我不要喝汤”

2018 年，开始有媒体评论说，张艺兴是个演员了。在《一出好戏》里，他从最初单纯天真的小兴，眼睛里逐渐有了欲望，小兴说，“我不要喝汤，我也要吃肉”，人要变狠，才能有所得，张艺兴准确地演出了小兴这个角色心理变化的过程。

黄渤执导的《一出好戏》让大家看到了张艺兴的演技，他每天化脏妆而不敢照镜子。然而他的“牺牲”还不仅仅只是这一点。为了这部剧，有洁癖的张艺兴在剧组里待了将近五个月的时间，每次开工收工都要走半小时山路，活吃生鱼也只是其中一个令人印象深刻的场景。

《一出好戏》票房突破十三亿之后，张艺兴发微博感慨：“我一直都是一个活得很不任性的人，很在意周围人的感受，然而我也在一次次好与坏的结果中成长，最终会知道自己想要什么，如何得到。”

在电影的真人秀第十期完结篇里，临杀青的时候，张艺兴把自己想说的话写在一张纸条里，放进一个透明的漂流瓶：“渤哥，感谢你的选择，希望这个小兴没让你失望，还记得那天晚上我们彻夜长谈，聊生活、聊电影、聊过往。还记得当时你跟我说金碧辉煌、闪烁实力的独角兽，虽然不太懂，但跟着您走这一趟，发现了新大陆，发现了生活，发现了知识。爱你千千万万年，再忙也要照顾好身体。”读到信的时候，黄渤表情复杂，似乎眼角有泪闪过。

当被音乐财经问到“是希望往实力派方向努力吗”的时候，张艺兴回答很果断：“我就是实力派啊，我是往实力派里更加有实力的方向继续努力。不要看不起我们这种流量，如果你看我的话，会吓你一跳的。演戏、唱歌、跳舞、编曲制作，你们所有能想到的我都能做到。”

2018 年，张艺兴的气质渐渐从“平淡”中走出来，风格逐渐鲜明。

在代言市场上，张艺兴也迎来了丰收的一年。从 2017 年的 Valentino 首位中国区品牌大使、雷朋大中华区首位代言人、Converse 首位亚太区品牌代言人、妙卡首位中国区代言人、蒙牛纯甄品牌代言人，到 2018 年，从吃、穿、用、行到 App，张艺兴的代言覆盖了方方面面。巴黎水、春夏、MAC、三星、梦幻西游、大众点评 App、美拍 App、腾讯地图和碧欧泉等都选择了张艺兴。

在与三星的合作中，对方发新闻稿如此表示，“通过正能量的代言人，也让他们感受到了三星手机的年轻化态度，以及与年轻人沟通的诚意”。

张艺兴曾经在一个很冷的冬天，一个人来北京办签证。整个城市对他而言特别陌生。“这么多高楼大厦，没有我的落脚之地。”那时他住在一个空调坏掉的快捷酒店，服务生态度和那时的天气一样冰冷。现在他的生活常态，却是在不同城市不同的五星级酒店醒来，把同样的话换着方式说很多遍。

没有个人生活，行程密集快节奏，也似乎不能任性，但二十七岁的张艺兴从未停下过“寻找自己”的脚步，他戴着当下主流艺人、流量明星们共同的枷锁，在这个空间里努力实现个人自由。他内心深处也时常在羡慕着那些羡慕他的人，想去到一个互相不认识的地方，过一天平常人的生活，一定挺幸福的。

“人生一直在给我机会嘛。幸好我能够抓住这样的机会。我

是一个幸运的人，我一直觉得我的人生是 99% 的幸运，加上 1% 的努力。”张艺兴归结道，“昨天还有人问我，那为什么 1% 的努力你还这么努力？我就说你都有了 99% 的幸运了，如果连 1% 的努力都没有，你就永远不会 get 到自己的梦想。”

音乐财经：你从第一张专辑到现在，你自己在听音乐上有什么不一样吗？

张艺兴：就是越来越完善自己。我现在会听一些欧美最流行的歌。我想知道这个最流行的歌，大概是一个什么样的概念，跟声音大概是什么样的。

我听歌的时候会先听国外的歌，听个两三首，适应了那个 123456 以后，马上切到我自己的歌，看那个质量是“嘣”一下下来了，还是能接上，又或者只是换了一种方式在往下走，这个方法还蛮好的。我推荐给所有的音乐人，因为现在各种音响设备很发达，其实好多人都不知道自己的声音水平到底怎么样。我们在做编曲的时候，其实最好的方式就是先听国外的歌，听着听着你再把这个转回来听自己的歌，你就能够第一时间发现是不是有差异，差异在哪。你可能马上就能发现，按照这个逻辑去审视自己会比较好。

音乐财经：在编曲中，你怎么运用不同的音乐元素？

张艺兴：我做了几年编曲，这个经验还是有的。配器，它其实没有特别多的说法，但世上没有不好的乐器，只有不会用这个乐器的编曲人和制作人。每个乐器都是好的，每个乐器都有它存在的意义。如何配器就是一个经验。为什么我能配出来？为什么他配不出来，原因真的就是经验。

音乐财经：你在词曲以及后面制作的过程中，音乐灵感来自哪里？

张艺兴：灵感其实很多来源于生活，但是我又没什么生活。我是说别人哈，他们的灵感通常来源于生活的方方面面，那么，在我没什么生活的情况下呢，我的灵感只能是死磕。比方说我会在Studio里面一坐五六个小时，要不就是在飞机上，在赶路的时候，在工作的空隙，我都在做音乐。

音乐财经：所以你是一个想象力特别丰富的人。

张艺兴：想象力，有点想象力吧，但也不能算特别丰富。

音乐财经：你平时怎么编曲呢？

张艺兴：其实我们是Song Camp的形式，大家共同创作出来。在编曲的过程中，我会自己先录一轨，就是有自己的vocal（人声）在里面。然后就会邀请我的那些亲朋好友过来，有美国的兄弟，有中国的兄弟，也有印度尼西亚的兄弟，各种各样的朋友。就都在一起的时候，我就会请他们听，你觉得这个怎么样？他说，我觉得这个行，这个不好，可以往后推、往前推。或者他们觉得，我直接来唱一个，他也会唱一轨。然后我就会把我们中间唱得好的，全部cut下来，拼到一起，组成一首歌。

所以为什么有时候我的歌大家听出来觉得有点好听，但是又不是完全往他们想的方向走？那是因为在作曲这一块，每首歌参与的人都不一样，程度不一样，有的歌两个人就够了，有的可能三四个人。比方说*NAMANANA*，作曲那一行有四个人，当然我的名字是写在最前面的，因为我是主导。我唱完以后，一个人过来就会说“nanana”，听着就觉得这个更洗脑，好吧，把这个放上去试一试，然后又来了一个人，他非常会唱歌，就把旋律直接又唱出来了。我们这几个人就在旁边鼓掌……最后旋律就这样在大家一起玩的过程中出来了。

音乐财经：你编的第一首曲子是什么，还记得吗？怎么看在工业环节上，编曲人没有版权收入这个现实？

张艺兴：记得，叫*Super Missing*，后来发现自己还蛮有天分的，爱好就慢慢地从游戏转变到了编曲。

我的编曲人都有版权费用的分成比例，我希望你们把这篇文章发出来之后，所有的编曲的好老师，多来一些人跟我合作吧，我都是给版权费的，而且一定有署名权，这非常重要。我自己做音乐这行，当然知道版权的重要性，绝对不能抹杀别人的付出，他们在一首歌上付出的任何一点努力都应该得到尊重。

但是现在的大环境还没有建立起对幕后作曲人或者制作人的保障，所以还是会有很多好的音乐制作人会因为生计的问题，做一些其实自己并不是很想做的音乐，这样的话，就会导致整个音乐市场停滞不前。但是在编曲这一个环节，我看到其实我们已经具备了可以跟世界比较的这样的一些后备新生力量了，至于如何把这些力量挖掘出来，就看市场发展的情况和机遇了。

音乐财经：词是怎么来的？

张艺兴：词我只负责审。就是录音之前，我会拿到最终的4—5个版本，然后在这四五个版本里面选。我的选择并不是说作品本身好或不好，只是哪个表达方式跟demo的表达最接近。

音乐财经：你一直都特别尊敬粉丝，新专辑给粉丝写了一首《快门回溯》的歌。

张艺兴：这张专辑呢，我确实给他们写了歌，但是他们不知道。大家都以为是《贝壳女孩》。

音乐财经：你一直希望音乐能够出圈，出一首热歌，但是到目前为止，确实还在粉丝中没能到大众层面。

张艺兴：*SHEEP*其实让更多人知道了我，算是我的一个代表作。但是现在有没有出圈的歌，最终要看市场的反应，可能很多歌都被埋没了。

你看别的歌手发歌，会是一首一首投放的。但是对我来说，这是一个阶段性的事情，就是发专辑，大家像嘉年华一样在这个发专辑的时间段，你们可以听到很多很多首非常好听的歌曲，这其实是我觉得对音乐的一种尊重。

音乐财经：下一张专辑有什么期待吗?

张艺兴：下一张专辑，就是你们有实体专辑的朋友，可以把那个兴爷的“爷”字给拼齐了。因为，我从第一张专辑开始，我就希望在四张专辑完成后，我会成为音乐上的“爷”。

音乐财经：你个人主导规划自己未来3年的音乐事业吗？奋斗目标是什么?

张艺兴：有啊。不过我希望与志同道合的伙伴携手，一起实现我的目标。因为我知道，我一个人的力量其实挺单薄的，很多事情我做不到，所以需要旁边的人帮我，一定需要团队，他们就是我的氧气瓶。我希望能够拿到格莱美奖，但是国际市场的路并没那么容易走，他们是一个非常客观、非常冷静的市场。看看吧，我会一直努力。

音乐财经：你曾经说过演戏是一个很大的意外事件，你怎么看2018年自己在音乐人和演员身份之间的转换。我们看《一出好戏》，几乎没有认出你来，反差太大了。

张艺兴：我的初心和我的梦想是做一个好的歌手、成功的歌手。然后误打误撞接触了音乐制作这个行业，现在成了一个大家还比较认可的音乐人，这是很奇妙了。除了音乐以外，我有非常好的运气，遇到了那帮哥哥，通过各种各样的历练，从2018年开始，终于有人说张艺兴是个演员了。我觉得挺奇妙的，人生一

直在给我机会。幸好，我就是能够抓住这样的机会。

反正我是一个幸运的人，我一直觉得我的人生是99%的幸运加上1%的努力。昨天有人问我，那为什么你只需要1%的努力，你为什么还这么努力？我说本来你就拥有了99%的幸运，你连这1%的努力都不努力，你就永远没办法get到你自己的梦想，抓住机会，所以我要更加努力。

音乐财经： 你的娱乐事业版图的奋斗目标是什么？

张艺兴： 我的事业有三个领域。音乐上，我希望努力未来可以拿到格莱美奖吧，可以站在格莱美舞台上表演；影视上，不断提高演技吧；综艺方面的话，我其实不是一个综艺咖。

音乐财经： 从流量明星到实力派，你的方向是实力派？

张艺兴： 不是，我不是希望往那个方向努力，我就是实力派。我现在就是处于往实力派里面成为更加有实力的方向，继续努力的过程中。因为还有很多人会说，“流量”或者什么“小鲜肉”，其实这都是一个时间嘛、一个时期，它并不代表什么。我只有更加努力地证明，你们所有能想到的问题我都能做得到。

音乐财经： 面对真实世界，“还是不清醒”的好。你如何看待粉丝之外的市场？

张艺兴： 我想去打另外一个市场，听一下那种要攻击你的声音，可以听到一些不认识你的声音。其实我也是一般人，但是我想慢慢地让别人去了解我。我也一直在努力跳出这个舒适圈，去接触各种不同的人，更清醒地客观地认识自己。

音乐财经： 你迄今为止做过的最疯狂的一件事是什么？

张艺兴： 放飞自我，不跟团队商量随意发微博，发完博以后就带来了无尽的后患。

音乐财经： 为什么会提出M-pop这个概念？

张艺兴： 对我来说，我需要定义艺兴Style，这是我的作品。因为发新专辑我选择在美国作为新人出道，需要作曲家写自己的简历。美国非常尊重作曲家，简历必须自己写，要由本人来说明整体的音乐风格，比方说我们写了本小说，你不能让别人来写简介什么的吧。好，这一写吧，我就蒙了，我又是一个新人，怎么样找到一个好的词去定义自己的音乐？

我实在写不出来，你又不能把这张专辑直接定义为Urban，你能把它定义成Future bass，它确实有"哇哇哇"，"VVV"，什么都有，它也有强Bass，但是你能把它完全定义为Future bass吗？也不行，它的编曲复杂度又没有完全达到。所以我一开始写简历很痛苦，都是瞎扯，瞎扯完了以后，我觉得真不行。磨了很久，和团队和大家理顺这个事，就提出了M-pop这个概念。

一开始，每个人都问M-pop就是Mandarin-pop的意思？我说不是，其实我的M有mandarin的意思，但是更多的是mix。因为在一个多元化的时代、多元化的世界里，这是全球化的市场。你只用一种语言，或者是只有一两个什么东西，你想完全打开市场，这有点背离现在整个经济全球化的概念。我觉得这样的话，可以让更多的老外拉近跟我的音乐之间的距离。

所以，对我来说的话，M-pop的最终定义就是"以中文为基础，掺杂了一种或一种以上的其他国家语言的音乐"。（笑）

音乐财经： 2017年被称为Hip-hop元年，嘻哈非常受年轻人喜欢，今年第一期《青春有你》出现很多立志做说唱歌手的练习生。2018年你又参与了《即刻电音》，这两年业界又开始提Urban music这个概念。很热闹，你怎么看细分音乐类型在中国的发展？

张艺兴： Hip-hop在中国走起来的原因肯定是有的，它的曲

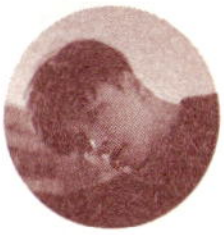

风让人非常舒服，我也喜欢 Hip-hop，但是 Hip-hop 在中国落地是需要更加本土化的。

第二点，Urban。我觉得不管是 Urban 也好，还是 EDM 也好，都在崛起。其实 EDM 就包含了很多不同的音乐。你去跟风潮的话，你跟不完的，你今天跟这个，明天跟那个，我们就是要做自己的音乐。

因为我自己制作，我就会听最优秀的音乐人的音乐，看自己能不能做出他们那个 Bass，我听到他们的 Bass 是很 Strong，那我的 Bass 能不能做到依旧那么 Strong？他们用的一些真正的乐器，我会不会找得到真的跟他们一样的效果差不多的乐器声音？还是也可以在我的轨道里制作出来？或者是弹出来、录出来？这全都是我的尝试，慢慢地，才能够试出适合我自己的一条道路。

如果我们永远去模仿他人，去效仿他人，就永远走不出来了。而且你永远超不过人家。别人嘻哈热，你就去做嘻哈，别人电音热，你就去做电音，你永远是跟着别人屁股后面的，你永远没有自己的主见。

我们做音乐人，不就是应该引领别人来听我们这样的音乐，告诉别人有这样的音乐，可以去听这样的音乐？如果只是去跟风地做，没意义。

音乐财经：你怎么看现在音乐行业的发展？

张艺兴：个人来说，从几年前开始，中国音乐市场有了一轮动荡，是对于音乐品质好坏的界定，跟华语音乐市场是不是活过来了的界定，那其实是一个新的开始。一定程度上刺激了这个市场，它不仅仅只是刺激了粉丝经济的市场，它还刺激了中国音乐市场，让更多人觉得音乐是有希望的。

我从小受了 17 年中国音乐的洗礼，包括民歌、民族唱法、通俗唱法……小时候不是有“青歌赛”吗？我看了曾经想参加，但是因为在北京嘛，太远了。“青歌赛”是我们大陆的音乐，还有港台音乐的影响，再加上EDM、Hip-hop这些所有的外来音乐融合到一起，所以我认为，其实现在我们有一个非常好的音乐市场氛围。

我刚回来的时候，有前辈就在说，音乐市场死了。可我觉得，它不一直活着吗？而且在越来越好。

（文/董露茜　木小瓷　2019年02月）

图书在版编目（CIP）数据

春歌丛台上：对话33位音乐人 / 董露茜 主编 .—北京：东方出版社，2019.4
ISBN 978-7-5207-0833-3

Ⅰ. ①春… Ⅱ. ①董… Ⅲ. ①音乐家—访问记—中国—现代 Ⅳ. ① K825.76

中国版本图书馆 CIP 数据核字（2019）第 036009 号

春歌丛台上：对话 33 位音乐人
（CHUNGE CONGTAI SHANG: DUIHUA SANSHISAN WEI YINYUEREN）

编　　著： 董露茜
策 划 人： 来芙萍
责任编辑： 朱　然　来芙萍
责任审校： 曾庆全　金学勇
图书设计： 李　甦
出　　版： 东方出版社
发　　行： 人民东方出版传媒有限公司
地　　址： 北京市东城区东四十条 113 号
邮　　编： 100007
印　　刷： 北京联兴盛业印刷股份有限公司
版　　次： 2019 年 4 月第 1 版
印　　次： 2019 年 4 月第 1 次印刷
开　　本： 880 毫米 ×1230 毫米　1/32
印　　张： 13.875
字　　数： 480 千字
书　　号： ISBN 978-7-5207-0833-3
定　　价： 69.80 元
发行电话：（010）85924663　85924644　85924641

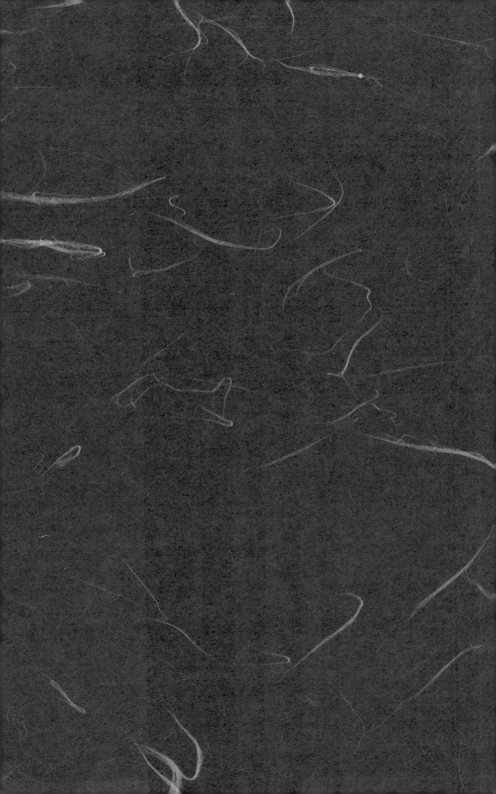